# 毁灭
# 优秀公司的
# 七宗罪

The Self Destructive
Habits of
Good Companies

〔美〕杰格迪什·N·谢斯（Jagdish N.Sheth） 著

仲理峰 译

中国人民大学出版社
·北京·

古希腊哲学家亚里士多德曾经说过："我们每一个人都是由自己一再重复的行为所铸造的，因而优秀不是一种行为，而是一种习惯。"很显然，这里的"习惯"指的是好习惯；一个人之所以优秀，是因为他养成了好的习惯或优秀的习惯。对一个企业来讲，其 CEO 或核心领导团队的风格或习惯，往往决定了整个企业的状态，他们的优秀风格或习惯会引领企业追求卓越、走向成功。但是，如果他们和他们领导的企业养成了不良习惯或致命的坏习惯，那么这个企业就很难再继续有卓越的表现和骄人的业绩了。

在本书中，谢斯博士凭借其广博的专业知识和深邃的洞察力，对那些曾经辉煌卓越而后来却走向衰败或倒闭的世界级公司的发展历程及其在关键发展时刻的选择和决策，进行了深入细致的分析和探讨，从而揭示出导致这些优秀公司衰败或倒闭的深层原因。他认为，当公司经过多年不懈努力逐步走向卓越或成功时，常常会在不知不觉中养成一些坏习惯，比如，自欺欺人、骄傲、自满、竞争力依赖、竞争近视、数量沉迷和领地守护等。这些坏习惯有的是公司 CEO 直接造成的，有的是在公司长期发展过程中慢慢养成的，一经形成往往影响面大，改变起来难，持续下去不仅会大大阻碍公司的健康发展，而且有时会非常致命，导致公司衰败或自我毁灭。

谢斯博士在相应章节中，对 7 种坏习惯在不同案例公司中的形成过程、表现形式和征兆以及公司对改掉这些习惯所做出的努力等，都进行了详细的说明和提炼，这为我们审视自己公司的运营管理状况，及时发现是否开始出现或正在养成这些自我毁灭的习惯提供了具体的参照标准。谢斯博士还指出，公司就如同人一样，可以养成这些坏习惯，也可以将它们改掉。他在每一章的最后，还就如何改掉这些坏习惯提出了指导性建议。"他山之石，可以攻玉"，相信这些建议将会成为我们预防或彻底改掉书中提到的坏习惯的有效方法。

对译者来说，有机会系统阅读、深入体会本书的内容并努力将中文译本提供给读者，是一件格外幸运和愉快的事。为此，感谢中国人民大学出版社诸位编辑，他们耐心、认真、细致的工作和辛勤劳动，为本书的翻译和顺利出版提供了有力的支持和帮助。

先后参与本书初稿翻译的人员有董翔、周霓裳、王燕、任华丽、杨慧，他们为本书的出版做了大量工作，在此一并致谢。在初稿的基础上，译者基本上又逐字逐句地对照原文进行了修改和翻译。尽管如此，翻译不当之处在所难免，诚望读者不吝赐教。

仲理峰

# 序

　　我非常惊讶，也甚感荣幸，我的亲密朋友和优秀同事邀我为其新作作序。尤其高兴的是，多年以前我向杰格迪什·N·谢斯博士提出的问题，成为其写作《毁灭优秀公司的七宗罪》的推动力，该书将会是最具洞察力的商业书籍之一。

　　我与杰格（其众所周知的名字）的友谊可追溯到许多年以前，当时他给了我明智的劝告，至今自己仍觉欠他很多。杰格是值得我信赖的一位知己，也是值得南方贝尔公司信赖的知己，在电信行业动荡不稳的时期，他帮助我们挑战自我们公司脱离垄断传统以来所奉行的商业理念。杰格帮助我们挑战高层领导和中层管理人员的思维，这促进了南方贝尔公司的竞争性文化的形成。

　　当然，南方贝尔公司只是杰格提供了无价的专家咨询意见的众多公司之一。寻求过他帮助的优秀公司可以列出长长的清单，跨越了北美、欧洲、亚洲三个大洲。我常常为他紧密的咨询和演讲日程计划感到吃惊，但他还是抽出时间在埃默里大学格兹塔商学院讲授一些非常受欢迎的课程，他是该院的查尔斯·H·凯尔斯特市场营销学教授。杰格决定定居于亚特兰大是这所学校和社区的幸运。

这本著作昭示了杰格广博的专业知识和深邃的洞察力。特别要指出的是，我对标题为"自满：成功之中孕育着失败"的章节特别感兴趣，尤其是"昔日的成功通过管制垄断取得"那部分。重温 AT&T 公司 1984 年被迫拆分的相关内容，使我想起许多行业中的公司因放松管制而不得不接受的惨痛教训——杰格明确地指出了这些教训。AT&T 公司被拆分后，首先是要将名字改为美国贝尔国际公司（American Bell International），直到哈罗德·格林（Harold Greene）法官干预才罢休。我必须承认，当杰格书中的介绍让我想起这段往事时，我忍不住笑了起来。杰格写道，他仍旧保留着兰德尔·托拜厄斯（Randall Tobias）送给他的那条带有新 ABI 标识的领带。"好好保存，"托拜厄斯告诉杰格，"总有一天它会成为纪念品的。"

我尤其喜欢"领地守护：文化冲突和地盘之争"这一章。团队协作一直是我的口头禅，这已不再是秘密，杰格将公司结构比喻为"一栋复杂的 50 层写字高楼，仅仅凭底层和顶层的相似之处连接在一起"，道出了当今很多公司的经营现状。

在一章接着一章的写作中，杰格分析了数字设备公司、通用公司、凡世通公司、真利时公司等。杰格的很多阐述都非常深刻，但是，如果没有各章节后面列出的每种坏习惯的"征兆"，以及在造成危害之前改掉这些坏习惯的循序渐进的有效方法，本书可能就没有那么完美了。

《毁灭优秀公司的七宗罪》这本书趣味横生，富有指导作用，很有价值。我向大家强烈推荐这本书。

——南方贝尔公司荣誉主席 F·杜安·埃克曼

（F. Duane Ackerman，BellSouth Corporation）

# 致谢

如果没有 John Yow 的帮助，本书就不可能具有完整性和可读性。这是他帮助我完成的第二本书，他的深入研究以及如何将思想和概念编写成可读性、趣味性俱佳的文字的神奇技巧，再一次成为本书定稿的重要因素。约翰是位卓尔不凡的南方绅士，无论从专业还是个人角度来讲，与他一起工作都是令人愉快的事情。我期待今后能继续与他合作著书立说。

Mark Hutcheson 也为本书的最终完稿给予了重要帮助。他增加了相关公司的研究案例，提出了编辑意见和修改建议，并撰写了本书的几个段落。同时，他还很认真地协调手稿写作的进程，并努力与出版社配合工作。

我还要感谢我的长期助手 Beth Robinson，感谢她对本书的投入，感谢她在我紧张忙碌的日子里保证我按预定进度写作本书。她不仅专业、沉着冷静地处理了连篇累牍的电子邮件、电话、预约和商务计划，还是一位优秀的信息沟通者。

如果没有沃顿商学院出版社（Wharton School Publishing）的助理编辑 Yoram（Jerry）Wind 的热情鼓励，本书就很难完稿，至少不会完成得如此之快。当我向他解释这些自我毁灭的习惯是如何摧毁优秀公司时，他立刻鼓励我将之写成书，并把写作计划提交给沃顿商学院出版社。他的热情和激励感染了我，这也是读者能够读到该书的主要原因。我还得到了沃顿商学院出版社行政编辑 Tim Moore 同样热情的支持。

最后，我要向沃顿商学院出版社参与本书评审和出版的每一位工作人员表达我的感激之情。特别要感谢 Paula Sinnott，与她合作令人愉快，是她保证了本书的顺利出版。还要感谢 Russ Hall，他对本书的定稿进行了颇有价值的文字润色。

# 前　言

　　本书源起于一位公司管理人员所提出的迄今为止最有洞察力的一个问题：优秀公司为什么会衰败？提出这个令人困惑不解的问题的 CEO 曾是《追求卓越》（*In Search of Excellence*）一书的狂热爱好者，此书是汤姆·彼得斯（Tom Peters）和罗伯特·沃特曼（Robert Waterman）20 世纪 80 年代出版的商业畅销书。但是，随着时间的流逝，曾在该书中被视为世界级公司典范的诸多公司，不是在困境中挣扎，就是已不复存在，这对他触动很大。这些公司包括美国商界的代表性企业，如西尔斯公司（Sears）、德纳公司（Dana Corporation）、AT&T 公司、施乐公司（Xerox）、IBM 公司和柯达公司（Kodak）。

　　我越回味这位 CEO 的问题，就越好奇为什么那些看起来做得如此之好、处于本行业巅峰地位的公司，会在一夜之间败落到勉强维系生存的境地。我所说的并不是那些受政府保护而突然置身于波涛汹涌的竞争海洋之中的垄断企业。我指的是那些世界级的公司，它们看起来拥有最优秀的管理人员、实实在在的成功商业记录、有创意的产品以及似乎无法动摇的竞争地位。但它们为什么会衰败？

为回答这个问题，我首先进行了档案资料研究，找到那些曾经经营得非常成功但后来却逐渐衰败的公司。在这个过程中，我试着找寻它们衰败的原因。相关研究提供的原因非常简单：当优秀公司面对外部环境的巨大变化而无能为力，或者——更为令人惊奇的是——不愿意进行变革时，它们就开始走向衰败。

在这些无能为力或不愿意变革的背后，我发现了成功的公司在走向成功的道路上所养成的自我毁灭的习惯。随着研究的深入，我开始向职业经理人和 MBA 学生介绍我的发现，我会讨论自欺欺人、自满或是成本无效率等诸如此类的自我毁灭的习惯。我曾戏言道，自己将写一本名为《毁灭优秀公司的七宗罪》的书。越来越多的人建议我写这本书，他们并没有把我的话当成戏言。

在本书中，我写了 7 个自我毁灭的习惯。我本可以再写第 8 个、第 9 个，但是，我的目的不是要列出一份清单罗列所有自我毁灭的习惯，而是要识别出那些需要避免的关键问题。如果一定要进一步压缩这个清单的话，我会说，自欺欺人（第 2 章）和领地守护（第 8 章），是现实世界中最易出现的、最为危险的两种习惯。

关于公司倒闭的原因，有两种相互冲突的理论。第一种是群体生态学或是"适者生存"理论，即公司之所以会倒闭，是因为有更大更强的公司进入市场并抢走了它们的生意。换句话说，公司倒闭是竞争中的系统化淘汰使然。

第二种是命中注定理论。该理论认为，生与死的循环就像人类的生命周期一样，是任何一个公司都无法逃避的。在公司的最后死亡上，谁都无能为力——命运的到来，仅仅是时间早晚的问题。

但是，我的观点是，只要公司能够识别并采取行动应对自我毁灭的习惯，或者是起初就设立阻止其发展的程序，大多数公司都能实现基业长青。我认为这是可能的，因为习惯是后天学来的行为，没有必然性。因此，重要的是我不仅告诉你如何识别这些自我毁灭的习惯，而且还建议了如何戒除这些习惯。我在每一章节中都做到了这一点。尽管改掉自我毁灭的习惯对那些遭遇痛苦的公司来说是一件值得赞美的事情，但更好的方法是早期就设计预防性程序来避免其出现（详见第9章）。

本书隐含的一个主题是，优秀的领导者对帮助一个公司避免或改掉自我毁灭的习惯至关重要。好的领导者为公司设定愿景。但是，优秀的领导者除了具有远见外，还必须正视由不利和持续变化的外部环境所造成的现存的和潜在的不足。优秀的领导者时刻警惕那些可能妨碍激动人心的愿景得以实现的自我毁灭的习惯。

我希望能与本书的读者进行对话。欢迎大家提供你们所遇到的任何与自我毁灭的习惯相关的案例。你可以向这个网址 www.destructivehabits.com，提供正遭受自我毁灭的习惯之苦的公司案例，也可以提供那些已经有效避免或是改掉这些习惯的公司案例。

# 目录

# 第1章

# 优秀公司为什么会衰败

优秀公司为什么会衰败？坦白地讲，我最初对这个问题思考得并不多。后来，我的一个CEO朋友跟我提起62家"卓越"公司，这些公司都曾在20世纪80年代早期的畅销书《追求卓越》中受到汤姆·彼得斯和罗伯特·沃特曼的赞誉。在随后的20年中，其中的绝大多数公司——包括西尔斯公司、施乐公司、IBM公司和柯达公司，都遭遇了严重的困难。

优秀公司为什么会衰败？坦白地讲，我最初对这个问题思考得并不多。后来，我的一个 CEO 朋友跟我提起 62 家"卓越"公司，这些公司都曾在 20 世纪 80 年代早期的畅销书《追求卓越》中受到汤姆·彼得斯和罗伯特·沃特曼的赞誉。在随后的 20 年中，其中的绝大多数公司——包括西尔斯公司、施乐公司、IBM 公司和柯达公司，都遭遇了严重的困难。这中间有些公司成功摆脱了困境，有些公司，就像我在本书中写的那样，正在为摆脱困境而顽强挣扎着。有些公司已经倒闭或不久也十有八九会倒闭。

那么，为什么优秀公司会衰败？这一发自内心且富有洞察力的问题，促使我踏上了探索之旅。我开始查阅过去几十年中已经倒闭的公司的档案资料，走访一些倒闭公司的员工，最后得到了书中呈现的结论。

尽管人们普遍认为惯例是（至少可能是）一成不变的，人的生命是有限的，我却发现，公司的平均生命周期在缩短，而人的寿命在延长。其他人也得出了相同的结论。在这个领域最著名的《长寿公司》（The Living Company）一书中，阿里·德吉亚斯（Arie de Geus）发现，到 1983 年，1970 年的《财富》500 强公司中有 1/3 已不复存在，它们不是被收购、兼并，就是被拆分。德赫斯引用的一项荷兰研究表明，在日本和欧洲，公司的平均生命周期是 12.5 年。另一项研究发现，在欧洲经济体国家中，公司的生命周期缩短的情况是：德国，从 45 年缩短至 18 年；法国，从 13 年缩短至 9 年；英国，从 10 年缩短至 4 年。近几十年来大规模的公司兼并与收购行动，是导致公司生命周期缩短的主要原因。不过，由于许多公司陷入困境，多数兼并与收购行动都起因于令人忧虑的销售状况，而不是战略收购。

同时，我声明我并无意于探究成功的潜在因素——优秀公司的"好习慣"，我也不会像吉姆·柯林斯（Jim Collins）那样，对德赫斯或彼得斯和沃特曼以及其他人作事后诸葛亮式的评说。他们依据合乎情理的标准，选出了特定公司作为成功的典范——这些公司后来由于完全不同的理由经历了困难时期。我的目的不是重新审视这些公司最初被视为"卓越"或"有远见"的原因。我感兴趣的是，它们后来发生了什么事——它们为什么倒闭？为什么失败？为什么不能再妙手回春？究竟发生了什么？

在我看来，当公司走向卓越时，它们常常会在不经意间养成影响其成功的坏习惯。当公司采取不良行为模式时，我们能够观察到，就如同人一样，这些坏习惯是后天养成的，不是天生的。随着时间的流逝，这些习惯有时会变得非常严重并使公司不能自拔。但是，坏习惯也可以改掉和克服，公司能够重新走上健康发展之路。

转变经常是由危机引起的。如果你们愿意，坏习惯会在不知不觉中养成。我们暴饮暴食、不锻炼，甚至抽烟，但是，我们仍然认为我们做得并不过分，直到我们那颗弱小的心脏出了问题——这是令人警醒的危机信号。我们的坏习惯突然间消失得无影无踪，我们开始改吃色拉，每天步行五英里。就公司而言，危机出现的形式可能是新竞争对手的出现，市场份额的突然减少，或者技术进步导致公司落伍。诸如此类的变化能够招致厄运，也可能使公司改掉其不良的行为模式。

我们将看到，许多公司正积极约束其坏习惯，改变其行为，也会看到一些公司已经做到了并处在"康复"期。我们的观点是积极的：如果你愿意客观地审视自己，发现自己的缺点，你就能彻底改变自己。

那么，这些坏习惯是什么？我们将在后面各章中逐一进行详细阐述（图1—1对这些坏习惯进行了总结）。首先，让我们看看坏习惯在三家技术公司中的实际表现。

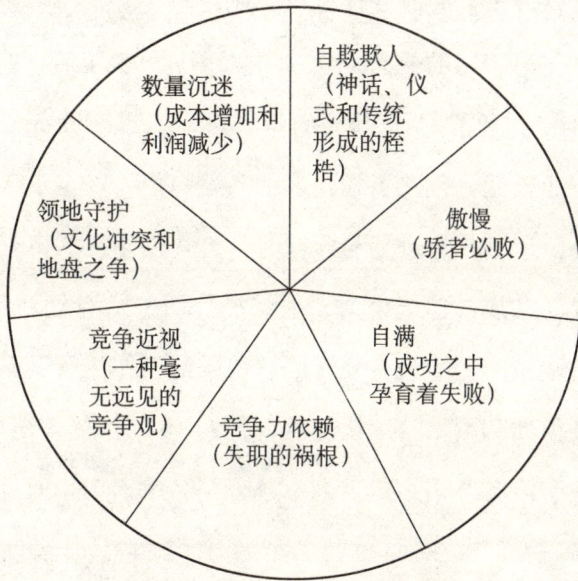

图1—1 毁灭优秀公司的七宗罪

## 数字设备公司

它是美国商业年鉴中伟大的成功案例之一。1957年，美国麻省理工学院林肯实验室的一位31岁的工程师肯尼斯·奥尔森（Kenneth Olsen），为开办他打算命名为电子计算机公司（Digital Computer Corp.）的新公司，向美国研究与开发公司（American Research & Development）申请了7万美元。他得到了这笔风投，但是，风险投资家却让他将公司更名。他们指出，很多公司都在计算机业务上赔钱，比如，美国无线电公司（RCA）和通用电气公司（General Electric）。

于是，在位于马萨诸塞州梅纳德市的一家旧毛纺织厂里，数字设备公司（Digital Equipment Corp.）成立了，肯尼斯·奥尔森开始追逐他的梦想：借助引入"小型机"——一种比作为行业标准的大型主机更小、更简单、更有用和更便宜的设备，来彻底改变计算机产业。

数字设备公司第一年的销售额为9.4万美元。5年后，销售额达到650万美元。1977年，实现了10亿美元的销售目标。数字设备公司引领了一场始于波士顿的行业繁荣，创造了相当多的高薪岗位，以至于数字设备公司开始被人们称为马萨诸塞州奇迹。与此同时，公司创始人的声誉也提升了。他才华横溢，不愿受常规或传统束缚；他保护公司中富有创新精神的工程师；他制定了无解雇政策。数字设备公司因"快乐的工作场所"而闻名于世。

当汤姆·彼得斯和罗伯特·沃特曼为他们1982年的畅销书《追求卓越》收集素材时，数字设备公司不仅名列卓越公司名单之中，而且被视为做事一贯正确的15个"榜样"之一，也就不足为奇了。它是作者所提出的"既做出优异业绩又具有八个（卓越）特征"的代表性企业之一。当1986年《财富》杂志称奥尔森为"美国商业史上最成功的企业家"时，如此高的赞誉似乎得到了证实。

让我们回到20世纪80年代末期。1989年1月，数字设备公司宣布将推出一系列个人计算机，包括其功能非常强大的工作站。问题是，奥尔森做出这样的决定已经等待太久了吗？有件事是确定无疑的：公司股票的价格为98美元，是从一年半前的199美元跌落下来的。另一个不争事实是：奥尔森把自己的公司的成败都押在小型机的积极创新上。然而，小型机正快速成为一种高技术恐龙。显然，当时已经出现了不祥之兆，却被奥尔森忽略了，他确信，"个人计算机将在商业领域遭遇彻底失败"。现在，他的公司似乎意识到了自己对于发展前景还相当茫然。

即使在危急时刻转变了态度，但在1991年，数字设备公司还是接连出现了问题。高层管理人员辞职，这家一向痛恨裁员的公司从花名册中裁掉了1万名员工。到此时，奥尔森已把持公司34年，并且依然没有退休的打算。

相反，他利用当年的股东年会引入了公司的下一代"阿尔法"计算机芯片，奥尔森声称该芯片的速度比一流的英特尔芯片快 4 倍。但是，股东们似乎对此并不关心，因为现在公司股票的价格是每股 59 美元。

1992 年春天，公司传出的新闻令华尔街大吃一惊，即在刚刚过去的第一季度，公司亏损 2.94 亿美元，这仅仅是公司历史上第二次报告亏损。奥尔森的反应是对高层管理人员进行了大规模的改组，但已经无力回天。到 4 月底，股票跌至 46 美元，这是自 1985 年以来的最低价，而且此时，公司被接管的谣传已经四起。

也是在这年春天，《华尔街日报》(Wall Street Journal) 似乎正在准备有关奥尔森破产的新闻初稿。《华尔街日报》特别提到，奥尔森与苹果公司的约翰·斯卡利 (John Sculley) 之间的秘密会议——一个很可能使数字设备公司与许多潜在合作者建立联盟的会议——以失败而告终。相反，苹果公司与主要对手 IBM 公司签署了一个内容广泛的技术共享协议，此举震惊了整个行业。

《华尔街日报》将此描述为数字设备公司和奥尔森错失的另一个大好良机。当市场转向个人计算机时，他对个人计算机的固执怀疑——"他常常称其为'玩具'"——已经削弱了这家美国第二大计算机制造商的优势。《华尔街日报》还指出，奥尔森对于过去 10 年中的另一个主要趋势——所谓的对采用标准操作软件的"开放"系统的抵制，也同样削减了公司的业绩。

此时，数字设备公司面临着被其努力创造的行业抛弃的危险。在奋力应对销售额大幅度下降、反复的重组以及对奥尔森的决策产生怀疑的核心管理人员大批辞职的同时，公司目睹了自身市值的骤然下跌，股票成交价降到了 1987 高峰时期价格的 1/4。

与此同时，奥尔森的专制作风受到了广泛批评。一个月前从数字设备公司个人电脑部经理位置上辞职的约翰·罗斯（John Rose）告诉《华尔街日报》，公司"拥有扭转局面所需要的一切——优秀员工、优质产品和高质量的客户服务，但是，只要奥尔森仍然大权在握，扭转就不可能发生"。

在最近这场混乱中失宠的是数字设备公司的总工程师威廉·斯特雷克（William Strecker），因为他反对奥尔森支持的一个主机项目，尽管事实证明该项目是个代价昂贵的错误。解散斯特雷克团队可看成是管理层出现混乱的明显而强烈的信号。一位公司前任管理人员告诉《华尔街日报》，此做法是一种"不光彩的拙劣行为"，因为斯特雷克是核心管理层中唯一能够制定具有内在一致性的产品战略的成员。

《华尔街日报》认为，奥尔森支持时运不佳的 VAX9000 主机，花费 10 亿美元推向市场却没有吸引住任何买主的眼球，这应该是造成奥尔森未能与苹果公司达成协议的部分原因。罗杰·海恩（Roger Heinen），一位曾参加合作谈判的苹果公司资深副总裁，将合作失败归咎于奥尔森对个人电脑行业没有兴趣以及对个人电脑行业的重要性缺乏认识。《华尔街日报》总结道，奥尔森缺少对计算机行业的远见，因而他的选择使得公司在快速变化的市场中处于劣势。

就在两个月以后，即 1992 年 7 月，数字设备公司宣布奥尔森将于 10 月 1 日辞去总裁和 CEO 职务。奥尔森紧跟着宣称他本人也将同时退出董事会，解除与自成立之日起就受他领导的公司的所有正式关系。他的离任也将使他的继任者罗伯特·帕尔默（Robert Palmer）能够全权处理公司事务。帕尔默担负起拯救自 1992 财年已经亏损 27.9 亿美元的公司的艰巨任务。

这位拥有 7 年数字设备公司工龄的老将能成功迎接这个挑战吗？他似乎真的有不凡表现。上任 6 个月之后，帕尔默重组了公司，削减了费用和职位，从公司外部招募组建了新的管理团队，改变了数字设备公司标识的颜色，而尤为激进的是，出售了旧毛纺织厂，它是公司的第一个也是唯一的总部。帕尔默还宣布彻底改变公司的经营哲学：将产品研发和工程的费用减少19%。数字设备公司不会再安排竞争性团队解决相同或相似的问题（这种方式曾在《追求卓越》一书中受到过高度赞扬）。帕尔默告诉商业新闻界："我们必须进行合理化的费用改革，在软、硬件设计方面减少过多的投入。"

改革的前期效果令大家充满了希望。1993年7月，公司宣布每季度盈利为1.13亿美元。股票价格回升到45美元左右。《华盛顿邮报》（*Washington Post*）写道，在许多分析家看来，更为重要的是"在帕尔默的领导下，数字设备公司不再自欺欺人"。

但这些变化远远不够，也来得太迟。最终，帕尔默也没能阻止公司亏损。1998年1月，这个跛足的巨人被康柏公司（Compaq）以91.5亿美元的价格收购。具有讽刺意义的是，康柏公司当时是世界最大的个人电脑制造商。伟大的数字设备公司倒闭了。

所有的事后诸葛亮式的评论都一致认为，归根结底，远见卓识者的远见失灵了：数字设备公司对个人电脑的革命熟视无睹，错失了良机；再次的犹豫不决使其错过了转向开放的而不是独家制造、独家销售的系统的机会；而且，以典型的自欺欺人的方式，在整个90年代早期持续投入资金开发新型主机。

正如数字设备公司早期的一位总工程师戈登·贝尔（C. Gordon Bell）向《波士顿环球时报》（*Boston Globe*）所说的那样：数字设备公司的成功中蕴涵了其失败。"VAX计算机掌控了公司，它允许他们做的事情就是不去思考。从1981年到1987年或1988年，任何人都不需要思考，因为微型计算机的支配力量实在太大了。"

## IBM 公司

数字设备公司并不是 20 世纪 90 年代早期陷入困境的唯一的巨型计算机公司。蓝色巨人 IBM 公司自身也几近崩溃。IBM 公司所经历的过程与数字设备公司的处境形成了有趣的对照。我们先回顾一下 IBM 公司的状况。

IBM 公司的历史可追溯到 1911 年，当时，两家为办事员和会计师制造天平、时钟、制表机器的专业公司合并成立了计算制表记录公司（Computing, Tabulating, and Recording Company）。新公司艰难地运营了三年，董事会就严肃地讨论对公司进行清算。不过他们没有这么做，而是在 1914 年从国家收银机公司（National Cash Register）雇用了老汤姆·沃森（Tom Watson Sr.）。在沃森的领导下，公司的经营状况不断好转，到了 1930 年，公司已成为制表机器市场的领导者。沃森在 1925 年将公司更名为 IBM（International Business Machines）的时候，他在公司愿景上的远见卓识开始初见成效。

人们常常将老沃森及其公司的成功归因于他对自己所宣称的"三个基本信念"的执著坚持：全心全意地关心每个员工，尽量努力令顾客满意，以及竭尽全力正确地做事并在我们所做的一切事情上追求卓越。老沃森还有意识地创造了一种包含和传播这种信念的文化——"专注奉献的组织"，吉姆·柯林斯和杰里·波拉斯（Jerry Porras）在《基业长青》（Build to Last）一书中也是这样说的。IBM 公司的制度化和信念传递过程体现在外表（深色外套）、行为（禁酒）和态度（充满自信）三方面。用老沃森的话来说："如果你不相信自己的公司是世界上最伟大的公司，那么在任何行业你都无法获得成功。"

在其核心理念的指引下，IBM 公司为自己独特的企业文化而骄傲，它从制表机器行业的领导者一跃成为计算机行业最具权威的业界巨头，并且占据这个统治地位几十年。IBM 公司不仅被《追求卓越》一书拥戴为 15 个理想 "榜样" 之一，而且被柯林斯和波拉斯在其 1994 年发表的颇有影响力的研究成果中评选为 18 个 "有远见" 的公司之一，也就不足为奇了。

柯林斯和波拉斯认为，为了获得 "有远见" 的声誉，公司必须甘愿冒巨大的风险（正如数字设备公司开发微型计算机的举措）。公司必须愿意追求柯林斯和波拉斯称之为 "宏伟、惊险而大胆的目标"（Big Hairy Ambitions Goal）的东西。在 IBM 公司的例子中，"宏伟、惊险而大胆的目标" 就是在 20 世纪 60 年代早期，对新型电脑——IBM 360 进行孤注一掷的投资，以期改变电脑行业。根据柯林斯和波拉斯在书中所写的，当 IBM 公司把赌注压在 360 型电脑上时，该项目成为了当时私人试图投资的最大商业项目，它利用的资源比美国造第一颗原子弹投入的资源还要多。从父亲手中接过 CEO 职位的小汤姆·沃森（Tom Watson Jr.）称该项投资，是他曾做过的最大、最具风险的决策。

退一步说，这次赌博获得了回报。360 型电脑的成功使公司飞速发展，其行业领袖的地位进一步得到巩固——一直持续到 20 世纪 80 年代晚期和 90 年代早期公司开始走下坡路之时。1992 年，是 IBM 历史上业绩最差的一年，净损失将近 50 亿美元。公司的股票价格下降了其全盛时期的 70%，股东亏损了近 700 亿美元。究竟发生了什么事情？

在数字设备公司的案例中，奥尔森采取自欺欺人的态度，拒绝变革。相反，IBM 公司清楚地知道自己需要变革，但是却无法做到。时任 CEO 的约翰·埃克斯（John Akers）不像肯·奥尔森，他懊恼自己不能给公司带来必要的变革。他无法使 IBM 公司这艘远洋班轮改变航行方向。IBM 公司的文化根深蒂固，它的遗传因子似乎无法改变。公司被自己的竞争力所禁锢，深受我称之为"专长两难困境"（expertise paradox）的危害。尤其是，在如此长的时间内一直表现不错，IBM 公司因此变得自满起来。具有讽刺意味的是，是 IBM 公司率先在 20 世纪 80 年代早期提出了家庭电脑的概念。但是，它在主机市场上非常突出和稳固的地位，却从某种程序上束缚了公司的发展方向，而此时，价格低廉的 IBM 产品的仿制品正在侵蚀个人计算机市场。IBM 公司前任 CEO 路易斯·郭士纳（Lou Gerstner）偶然想到了一个恰当的比喻，作为其自传的书名——《谁说大象不能跳舞》（*Who Says Elephents Can't Dance*）。

柯林斯和波拉斯写道，IBM 公司在 20 世纪 80 年代的晚期和 90 年代早期开始失去其"有远见"公司的声誉，因为它忽略了老沃森的核心信念。它过于强调了其宣扬的文化虚饰——蓝色外套、白色衬衣，甚至是电脑——而对真正的核心价值观重视不够。"除了核心价值观外，IBM 公司早就该大刀阔斧地改变其自身的各个方面，"柯林斯和波拉斯写道，"相反，它却在战略和执行实践以及显示其核心价值观的文化虚饰上倾注了太长的时间。"

柯林斯和波拉斯还认为，有远见的公司拥有惊人的韧性以及从灾难中恢复的能力。但是，有趣的是，他们并不赞成 IBM 公司任命郭士纳为最高管理者，他们甚至在书中写道："是什么使得 IBM 公司在 1993 年决定任命郭士纳，用一个来自雷诺烟草公司（R. J. Reynolds）的毫无行业经验的空降兵，来取代在 IBM 公司内部成长起来的 CEO？这一异常举动符合我们在其他有远见的公司中所看到的做法吗？不符合。在我们看来，IBM 公司的决定毫无意义——至少在我们所考察的有远见公司的 1 700 年的发展历史长河中不是这样的。"

柯林斯和波拉斯在书中写道，如果 IBM 公司董事会欲进行彻底变革，

"他们任用郭士纳先生将有可能实现该目标。但是，IBM 公司真正的问题——也是 IBM 公司下一个十年发展的关键问题是——郭士纳在引领公司进行重大变革的同时，能否同时维持公司的核心价值观？"

不仅仅只有他们在 1993 年提出这样的问题。郭士纳来 IBM 公司任职前，IBM 公司漫长的发展历史中只有过 6 任 CEO——他们一直都在"蓝色巨人"供职。这位新的 CEO 不仅需要管理一个新的行业，而且必须想办法变革 IBM 公司根深蒂固的企业文化。同时，他需要承担重构股东价值和使 IBM 公司庞大员工队伍重现活力的基本任务。坦白地说，没有几个人对此有信心。郭士纳接管公司的消息一经传出，公司股票价格应声下跌了 3 美元以上。

但是，仅仅几个月的时间就让预言家们改变了看法。郭士纳听取了公司 200 位大客户而不是公司管理团队的建议，并进行了相应整改，这些做法获得了广泛好评。通过直接与客户接触，发现他们的真正需求，郭士纳制止了竞争性职能部门和生产线之间的地盘之争。

毫无疑问，柯林斯和波拉斯也会为这些做法喝彩，因为郭士纳的这些做法确确实实地回归到了老沃森的基本信念——尤其是他的第二条信念："尽量努力令顾客满意"。

短短两年时间里，郭士纳的改革举措全面展开。他精减员工、出售资产（包括房地产和 300 份艺术收藏品）、减少公司普通股股利的发放。公司的成本下降了，利润率开始上升。到 1994 年，公司已经重新开始盈利。之后，公司 1995 年第一季度报告的收益破了纪录，远远超过了分析家们的预测。股票价格回升到 90 美元，是 1993 年低谷时期的两倍多。公司甚至又开始表现出过去的"帝王"豪气——着手以 35 亿美元的价格收购了莲花公司（Lotus Corp.）。

13

一直到 1998 年，郭士纳的工作都是非常完美的。《旧金山纪事报》（*San Francisco Chronicle*）这样称赞道："在郭士纳的领导下，五年之前就被许多人认为死定了的蓝色巨人，已经成为美国商业年鉴里记载的成功扭亏为盈的伟大公司之一。"1997 年，IBM 公司的破纪录销售额和利润以及股票价格的不断上涨，标示着 IBM 公司重新夺回计算机领域排名第一的宝座。

但是，我们还远不能说 IBM 公司已经恢复了往日的辉煌。更为准确地说，在郭士纳的领导下，IBM 公司已经成功地获得了新生。《旧金山纪事报》指出，真正促使 IBM 公司走向繁荣的，是它能够通过与企业一起开发、应用、维护它们的计算机系统，包括它们的网络、内部网、电子商务网站，帮助这些企业跨入互联网时代。IBM 公司不仅为自己或其他公司供应设备，而且还提供系统方面的服务。目前，仅这种系统服务就占了 IBM 公司销售额的 50% 之多。

IBM 公司的这种转型相当引人注目。比如，在 2005 年度美国名人赛上，高尔夫球迷观赛时能够看到宣传"IBM 公司全球服务部"的广告，这个广告基本传承了 IBM 公司始于 1997 年和 1998 年的"四海一家的解决之道"（Solutions for a Small Planet）和"电子商务"运动。借助这些广告，IBM 公司努力赢得声誉，使自身成为其他企业寻求技术支持的公司。这种做法在提升公司形象方面，远比其最大的竞争对手惠普公司成功得多。

归根结底，郭士纳不仅改变了 IBM 公司的命运，而且改变了它的形象。关注服务以及对此进行的广告宣传，赋予了 IBM 公司一种新的个性。"五年前，人们会说 IBM 公司拥有令人难以置信的大脑，却没有心脏，"为 IBM 公司策划"四海一家的解决之道"运动的奥美广告公司（Ogilvy & Mather）的夏兰泽（Shelly Lazarus）说："现如今，它也拥有了心脏、灵魂以及幽默感。"

## 英特尔公司

1968 年，安迪·格罗夫（Andy Grove）和戈登·摩尔（Gordon Moore）创立了一家公司，专门生产芯片提供给诸如雅达利公司（Atari）之类的视频游戏制造商。这是个不错的主意，他们的英特尔公司（Intel Corp.）也非常有发展前途，但是好景不长，更喜欢购买日产芯片的任天堂公司（Nintendo）使美国的视频游戏行业陷入瘫痪。突然之间，英特尔公司芯片产品供大于求。但是，差不多在同一时间，IBM 公司开始开发个人电脑，而这些个人电脑正需要英特尔公司正在大量生产的集成电路板。两家公司的合作成为高科技领域里的完美搭配。英特尔公司因此很快成为世界第一大芯片制造商，从那以后，它就一直处于这一领导地位。

但是，正如我们之前提到的，技术在不断地更新换代。主机市场上曾经发生的、后来在微型计算机市场上发生过的事情，现在同样在个人计算机市场上上演。手机、手提电脑以及其他设计精巧的电子产品正在侵蚀个人电脑的市场需求。现在，英特尔公司该去适应不断变化的市场。下面，让我们快速回顾一下英特尔公司是怎样应对市场变化的。

2000 年底，英特尔公司宣布，其与美国 ADI 公司（Analog Devices）为期两年的合作即将取得成果。英特尔公司准备向市场推出一种新芯片——高效数字信号处理机（digital signal processor，DSP），这种芯片可用在高级手机和掌上电脑等"第三代"无线设备上。但是，就像我们在数字设备公司所见到的，问题在于英特尔公司是市场追随者而不是市场领导者。作为调制解调器、CD 机、手机等精巧电子设备中不可缺少的组成部分，DSP 成为集成

15

电路市场中增长最快的部分已经有一段时间了。

因此，英特尔公司的任务不仅仅是生产 DSP，并且还要挑战该市场的领导者——得州仪器公司（Texas Instruments），使自己成为市场的领导者。（值得一提的是，得州仪器公司迅速抓住生产 DSP 的机会显示出了相当的远见。它本可以继续制造个人电脑芯片，只是在认识到英特尔公司已经赢得了芯片市场后，开始另辟蹊径，发现了当时刚刚崭露头角的手机之类"最佳—通路"电子产品的大好前景，并决定将生产 DSP 作为未来的发展方向。）就英特尔公司而言，它正确认识到个人计算机芯片业务的成长受限于个人计算机本身销售的缓慢增长，但是这种认识来得太迟了。得州仪器公司已经占据了数字无线电话业务 60％的市场份额，该公司的研发主管迈克·麦克马汉（Mike McMahan）告诉《波士顿环球时报》，他对公司在市场中的地位非常有信心。

就像数字设备公司和 IBM 公司一样，英特尔公司的故事也证明：当你在自己选择的商业领域里占据了绝对支配地位时，你就很难再去关注这个领域之外发生的事情，同时，也很容易忽略竞争。如果 2000 年 DSP 的情况是这样，2003 年英特尔公司也遭遇到了同样的情形。当时，AMD 公司（Advanced Micro Devices，AMD）击败了英特尔公司，向市场推出名为皓龙（Opteron）的产品——这是一种芯片，可提供 64 比特的高级计算能力，同时还保留了运行数以千计的 32 比特 Windows 兼容程序的能力。据说，英特尔公司和业内其他几位制造商曾嘲笑 AMD 公司的新型芯片，但是没出一年，IBM 公司、太阳微系统公司（Sun Microsystems）、惠普公司却成为了AMD 公司的客户。此时，英特尔公司不得不重新开始奋力追赶 AMD 公司。2004 年初，英特尔公司宣布它将在原有的 32 比特的（至强）Xeon 服务器芯片上增加 64 比特的计算能力。

英特尔公司故事的有趣转变是，10 年前，时任 CEO 的安迪·格罗夫曾嘲笑 AMD 公司是一个"半导体的米力瓦利合唱团"（Milli Vanilli），讽刺这个小公司只会模仿英特尔的芯片设计，不去着手开发自己的处理器。AMD 公司的首席技术官弗雷德·韦伯（Fred Weber）承认，当形势发生逆转后，曾体验到"某种情感上的满足"。他将 AMD 公司的成功归功于"在空白领域里进行创新"这样一个 5～7 年的发展战略，而不是机遇。

英特尔的统治地位是否允许它理所当然地不把客户当做一回事呢？作为英特尔竞争对手 AMD 公司的顾客，Boxx Technologies 公司的一位执行官指出，AMD 公司的存在促使英特尔公司保持诚实，由此可见竞争是必不可少的。他说："如果你将 AMD 公司排除在外，英特尔公司为了使其投资回报最大化，肯定会放慢发展速度。"AMD 公司的韦伯更为干脆地指出："由于其几近垄断的地位，英特尔公司非常傲慢……它对顾客的尊敬是迫于顾客的抗议。"

英特尔公司能否摆脱人们对其傲慢、自满的印象，快步赶上竞争对手，应对不断进化的市场需求，这是摆在其新任 CEO 保罗·欧德宁（Paul Otellini）面前的问题。保罗·欧德宁是从公司市场部门而不是工程部门晋升上来的资深员工。欧德宁能否像郭士纳重塑 IBM 公司那样重塑英特尔？能否在几近饱和的个人计算机市场上为公司寻找到新的方向？保罗·欧德宁倡导"向右转"，快速摒弃计算机芯片速度更快、更强大重于一切的"固有信念"，这使得其成为该项工作的合适人选。他似乎正在促使公司认识到，除了芯片运行速度外，顾客现在还需要诸如嵌入安全特性、与互联网的无线连接、更好的显卡和声卡之类的东西。也许，营销背景出身的他将会动摇公司的精英主义和高技术工程文化。

## 都是领导惹的祸

在上述三个公司的相互联系的案例中，你发现了哪些"自我毁灭的习惯"？是自欺欺人？是傲慢？还是自满？应该说三者都有！那"竞争力依赖"和"竞争近视"呢？也都发现了！从一个稍微不同的角度来看，这些案例也明示了我们提出的最后两个自我毁灭的习惯："领地守护"和"数量沉迷"。我还可以举出更多的例证。以下的章节中将描述、定义、阐述这"七宗罪"，考察其他已出现这些习惯的公司，并审视这些企业是如何改掉或没能改掉这些习惯的。我希望，相关讨论能够告诉大家在自己的公司里识别这些行为的方法，并最终使自己的公司重新回到健康发展和永续经营的轨道上去。

首先，让我们对这些术语定义得更为明确一些。我们认为可以从两个方面来理解"坏"这个词。第一种理解比较明显、直接，"坏"意指不健康、毫无益处、与个人兴趣相反，或是具有破坏性。导致顾客或供应商的憎恨、迫使他们寻求其他的商业伙伴的行为，似乎明显是这种意义上的"坏"。傲慢或轻视利益相关者似乎是更为明确的例证。但是，商业领域的"坏"同时还意味着"失去机会"。在这一点上，自满或是低估了竞争对手都有可能使你无法充分发挥自己的潜力。你的行为或许不是"主动地"坏，也没有受到周围人的恶语相向，但是，你没有了远见，已经失去了或是即将失去你的机会。

其次，谈一下领导的问题。有时，公司养成自我毁灭的习惯是CEO一手造成的。这种情况更有可能发生在创业CEO身上，或是那些拒绝退休、沿袭前任的管理方式、其主管都是经过精挑细选的CEO身上。受"基因遗传"影响非常严重的家族企业同样可能会形成自我毁灭的习惯。

但是，不管 CEO 是不是公司的自我毁灭的习惯形成的原因，改变这些坏习惯却无疑是他的责任。当公司需要积极主动地采取干预措施改掉坏习惯时，这些措施只能由企业高层领导者来实施。有时，特别是危机非常严重、习惯已经成瘾的时候，公司必须引进新的领导者。我们在 IBM 公司案例中见过这样的做法，在以后的章节中我们将会看到其他的例子。

想一想通用电气公司在杰克·韦尔奇领导下的业绩。韦尔奇出任 CEO 的时候，分析家普遍认为通用电气公司是一个资金雄厚而沉着冷静的制造商，以与国民生产总值增长速度一样的速度成长着。但韦尔奇却不这么看，他很快宣布通用电气公司必须对自身进行彻底变革，使公司走上了动荡不定的变革之旅。在"要么第一，要么第二"的战略指导下，韦尔奇开始对公司进行较大范围的重组，他将市场份额在国际上排名不是数一数二、没有提供较多的全球增长机会的业务，进行了"调整、关闭或出售"。在实施这个战略的过程中，通用电气公司出售了总价值为 150 亿美元、包括家用电器和矿业运营在内的 400 个业务和产品线，收购了总价值为 260 亿美元的 600 个其他业务。到 1988 年，通用电气公司重组成 14 个高科技或服务业务，在韦尔奇看来，这些业务有巨大的全球发展潜力。

在不断变化的市场中，一个企业积极主动地把握自己的命运被称为预防管理，通用电气公司便是这种管理方式的早期实践者。在快速而非连续变化的外部环境中，预防管理更为必要，效果最佳，能够为组织带来一种主要竞争优势。公司预测发展趋势，并制订相应计划，那些在这方面比竞争对手做得更好、更早的公司，能够有效地提升自己的竞争优势。

如图 1—2 所示，当一个公司进行"现状"管理，而且在环境发生变化的前提下，仍然采取从内至外而不是从外至内的视角看待问题时，它的业绩就会滑坡，这样的公司就像染上了慢性病一样，会逐渐走向破产。

领导风格

预防管理

文化

程序

系统

结构

领导（由外至内）

规章

现在的领导

领导（短期）

生存管理

机会管理

领导（由内至外）

威胁驱动

现在

现状管理

未来

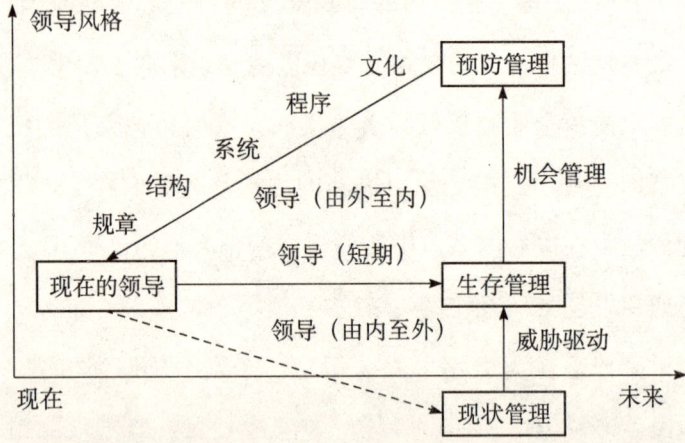

图1—2　领导系统

如果一个公司面临突如其来的威胁，为了生存，它会进行危机管理。例如，一个一向把顾客当成是理所当然的投资银行，突然间却失去了重要的客户，它会立刻着手调查其他的客户是如何看待公司的，并加强客户关系管理。这种威胁驱动的变革能延长企业的生存，但是从最终结果看，却不能保证公司成长或繁荣。

领导者必须预测环境的变化，主动给企业定位，取得比在"现状"管理情境下更大的成功，他们必须干预、改革企业的文化、流程、组织结构和内部系统，他们还必须调整各种对外的规章制度，以保证公司在技术、竞争、资本市场、制度、国际化和市场需求不断变化的世界中保有一席之地。

领导是塑造期望，管理则是传递期望。管理能够非常好地维持习惯，不管这种习惯是好还是坏。而真正的改变则往往要寄希望于拥有权力发动变革的高层主管。

下面，我们就来看看这些自我毁灭的坏习惯。

# 第 2 章

## 自欺欺人
### 神话、仪式和传统形成的桎梏

词典上给"自欺欺人"下的基本定义相当明确："不相信一件事物的真实存在"或"拒绝辨认或承认该事实"。

我在很多公司中发现，当一个公司走过了卑微的初期阶段，开始为自己的伟大创造神话的时候，自欺欺人似乎就开始了。

词典上给"自欺欺人"下的基本定义相当明确："不相信一件事物的真实存在"或"拒绝辨认或承认该事实"。肯·奥尔森拒绝承认个人电脑时代的到来，是最贴切的案例。不过，还有很多其他的例子。

心理学研究已经完善了"自欺欺人"的定义，即"一种通过拒绝承认那些清醒状态下难以忍受的想法、感受或事实来减轻焦虑的无意识防御机制"。我们认为，"清醒状态下难以忍受的想法、感受或事实"可能是这样一些做法，试图提醒高速发展的公司，尽管他们凭借好运与依靠自身的才智依然可以获得同样的成功，但他们还是可能犯错误的。

## 守愚藏拙

我在很多公司中发现，当一个公司走过了卑微的初期阶段，开始为自己的伟大创造神话的时候，自欺欺人似乎就开始了。思考一下有多少公司的成功具有偶然性，又有多少偶像级的公司是在恰当的时间和恰当的地点撞到了好运，你就会发现这一模式尤为突出和滑稽。就像一个努力奋斗的年轻演员或音乐家一样，他们非常幸运地"被发现"了——不是被一个才华横溢的"星探"，而是被一个重要的顾客。事实上，多数公司都是因一个顾客而创立的，而且，多数时候也是由顾客发现了这些公司。〔这些故事总是让我想起杰泽·科辛斯基（Jerzy Kosinski）的小说《守愚藏拙》（*Being There*），1979 年，该小说被拍成一部由彼得·塞勒斯（Peter Sellers）担任主角的颇具影响力的电影。小说讲述了主人公花匠强斯（Chance），没有付出任何努力仅仅"守愚藏拙"，就让社会这个神话制造机器一时间将他捧到上帝般的地位。〕

例如，想一下戴姆勒-奔驰公司（Daimler-Benz）〔现在的戴姆勒-克莱斯勒公司（Daimler-Chrysler）〕的例子。该公司可追根溯源到 19 世纪 80 年代晚期，当时，两个德国人卡尔·本茨（Carl Benz）和戈特利布·戴姆勒（Gottlieb Daimler）彼此独立地开始研发内燃动力汽车。意外的头号好运气在 20 世纪早期降临了，当时，一个名叫埃米尔·耶里内克（Emil Jellinek）的奥地利商人靠戴姆勒汽车赢了一场赛车比赛，之后，他签下了戴姆勒汽车的第一个大订单。耶里内克还为此幸运订单提出了两个附加条件：第一，他必须是戴姆勒汽车在奥匈帝国、法国和比利时的唯一代理商；第二，允许他给汽车冠以他女儿的名字"梅赛德斯"（Mercedes）。1926 年，Daimler Motorengesellschaft 汽车公司与其竞争对手 Benz & Cie 汽车公司合并，组建了"戴姆勒-奔驰"（Daimler-Benz AG）汽车公司。之后，第二个幸运机会又来了。（顺便说一句，这两大制造商不太可能曾见过面。）大约 10 年之后，一辆梅赛德斯汽车卷入了一场碰撞事故中。事故发生时，车主坐在后座上，没有受伤——并对汽车的安全性留下了深刻印象。这位车主正是阿道夫·希特勒（Adolf Hitler），他立刻决定，将梅赛德斯-奔驰汽车用作德国政府的公务车，并由戴姆勒-奔驰汽车公司生产所有军用车和公务车。很快，戴姆勒-奔驰公司成为德国最大的公司。

另一个有趣的例子是关于厄普顿机器公司（Upton Machine Company）的。这是一家怎样的公司呢？情况是这样的，厄普顿机器公司创建于 1911 年，当时，弗雷德·厄普顿（Fred Upton）和娄·厄普顿（Lou Upton）两兄弟开始制造电动洗衣机。但是，他们并未取得多大进展，5 年之后，全国零售商巨头西尔斯公司发现了这家公司。直到 1925 年，他们都在以楷模（Kenmore）这个品牌销售西尔斯公司所有的洗衣机。1950 年，公司更名为惠而浦（Whirlpool），开始了惠而浦公司的历史。

我们并不是说靠偶然因素取得成功有什么不对。无论是怎样成功的，成功都是件好事。问题出在公司忘记了自己卑微的出身，忘记了那些幸运的事件，开始将获得的所有荣誉都归因于自己的好运。我发现在很多（不是全部）例子中，不是公司创始人，而是第二代和后续的几代人犯了这样的错误。随着创始人的离去，关于公司的神话开始出现，并粉饰了公司的历史事实。最初，它们是一些很好的故事，虽然有点传奇色彩，但是能够帮助雇员了解公司的历史，传递公司的核心价值观。但是，随着时间的流逝，关于公司的神话变成传统，成为了例行公事，并慢慢变得僵化。当然，只要环境没有发生变化，例行公事仍能起作用。但是，当环境的变化开始与企业创立的初衷相背离时，僵化的传统使公司开始出现自欺欺人。

导致这种自欺欺人的变化会有很多形式，但是，其中最可能的形式是新技术的出现，比如运输业、通信业或者是信息产业。传统的行事方式突然间不复存在，如果你跟不上环境的变化，你就会落伍，这就是经济学家约瑟夫·熊彼特（Joseph Schumpeter）认为资本主义核心中所具有的"创造性的毁坏"，这种思想与十几年前唐·泰普史考特（Don Tapscott）和阿特·卡斯顿（Art Caston）提到的"范式改变"（paradigm shift）是一脉相承的。最近，克莱·克里斯坦森（Clay Christensen）在其著作《创新的困境》（*The Innovator's Dilemma*）中又提出"颠覆性技术"（disruptive technologies）这一思想。

我曾经提到过肯·奥尔森的一个低劣的论断——个人计算机"决不会"在商界占据一席之地。这里还有另外一个例子。在 1876 年电话发明后不久，亚历山大·格雷厄姆·贝尔（Alexander Graham Bell）的一个生意伙伴打算以 100 000 美元的价格将电话专利卖给西联汇款公司（Western Union）。西联汇款公司的总裁威廉·奥顿（William Orton）没有理会这笔生意，他说："制造电器玩具的公司能有什么发展前途呢？"多年之后，美国电话电报公司

（American Telephone and Telegraph）控股了西联汇款公司。

我们可以讥笑这些人，但是，预测到未来却并不容易，尤其当你的事业蒸蒸日上之时，就更不容易。另外，不仅仅是个别人或个别企业才会自欺欺人，并自食其果，技术革新在造就了新行业的同时——也淘汰了一些旧行业。

现在，你还能看到多少块怀表？瑞士和德国的精密工艺曾引领了欧洲手表工业的繁荣。我们经常放在表袋中的表，是经过复杂的钻石镶嵌作业，手工制造出来的。这些作业是劳动密集型的，产量很少，但这并无大碍，因为一块手表能用一辈子——如果成为祖传之物，则能持续得更久。但是，20世纪50年代，天美时公司（Timex）〔该公司的前身是沃特伯里钟表公司（Waterbury Clock Company）〕率先开始制造指针式机械表。这是世界上第一款价格便宜的手表，突然间，瑞士和德国的制造商成了利基①玩家（niche player）。

这种"范式改变"不仅是向机械化的转变，还在于手表也应更新换代这种革新观念的出现。天美时公司出色地打破了"一块手表戴一辈子"的观念。一个人一生中使用一百块手表意味着巨大的市场。可以给一个刚学会识别时间的孩子一块手表（比如，一块带有米老鼠头像的手表）。如果孩子丢失或弄坏了手表，没有关系，再买一块就可以了。就这样，一个行业的规则被打破了，原来的制造商们只能在一旁叹息。

顺便说一下，手表工业在接下来的日子里一直都保持着喜人的发展势头，只是后来天美时公司没有预见到手表技术由指针向电子技术转变的趋势。而且，与很多广受消费者喜爱的小玩意儿一样，20世纪70年代，日本

---

① "niche"的音译为"利基"，意译为"壁龛"，有拾遗补缺或见缝插针的意思。菲利普·科特勒在《营销管理》中给利基下的定义为：利基是更窄地确定某些群体，这是一个小市场并且它的需要没有被服务好。利基市场指那些被市场中有绝对优势的企业忽略的某些细分市场。——译者注

的波沙牌（Pulsar）电子手表蜂拥进入市场。天美时公司的霸主地位轰然倒塌。不久，所有的公司甚至连得州仪器公司都开始制造高度精确的液晶电子手表。到20世纪70年代末，电子手表更是大行其道，以至于老式指针手表（手工制作、发条带动）似乎正日益走向高科技坟墓。

然而，事情并没有照此发展下去，这主要是因为人们普遍认为电子手表虽然便宜，但是不好看、不时尚，难以投合手表的主要购买者——女性的心意。于是，精工舍（Seiko）向日本市场推出了世界上第一款指针式石英手表，这款非常漂亮的手表在精确性上具有很强的竞争力（如果你有些心动的话，价格也会具有竞争力的）。

当时，电子手表似乎走上了穷途末路。但是，由于20世纪80年代末多功能运动手表的出现，电子手表的命运并没有出现预期的那种改变。多功能运动手表不仅能告诉你时间、提示你日期、记录你的运动节拍，还能在凌晨叫醒你。日本企业［精工控股株式会社、卡西欧计算器株式会社（Casio）、西铁城时计株式会社（Citizen）］仍然领导着这个市场，但是，天美时公司在克林顿总统对铁人三项运动的推崇的带动下，重返市场。更让人惊奇的是，举步维艰的天美时公司在1992年推出一款Indiglo牌的夜光手表后，一跃超过了竞争对手。在一年多的时间里，这款手表将公司销售额提高了30％。之后，卡西欧计算器株式会社和精工控股株式会社仿制了这类手表，蜂拥入市。

［为了一探究竟，我想我们不得不承认瑞士手表生产商并没有完全衰败。由于劳力士（Rolex）、卡蒂亚（Cartier）、摩凡陀（Movado）以及其他品牌手表的单表售价都在10万美元左右，也许销售量已经显得不那么重要了。］

我们都知道，电视产业也发生了同样的事情。美国创造、培育并发展了电视机市场，但是，最后却失去了这个市场。日本研发的固态电子技术的出现，使得美国的真空管技术遭到淘汰。现在平板屏幕又后来者居上。

至此，我们主要关注的是单个企业，下面，让我们介绍几个代表不同行业的企业。首先，我们将把注意力放在不断革新的技术领域。之后，我们将分析那些让许多公司避之唯恐不及的"新现实"。

## 对新技术视而不见

如果要找一个通过技术革新开创了美国商业局面的公司，你绝对无法忽略施乐公司。这个公司是个非常好的例子——神话和传说的好素材。

### 施乐公司：试图复制自己以往的成功经验

1937 年，一位名叫切斯特·卡尔逊（Chester Carlson）的人对静电复印技术有了清晰认识。他是一个理发师的儿子，最初做专利代理人，后来成为专利所有人，并因而摆脱了贫穷。在最初 10 年里，卡尔逊肯定会感觉自己就像一位为卖出第一本书稿而不懈努力的无名作家一样，到处碰壁。根据关于施乐复印机发展历史一书《拷贝一瞬间》（*Copies in Seconds*）的作者大卫·欧文（David Owen）的讲述，卡尔逊曾将自己的创意推销给 IBM 公司、美国无线电公司、贝灵巧公司（Bell & Howell）、通用电气公司、柯达公司以及其他很多公司，他后来描述这段经历时，称那些厂商对自己的创意"毫无兴趣"。

1947 年，卡尔逊寻找到了他梦寐以求的合作者——乔·威尔逊（Joe Wilson），他是一家位于纽约州罗切斯特市（柯达公司的总部所在地）的照相纸供应商——哈罗依德公司（Haloid Co.）的董事长。威尔逊抓住机会将卡尔逊的静电复印专利技术付诸实践，并将自己的公司更名为施乐公司。施乐公司花费了 12 年时间研制出了第一台应用型"干式"复印机，从此以后，这个年轻的公司就在商界占有了一席之地。

整个 60 年代，由于专利保护，施乐公司几乎垄断了复印机市场，其收入以每年 20％的速度高速增长。1972 年 8 月，其股票交易价格达到 171 美元的历史高峰。同时，在施乐公司位于加利福尼亚州帕罗奥多市（Palo Alto）的研发总部——帕罗奥多研究中心（PARC），研发专家正在研发以太局域网（Ethernet LAN）这个图形用户界面，这种界面可以将电脑和打印机、激光打印机、甚至是当时第一台个人电脑连接起来。但是，在这个帕罗奥多研究中心的艾伦·凯（Alan Kay）的例子中，我们看到了公司第一次自欺欺人的征兆——公司否定了自己的工程师针对未来发展提出的创意。

艾伦·凯及其学习型研究团队肩负着开发"未来办公室"的责任，他们研发出了个人电脑的原型，将其命名为奥多（ALTO）。该个人电脑原型拥有尖端的显像技术和重叠窗口，甚至有可以指示和点击的鼠标。然而，1977 年，在是否将奥多作为办公室第一代尖端的文字处理器推向市场上考虑了数月之后，施乐公司最终选择推出一款施乐 850 "精美电动打字机"。由于推出之日就已经过时，施乐 850 彻底失败了。艾伦·凯后来离开了帕罗奥多研究中心去追逐他的个人梦想。

此时，施乐公司正在失去其在复印机市场的统治地位。日本企业推出了物美价廉的产品并开始进入市场，施乐公司的收益和利润分红骤然下降，于是开始推行多元化战略——先是进军电脑市场，之后是金融服务市场。但是，两次多元化尝试都损失惨重。整个 20 世纪 80 年代和 90 年代初，伴随着商业领域经历了从复印机到计算机驱动打印机的转变，施乐公司一直在黑暗中徘徊。毕竟，它是一家复印机企业，似乎难以接受世界就在它眼皮底下发生了改变的现实。

1997年末，施乐公司董事长保罗·阿莱尔（Paul Allaire）似乎看到了光明。他从IBM公司聘来了里奇·托曼（Rich Thoman），并委任他为施乐公司新的董事长，所确立的明确使命引领施乐走向了今日的辉煌。托曼很快宣布推出公司强大的数字网络激光打印机，发起了对打印机巨头惠普公司的进攻。新推出的富士施乐（DocuPrint）N32激光打印机，每分钟能够打印32页，售价为500美元，比处于市场领导地位的惠普激光打印机LaserJet 5 Si还要便宜一些。这两款机型都能对一份电脑文档进行多份打印，而且，价格也与复印机的相差无几。托曼对发动价格战的热衷显示了他的"敢作敢为"，这可能正是施乐公司所需要的。施乐改善的股票价格不断上涨。

托曼接下来的动作就是以9.5亿美元收购了泰克公司（Tektronix Inc.）的彩色打印机业务。这是施乐公司103年的发展历程中最大的一笔收购业务，无疑也是向惠普公司发动的又一次攻击。托曼这样告诉商业媒体，"本次收购有助于我们更加以打印机为中心，而把较少的精力放在复印机上"。他说他希望这次收购能帮助公司占领办公室彩色印刷机市场30%以上的份额，仅仅位列惠普公司之后。

后来，形势发生了逆转。就在6个月之后的2000年4月，施乐公司宣布第一季度将削减5 200个职位，花费6.25亿美元进行重组。大家对于施乐公司持续处于困境的原因有着一致的看法，那就是，施乐公司正处于从复印机市场逐步向计算机打印市场的转型期，是计算机打印市场的"新进入者"，面临着激烈的市场竞争，尚需不断努力才能适应。但是，人们不禁要问的是：为什么这个长期的技术领袖反而却会成为计算机打印市场的"新进入者"？答案是：它的自欺欺人。

仅仅一个多月后，托曼离开了施乐公司。根据《摸索未来：施乐公司如何发明却又忽略了第一台个人电脑》（*Fumbling the Future：How Xerox In-*

*vented*，*Then Ignored*，*the First Personal Computer*）一书的作者罗伯特·
亚历山大（Robert Alexander）和道格拉斯·K·史密斯（Douglas
K. Smith）的讲述，托曼的离开证实了这样一句管理变革箴言："文化制
胜"。托曼是进入施乐公司的外来者，却肩负着实现施乐公司从旧的经济领
域向新领域转变的使命，只给他三年的时间是远远不够的。"就在他担任了
两年的董事长，很快就可成为 CEO 的时候，施乐公司的文化，就像拔掉一
株劣质的移植植物一样，把他扫地出门。"

亚历山大和史密斯还说道，施乐公司在威尔逊的领导下，于 20 世纪 50
年代形成了自己的文化，并充分利用合伙人查斯特·卡尔逊的发明，在 20
世纪六七十年代发展成为受人顶礼膜拜的施乐公司。人们广为知晓的是，随
着创业者的离开，公司文化会变得僵化、纠结、狭隘，并且敌视外来人。威
尔逊的继任者彼得·麦克寇劳（Peter McColough）对研发只有口头上的承
诺，其真正关注的却是销售和财务这样的"旧经济时代的规则"。亚历山大
和史密斯还指出，"在 20 世纪 80 年代中期，由于对来自外部的（如小型复
印机、液态调色剂、间接销售）及内部的（网络化个人电脑、激光打印机）
新观念置之不理，以及主要职能部门的负责人之间恶意竞争，施乐公司的市
场份额和利润急剧下降"。公司董事会决定任用大卫·卡恩斯（David Ke-
arns），他"坚定地专注于重温复印机市场过去的辉煌，并放弃了打算在未
来的数码领域赚钱盈利的所有努力，而此时这一切还都在施乐公司的掌控之
内"。

在 2000 年这艰难的一年结束之前，施乐公司已经耗尽了 70 亿美元周转
信用贷款的 2/3，并同时宣布"出售非战略性资产"和进一步改善运营。其
中一项资产出售听起来非常惊人：公司所持有的富士施乐公司（Fuji Xerox）
50％的股份中，一半将转卖给富士胶卷公司（Fuji Photo Film），这是施乐

公司自 1962 年创立以来首次在合资的所有权结构上发生改变。更值得关注的是，施乐公司正打算从公司外部寻找合作伙伴，在著名的施乐帕罗奥多研究中心进行合作研发。

总之，施乐公司自欺欺人的时间过久，以至于错过了迎接数字技术挑战的契机。当托曼努力实现他的重新聚焦于高科技网络、打印和复印服务，而不是仅仅出售米色复印机盒的战略时，在卡恩斯领导下的日渐故步自封的施乐文化却无法有效落实托曼的战略，利润下滑的迹象开始显现出来。当初举荐托曼的阿莱尔董事长重新回到自己原来 CEO 的位置，并提拔安妮·马尔卡希（Anne Mulcahy）为董事长兼首席运营官。但是，投资者却开始抛售股票，摩迪国际（Moody）对施乐公司信用等级的评价也开始下降。

差不多在同一时期，即 2000 年 11 月，著名教授、评论家保罗·科德罗斯基（Paul Kedrosky）将施乐公司衰退的教训总结为："施乐公司没有做两手准备，除了影印机，公司没有再找到另一个自己可以领导的市场。现如今，在低端复印机市场，利润较低的离岸产品正在挤压施乐，而高端市场已经饱和。"更严重的是，由于与计算机相关的通信技术使得复印机看起来像"过了时的摆设"，复印机市场本身也在萎缩。在科德罗斯基的眼中，施乐的衰退已经酝酿了相当长的一段时间，用他的话说就是"可能是从它对自己杰出的发明弃之不用时就开始了"。

2004 年 10 月，联邦检察官结束了对施乐公司违法投资案件的调查，没有提出任何控诉，停止了进一步的财务审查和信息披露，这是一个好消息。但是，有个坏消息已经持续两年之久了。2002 年，施乐公司同意缴纳当时创纪录的 1 000 万美元的民事处罚，并重新公布收入，以解决美国证券交易委员会（SEC）对其欺骗的指控。施乐公司没有承认也没有否认犯罪，他们重新申报了财务状况，承认自 2001 年以来的 5 年间，漏报了 64 亿美元的设备收入，高估了 36% 的税前收入，约 14 亿美元。2003 年，6 位前执行官，包括 2 位前 CEO，共支付 2 200 万美元罚款用于解决美国证券交易委员会的相关诉讼。根据美国证券交易委员会的调查，这些执行官都从与虚假财务报告关联的红利发放和股票售卖中获得了私人利益。

然而，施乐公司发言人克里斯塔·卡伦（Christa Carone）告诉《华尔街日报》："如今，我们发展得比较强大了，我们相信，在书写施乐公司回归伟大的篇章中，我们会不断取得更大的进步。"

也许事实会这样。但是，在 2005 年底，公司 70% 的收入来自像油墨、硒鼓这样的"售后"业务，股票维持在不足 15 美元的价格。同时，我们得到另一个不同的教训：当对自我毁灭的习惯成瘾时，进行彻底干预是非常必要的。

有趣的是，1999 年曾将彩色打印机业务出售给施乐公司的泰克公司（Tektronix），是另一个自欺欺人的例子。这家公司 1946 年建立，当时是一家电子测试公司，1963 年上市，60 年代末已经控制了世界示波镜市场 75% 的份额。但是，就像施乐公司一样，80 年代时，泰克公司没有认识到市场已经发生了根本的转变，原有的模拟技术将被数字技术取代，公司因而陷入困境，收入急剧下降，裁员不可避免。1990 年，面对持续的损失，公司董事会收回了公司控制权。

但是，这个故事有个不一样的结局——它证明了自我毁灭的习惯是可以改掉的。也许是因为董事会请来的变革专家杰罗姆·迈耶（Jerome Meyer）有足够的时间来完成变革工作，或者是因为泰克公司的文化并非冥顽不化，迈耶扭转了颓势，公司的全面变革最终取得了成功。将彩色打印业务分割出去后，泰克公司更为精干，并重新回到核心业务上面，2000 年的业绩虽有些倒退，但在 2001 获得了创纪录的收入和盈利。此后，里克·威尔斯

（Rick Wills）接替迈耶，兼任总经理和 CEO，在他的带领下，公司自此走
向繁荣。

## 无视不断变化的顾客偏好

还有比现如今的顾客更喜好变化无常的东西的吗？我不喜欢那些把未来
投资在像熔岩灯、宠物摇滚、芭比娃娃之类东西上的公司。当然，我们知道
一时的风尚不会持久。即便是那些偶像级零售商，也会因为无视顾客的口
味、偏好和购买方式的变化而遭受损失。下面我们举例说明一下。

### 泛大西洋与太平洋茶叶公司——陷入危机的零售业先锋

先说一说这家公司的起源。泛美茶叶公司（Great American Tea Com-
pany）（后来更名为泛大西洋与太平洋茶叶公司）创建于 1859 年，当时乔
治·哈特福德（George Hartford）和他的合伙人在纽约的船坞上开了一家商
店，以便直接从货船上买货，从而省掉中间人费用，保证他们可以按 50%
的折扣价格向市场出售茶叶。这家年轻的公司在城里拉着公司的标志性红色
马车走街串巷，借此对自己进行广告宣传。

1912 年，哈特福德的儿子乔治和约翰加入了公司，截止到这一年，美
国这家最早的连锁零售商店已经有 400 家分店，都奉行以折扣价销售自有品
牌产品的政策。正是在这一年，约翰·哈特福德提出了一项新举措，他开了
一家不采用赊购和赠品派送这两项零售业常规手法的商店，完全实行"现付
现购"的政策。这种方式进一步降低了产品的价格，该理念像火苗一样迅速
蔓延开来。1912 年至 1915 年间，泛大西洋与太平洋茶叶公司每隔 3 天就新
开 1 家这样的"低价商店"，到了 1930 年，公司已经在美国 29 个州拥有了

15 000家现付现买的分店。

这家身价亿万的企业的成功取悦了消费者，却招致了单独经营的零售商的愤怒。到20世纪30年代，政府的不满导致了连锁零售商店税种的征收和新的反托拉斯法——《罗宾逊-帕特曼法》（Robinson-Patman Act）的出台，该法令直接针对连锁商店的价格策略。事实上，美国司法部12年来一直攻击泛大西洋与太平洋茶叶公司，质疑它的基本策略——供应商向泛大西洋与太平洋茶叶公司供应肉、奶制品、农产品、烘烤食品和罐装食品，并以泛大西洋与太平洋茶叶公司的商标进行销售——的合法性。但是，司法只是对这种行为进行了轻微的谴责，泛大西洋与太平洋茶叶公司仍然一如既往地做着自己的生意。

泛大西洋与太平洋茶叶公司如此奋力抗争不仅是因为这种模式运行良好，还因为它的商标是组成其声誉的不可缺少的一部分。泛大西洋与太平洋茶叶公司成了物美价廉的代名词。在两次世界大战期间，美国经济经历了大萧条，物美价廉的商品是美国消费者此时最想买的，也是最需要的。贯穿整个20世纪50年代到60年代初，泛大西洋与太平洋茶叶公司仍旧是美国零售业中专用标签的堡垒，商标是它的骄傲，成了它的传统。但是，随着战争年代的勤俭节约让位于日渐增长的富裕，人们的消费方式发生了改变，品牌产品成为这种新的富裕生活的普遍象征。尽管发生了这种新变化，泛大西洋与太平洋茶叶公司依旧坚持使用专用商标。就像从约翰·哈特福德手中接管该公司的继任掌舵人莱夫·伯格（Ralph Burger）喜欢说的那样，"你不能和一百年的成功历史进行争论"。

这是自欺欺人吗？很明显是。但是，泛大西洋与太平洋茶叶公司无视品牌产品这个新事实仅仅是故事的一半，故事的另一半，在吉姆·柯林斯的《从优秀到卓越》（*Good to Great*）一书里有详细的介绍。

柯林斯指出，到 20 世纪 50 年代初期，泛大西洋与太平洋茶叶公司已经变成了世界最大的零售组织和美国最大的公司之一。然而，在 20 世纪 60 年代，克罗格公司（Kroger）发展壮大并成为竞争对手之后，泛大西洋与太平洋茶叶公司开始走下坡路。1973 年后，两个公司的发展路线出现了差异，在之后的 25 年间，克罗格公司的累计收入是相关市场全部收入的 10 倍，超过泛大西洋与太平洋茶叶公司收入的 80 倍。

柯林斯质问道："这种戏剧性的命运逆转是如何发生的？像泛大西洋与太平洋茶叶公司这样伟大的公司为何会变得如此糟糕？"

柯林斯承认，泛大西洋与太平洋茶叶公司在 20 世纪上半叶拥有完美的商业模式——在实用商店里销售价格低廉、品种丰富的商品。但是，他认为，20 世纪的下半叶，美国人想要的并不仅仅是品牌商品，而是一种形式完全不同的食品杂货店。购物者想要更大、更好的商店，更多可供选择的商品。他们希望购买"新鲜烘烤的面包、鲜花、健康食品、感冒药、新鲜农产品、45 种可选择的谷类食品、10 种牛奶……他们要的是超级市场，柜台上写着大大的'折扣'，同一家超级市场几乎可以满足所有的需求：许多停车位、价格便宜的商品、清洁的地板、无数的收银台等等"。

柯林斯指出，泛大西洋与太平洋茶叶公司和克罗格公司都知道外面的世界正在改变。但是，他们对行业变化的反应却是不同的。其中一个通过改变整个系统来应对"迎面而来的残酷现实"，另一个则将"头埋在土中"消极应对。

作为泛大西洋与太平洋茶叶公司在应对新现实中显示出的"英勇防卫"的一个例子，柯林斯讲述了金钥匙商店（The Golden Key）的逸事，泛大西洋与太平洋茶叶公司曾经通过开设这家杂货店来检验食品杂货零售业新的经营理念。柯林斯写道："这家商店不卖泛大西洋与太平洋茶叶公司的品牌产品，给了商店经理更多的自由，创新性地开设新的部门，商店开始朝着现代化的超级商店发展，真的非常受顾客欢迎。"泛大西洋与太平洋茶叶公司基本认识到了自己为何会失去市场份额，在醒悟的过程中，发现了借以扭转自身命运的途径。

"泛大西洋与太平洋茶叶公司的管理者们是怎么处理金钥匙商店的呢？他们不喜欢它所给出的答案，所以，关闭了这个商店。"

据柯林斯所说，泛大西洋与太平洋茶叶公司试图通过不断尝试一个又一个的战略来挽救自己，其中包括一个"借助大幅度降低价格来维持市场份额的战略"，却忽略了一个基本事实：顾客想要各种类型的商店，而不仅仅是低价商品。自欺欺人最终导致业绩下滑的恶性循环："降价导致削减成本，削减成本导致商店更加简陋和服务质量下降，商店的简陋和服务质量下降导致顾客流失，进而降低了利润，最终导致商店设施更简陋、服务更差。泛大西洋与太平洋茶叶公司的一位前任经理告诉柯林斯：'很快，垃圾堆积，而且还是脏兮兮的垃圾'。"

过去的 10 年中，泛大西洋与太平洋茶叶公司成为利润下降、债台高筑、最后不得不关门大吉的公司之一。该公司一个辛酸的衰退标志是，2004 年，这个曾经强大的连锁零售商将其著名的 8 点钟咖啡分部（Eight O'Clock Coffee）卖给了一家总部设在旧金山的私募股权公司。

## 无视全球化新环境

成功的公司需要面对的不仅仅是技术、顾客偏好和新的竞争，它们还必须面对这样一个事实，那就是，一切都在变化。昨日的世界已经成为过去，今日的公司必须掌握新技术，不仅仅要承认新竞争者的出现，而且要比新竞争者表现得更好，不仅仅需要守护住原有市场，而且要积极开拓新市场。一些过去曾经取得过成功的公司发现自己很难将过去抛诸身后。往日的辉煌成为自己开拓未来的障碍。

### 通用汽车公司：藏在汽油罐里的汽车巨人

在 2004 年发表在《财富》杂志上的一篇回顾通用汽车公司的文章里，亚历克斯·泰勒三世（Alex Taylor Ⅲ）讲述了这样的逸事：20 世纪 80 年代初期，当杰克·史密斯（Jack Smith）还是通用汽车公司快速晋升的管理人员的时候，他去日本访问，学习丰田的冲压和组装过程。"奇怪的是，通用汽车公司以前从未有人这么做过。"他发现，制造同样数量的车，通用汽车公司需要的人数是丰田公司的 2 倍多，但是，当他将其发现报告提交给通用汽车公司的执行委员会时，委员会成员完全不相信，对他的报告置之不理。

泰勒断言，"通用汽车公司已经开始自欺欺人了"。通用汽车公司严重的自欺欺人做法使得其忽视了出现这种情况的一个非常简单的原因——它和丰田公司的组织结构完全不一样，"也跟福特公司（Ford）、大众公司（Volkswagen），以及任何其他一家汽车制造商的组织结构都不一样"。原因在于通用汽车公司的早期历史，它是由多个独立的汽车制造商合并而成的，包括雪佛兰公司（Chevrolet）、奥克兰（Oakland）即后来的庞蒂亚克公司（Pontiac）、奥兹莫比尔公司（Oldsmobile）、别克公司（Buick）、凯迪拉克公司（Cadillac）——这些制造商的运营方式不一样，合并 60 年后，它们依旧相互竞争。

泰勒写道，即使没有任何其他人意识到这一点，史密斯也认识到通用汽车公司的分权化的结构是个根本的错误。因此，在 1992 年董事会任命他担任 CEO 后，史密斯开始重组组织结构。史密斯曾在《财富》杂志上撰文宣称："坦诚地说，那个时候，我们和世界上其他所有的汽车企业都不一样。"

史密斯及其继任者里克·瓦格纳（Rick Wagoner）花费了 10 年的时间，根据日本竞争对手的特点对通用汽车公司进行改造，结果是"在公司 96 年的历史上，通用汽车公司首次作为一个整体运作起来"。

这当然非常好。但是，公司如何运营仅仅是这个故事的一半，另一半则是公司的产品。

尤其是在今天，油价上涨到史无前例的水平，因而回顾 1988 年就显得很有指导意义。当时，里根政府连续 3 年免除了福特公司和通用汽车公司遵守政府批准的燃料节能标准的义务。因为通用公司威胁说如果美国运输部不降低 1989 年的汽车里程要求的话，它会关闭得州的汽车工厂，而这相当于 29 张关键性的选票。

再往前看，1975 年，由于阿拉伯地区石油禁运，美国国会通过了《能源政策和保护法》（Energy Policy and Conservation Act），要求汽车制造商朝平均 27.5 英里/加仑的汽车里程标准努力，只要能达到这个平均标准，耗油的大型机车也可生产。到 1986 年，公司的平均燃油经济性标准，或者说 CAFE，已经从 12 英里/加仑增加到 26 英里/加仑，底特律的汽车制造商们对此勉强接受。但是，石油价格开始回落，汽车制造商们游说国会，更改里程限制。最终，里根政府第 3 次屈服于这种游说。

当时，《西雅图时报》（The Seattle Times）发表社论说："底特律的汽车制造商们的运营信条是：小汽车获取低利润，大汽车获取高利润。"与这种观念一致的是，美国的汽车制造商们确信，美国的消费者只喜欢买大型车。然而，"先是大众汽车的流行，后来是日本汽车的涌入，所有的迹象都表明美国汽车生产商的想法是错的"。

社论继续评论说，起初，底特律的汽车制造商们嘲笑小型汽车的工程经济性和燃料经济性，以此为其庞然大物般的汽车进行辩护。后来，为了巩固这种偏见，底特律的汽车制造商们还制造了劣质的小汽车。没有人想要购买这样的汽车，汽车制造商就趁机说："我们早就告诉过你会是这样。"

社论预见性地问道："如果石油价格再次猛涨，每加仑超过一美元，底特律会有多少工人失业？"社论批评里根政府没有为此惩罚底特律的汽车制造商们，反而对其发展和实施新技术上犯的错误进行奖励。但是，我的质疑在于，为什么通用汽车公司只有靠政府的调节才能适应市场？

让我们回头进一步看看通用汽车公司的例子，以此再次说明成功本身是如何塑造滋生自我毁灭的习惯的企业文化的。

1931年，通用汽车公司汽车销售量超过福特公司，随着四五十年代市场需求快速上升，通用汽车公司作为世界汽车行业领导者的地位得到巩固。1954年，通用汽车公司销售量占据美国汽车总销售量的一半以上。1955年，第一期《财富》杂志的世界500强名单上，通用汽车公司排名第一，公布的销售额为98亿美元，比排名第二的美孚石油公司（Standard Oil）高出42%。同年，掌管公司不久的哈洛·柯蒂斯（Harlow Curtis）被评为《时代周刊》的年度封面人物。这的确似乎表明了这样一个事实：对通用汽车公司有利的也会对整个美国有利。

通用汽车公司整个系统运转良好有一部分是因为艾尔弗雷德·斯隆（Alfred Sloan）的"抱负的阶梯"（aspirational ladder）理念。在这个"阶梯"消费理念的引导下，顾客首先购买一辆雪佛兰，然后买庞蒂亚克，再买奥兹莫比尔，接着买别克，最后是凯迪拉克。这是通用汽车公司采取分权化组织结构的根本依据，只要汽车市场保持快速成长、竞争不激烈，这个"阶梯"都行得通。但是，到20世纪80年代末，汽车行业的情况发生了转变，当日本制造商以工艺精良、价格实惠的汽车涌入美国市场的时候，通用汽车公司却仍旧凭借其著名品牌优势和无进口车竞争的大型汽车等产品线悠然前行。与此同时，曾经的核心策略——品牌自立和"抱负的阶梯"策略——现在却导致了严重低效。是该进行变革的时候了，但是，分权化已经成为通用汽车公司的传统。在这种状态下，成功的战略会在不知不觉间滋生自我毁灭的习惯，如自欺欺人——更不必说自满和竞争近视了。

需要指出的是，杰克·史密斯不是第一个认识到通用汽车公司正步向泥潭的人。20 世纪 80 年代中期，CEO 罗杰·史密斯（Roger Smith）努力——而不是不顾一切——改革公司。他关闭了分厂，进行收购（现在看来令人生疑），努力使操作程序流程化。《洛杉矶时报》（*Los Angeles Times*）指出，在他任职结束时，"他对公司进行的激进改革最终并没能为其赢得好的名声，就像讽刺性电影《罗杰和我》（*Roger and Me*）里浑然不知的主角一样"。对于操作流程低效和产品存在缺陷这两个困扰公司的问题，史密斯最终没能解决其中任何一个。1990 年，他将公司交给继任者罗伯特·斯坦普尔（Robert Stempel），此时，公司大亏损才刚刚开始。

1990 年，通用汽车公司损失了 20 亿美元，是截止到当年历史上最大的一次亏损。1991 年亏损达 45 亿美元，创下了美国公司史无前例的亏损纪录。还没等到 1992 年，斯坦普尔就在通用汽车公司的独立董事、宝洁公司的前任董事长约翰·斯梅尔（John Smale）牵头的"会议室里的反判"行动中被逐出公司，杰克·史密斯被任命掌管公司，斯梅尔成为新任董事长。同时，通用汽车公司宣布将股票红利降低 50%，从每年 1.6 美元降低到每年 80 美分。

这种做法是经过深谋远虑的，因为公司需要所有可以支配的资金。1992 年的统计数据公布后，人们看到通用汽车公司的亏损达到 230 亿美元，让人大跌眼镜。

通用汽车公司的损失如此惊人、影响如此之大，以至于有人雇请电影制片商史蒂夫·塔尔博特（Steve Talbot）创作了一部名叫《前线》（*Front-line*）的纪录片，来调查这个强大的公司背后究竟发生了什么事情。不出所料，通用汽车公司拒绝合作，但那些曾任职于通用汽车公司的有识之士，包括前董事会成员罗斯·佩罗（Ross Perot），愿意对此发表自己的看法。罗斯·佩罗告诉塔尔博特，他不断努力指出通用汽车公司发展问题所得到的回报是，被驱逐出董事会。对佩罗来说，通用汽车公司似乎没有丝毫兴趣去听取关于公司本身不断恶化的事实。

最终，塔尔博特所看到的情形与杰克·史密斯继任斯坦普尔时公司的状况是一样的，通用汽车公司抵制变革已有很长一段时间了。在阿拉伯石油禁运、能源危机、石油管道线问题，以及日本的小型车涌入市场等情况并存的世界中，生产大型车已经不再现实——而通用汽车公司生产的全都是大型车。然而，即使是面对艰难的现状，通用汽车公司仍旧选择回避现实。

当然，对于塔尔博特来说，衡量杰克·史密斯大规模重组的效果还为时过早。史密斯阻止了公司的亏损，1995 年底，他的努力得到了回报，通用汽车公司任命他为董事长。当从董事长位置上卸任时，斯梅尔信心满满地宣称："在杰克·史密斯的领导下，通用汽车公司的管理团队已经扭转了公司的形势。"

果真是这样吗？当然，公司的运转有所改进，但是，对产品的质疑仍然悬而未决。当 2000 年公司宣布产品线中最老的汽车品牌奥兹莫比尔（Oldsmobile）停产时，第二波猜疑不断传出。倒不是说停产的决定不好。而是人们都已看出公司仍在努力保留更多的品牌，这样做导致的必然结果就是，自家品牌之间仍旧相互竞争。此时通用的市场份额占 27％，而且还有不断下降的趋势，扭转局势因而就显得迫在眉睫了。

问题是，公司为什么经过这么长时间才采取行动？为什么通用汽车公司会投资 30 亿美元开展所谓的"百年纪念项目"？该项目计划在 2000 年前生产了一系列全新的奥兹（Olds）车型，如勇敢者 SUV（Bravada SUV）和曙光（Aurora）（已经停产）等新型轿车。那些研发了使奥兹莫比尔汽车风靡于 20 世纪 70 年代晚期和 80 年代早期的超级短剑（Cutlass Supreme）双门跑车的设计天才们在哪里呢？戴维·基利（David Kiley）在《今日美国》（*USA TODAY*）回忆了通用汽车公司在 80 年代后期为改变奥兹车的形象做出的可笑努力，当时，它发起了题为"这不是你父亲的奥兹莫比尔"的宣传活动。其中一个广告中出现了前披头士乐队（Beatles）鼓手林戈·斯塔尔（Ringo Starr）和他女儿的形象。基利写道："这场运动预示着公司的绝望。"

2000 年，里克·瓦格纳被任命为 CEO。2002 年，杰克·史密斯让位，瓦格纳晋升为董事长。或许，新任董事长面临的最大难题是公司不断增长的养老金债务。分析家指出，公司养老基金的充裕建立在 10% 的年投资回报率上，因而，持续的熊市已经使得基金出现 200 亿美元的巨额短缺。2003 年，瓦格纳将会眼看着公司注入 10 多亿美元的养老基金，却无法保证事情会得到改善。

事实上，几个月之后的 2003 年 6 月，财务报表已经显示出通用汽车公司的养老金危机正在迫使公司利用折扣促进销售，这将导致汽车三巨头——通用、福特和克莱斯勒之间的价格战，进而威胁到整个行业的健康发展。由价格和刺激之争而导致的利润下降，已经使三大汽车生产商陷入了"渐趋不良的竞争循环"。

从那之后，情况进一步恶化。2005 年春季，《纽约时报》刊文评论道，"底特律持续下滑以至于再一次被人们遗忘"，通用汽车公司和福特公司"很快失去了国内顾客，标准普尔公司（Standard & Poors）评估其债务等级仅仅高于垃圾债券"。

20 世纪 90 年代，仅是高利润的运动型多功能车的流行就使得三大汽车巨头"逃过了知名度下降、设计丑陋的命运"。现在，随着对运动型多功能车需求增长的放缓，通用汽车公司原来潜伏的问题变得明显了，来自国外（包括来自韩国的现代公司，甚至包括来自中国和印度的汽车制造商）的竞争越来越激烈，养老金开支持续猛增（通用汽车公司负担每辆车 2 000 美元的医疗保险和养老保险费用）及其对劳资谈判的影响，而最为根本的是，产品设计缺乏差异化。

宝马公司（BMW）CEO 赫尔穆特·庞克（Helmut Panke）告诉《纽约时报》，通用汽车公司正"左右为难"。由于重新定位于"美国奢侈品牌"，凯迪拉克已经走在前面了，但是，庞蒂亚克、雪佛兰、别克、通用商用车、萨博（Saab）以及土星（Saturn）怎么样呢？用庞克的说法是，如果你取下这些汽车的所有商标和品牌，"你将很难辨别出谁是谁，各有什么特点"。

《纽约时报》建议通用汽车公司专注于生产顾客想要的车型，而不是顾客为获得 5 000 美元的折扣而愿意忍受的车型。20 世纪 80 年代末，通用汽车公司说服了里根政府取消燃料标准，而没有生产更加节能的汽车。现如今，通用汽车公司不尝试制造消费者喜爱的汽车，反而竭力用折扣和无息贷款来吸引顾客。

2005 年第一季度，通用汽车公司亏损 13 亿美元——这是公司自 1992 年以来的首次亏损，这一消息证实了《纽约时报》令人沮丧的估计。第一季度的销售量比一年前同期销售量降低了 5%，而且，在过去的 12 个月中，通用汽车公司在美国的市场份额从 26.3% 下降到 25.2%。

通用汽车公司将这令人沮丧的数字归咎于它巨额的"遗留成本"，但是局外人能很容易看出，遗留成本无法解释公司卖不出汽车的原因。除通用汽车公司以外，所有的人都明白，随着汽油价格的上升和环境问题受到重视，购买者不再钟爱"全轮驱动"的多功能运动车和其他能耗高的车型。除通用汽车公司以外的人都明白，为满足新一代消费者的需求，汽车市场在不断地发生变化。但是，通用汽车公司并没有为此做出改变，导致后来流传着这样一个笑话：唯有通用汽车公司的雇员、雇员的家属和出租车队运营商才会购买通用汽车公司的汽车。

我们接着回到关于产品问题的话题。2005 年 4 月，《洛杉矶时报》的汽车专栏作家丹·尼尔（Dan Neil）对通用汽车公司正在大力宣传的新款汽车庞蒂亚克 G6 给予负面评价后，产品的问题得到了更多的关注。我注意到，当时通用汽车公司为了解决设计毫无闪光点的问题，里克·瓦格纳引进了克莱斯勒公司前任副董事长鲍勃·卢茨（Bob Lutz）。据说，卢茨是汽车狂热分子，庞蒂亚克 G6 正是他最早开始设计并投放市场的车型之一。对于这一车型，通用汽车公司可不单是希望得到好评那么简单。

尼尔发现，无论是在公司内部还是外部，几乎没有人喜欢这款新车。他对这款车的毫无新意的推广方式尤其不满："你想体验'刺激'汽车带来的刺激吗？开上这辆车来个急转弯。"最终，公司放弃了生产这款没有市场竞争力的汽车。

尽管引起了争议，尼尔还是对通用汽车公司生产大型汽车的策略进行了一些批评。为什么要生产 4 款几乎一样的小货车、4 款几乎一样的多功能运动车？考察了所有 11 个品牌（包括离岸品牌）后，他得出的结论是，为了提高全球运作效率，通用汽车公司的整体战略必须能够消除所产汽车上的任何特性。他指责通用汽车公司完全错过了油电混合动力技术，而其对手丰田公司和本田公司却在尽快地销售其采用这种技术生产的汽车。他质疑通用汽车公司在多功能运动车销售暴跌的情况下，却决定加快研发新型多功能运动车和新型卡车。他没发现通用汽车公司市场份额持续下降有什么费解的原因，无非就是"汽车卖不出去"。

尼尔总结道："球迷俱乐部失败的话，球员、教练、管理者都会收到解雇通知书。通用汽车公司该进行一番清理整顿了。"

通用汽车公司对这篇文章的反应如何？它撤掉了在《洛杉矶时报》上投放的所有广告，直到另行通知为止。

在那期《财富》杂志上对 2004 年度所作回顾的结尾部分，里克·瓦格纳回忆了通用汽车公司的创始人威廉·杜兰特（William Durant）在 20 世纪 20 年代投资股票市场时，亏掉了所有财产的经历，晚年，他在弗林特（Flint）经营了一家保龄球馆。杜兰特当时开玩笑说，打那以后，通用汽车公司的董事长明显都遭受了杜兰特命运的困扰。作者亚历克斯·泰勒在这篇文章的最后指出，瓦格纳愿意讲述该轶事，这充分表明通用汽车公司已经脱离了彻底自欺欺人的状态了。

一年以后，泰勒也许仍旧会这样说，但是，此时可能又显得太迟了。2005 年，通用汽车公司虽然减少了红利发放、降低了管理层的薪水、扣除了付薪员工的健康福利，但还是又损失了 90 亿美元。公司还宣布 2008 之前削减 30 000 名小时工，关闭 12 个分厂。就在最近，通用汽车公司不惜一切努力平衡资产负债表，宣布以 140 亿美元的价格，出售通用汽车金融服务公司 51% 的股权——该公司是能为通用汽车公司赢利的金融分部。也许，这笔资金的注入能够帮助公司恢复债务等级，这样，公司就能贷到更多的款。但问题是：公司应该如何明智地花这笔钱？

## 自欺欺人的征兆

人们总是事后诸葛亮。对我来说，诊断这些失败的例子，并找出失败背后隐藏的自欺欺人是相当容易的。就一个组织而言，对自身进行必要的心理审视是相当不容易的，尤其是在一切变得无法收拾、组织的健康衰退之前，会变得更加困难。

因此，如果我是一个 CEO，我如何才能知道我的公司在自欺欺人呢？我应该从中观察些什么？这里有三种"症状"值得一说。

### "我与众不同"综合征

在我们自己及朋友在个人或是社会生活中养成的自我毁灭的习惯中，我们都已经熟悉了这种行为方式。我们可能会吸烟，会喝太多酒，但是，这没有什么。别人可能会患上肺癌，会成为酒鬼，但是，我们与他们不同。我们的身体更强壮，我们的基因更优秀。那种事情不可能发生在我们身上。

这种症状肯定在通用的文化中已有所表现。当然，克莱斯勒公司已经衰败了，通用自己肯定清楚这一点。是的，与梅赛德斯-奔驰公司的合并使克莱斯勒公司颜面尽失。但是，在通用汽车公司是不可能发生这样的事情的。我们又大、又强、又有实力，我们与众不同。

### "非我发明"综合征

你有没有因太骄傲而不承认其他人已经找到了更好的方法？你是否不情愿让你的竞争对手因为看到你采用了他们的先进技术而感到满意？如果你的答案是肯定的，你已经患上了非我发明（NIH）综合征。就像我们在施乐公司的例子中看到的那样（事实上，施乐公司陷入非我发明综合征如此之深，以至于它否认自己研发的新技术的价值），这种形式的自欺欺人在技术部门非常普遍。但是，需要注意的是，非技术企业也同样会遭受这种综合征之苦。例如，泛大西洋与太平洋茶叶公司如此执著于自创品牌战略，以至于看不到最终将之淹没的非自创品牌产品的高涨浪潮。

当"非我发明综合征"演变成"非我培养综合征"时，我们已经有了近亲繁殖综合征。显然，当一个公司非常倾向于从同一个人才库进行招聘（大学、研究生院），即使开展得并不顺利也从内部晋升时，近亲繁殖就出现了。当外聘人员因近亲繁殖、裙带文化的阻碍而注定要失败时，这种综合征变得更为严重（就像在施乐公司的例子中那样）。在通用汽车公司杰克·史密斯的例子中，当公司内部人一级一级升到领导岗位，他们没有关注公司面临的根本问题，离开时仍然被当做得胜英雄而欢送，此时，这种综合征也同样表现得淋漓尽致。

相比而言，IBM 公司能够引进郭士纳，郭士纳积极将 IBM 公司转变成一个服务公司，这表明了这种综合征是可以治愈的。

### "合理化"综合征

某一事情出了问题，或是几件事情出现了问题，你看到了这些迹象：市场份额下降、推出产品延误、员工离职率上升、工会敌对、政府的管制。就像身体出现不适一样，你最初的反应是忽略它们。如果忽略不了，就进行合理化，这意味着第三个综合征的出现。你对自身问题进行辩解而不寻求解决。你杜撰理由，把问题归咎于诸如亚洲金融风暴、伊拉克战争、他国产品倾销之类不相关的原因。

管理者承受着寻找问题答案的压力。通用汽车公司说："我们之所以亏损是因为养老金成本。"泛大西洋与太平洋茶叶公司说："由于沃尔玛公司（Wal-Mart）不断降低价格，顾客不再来买我们的东西了。"施乐公司说："我们不再具有竞争力的原因是，我们的专利期限已到。"但是，找到下面这些正确的答案是领导者的天职："我们亏损是因为我们制造的汽车不行"、

"顾客不来买东西是因为他们不喜欢我们的商店"、"我们不再具有竞争力是因为我们不再是技术领袖"。

## 如何改掉自欺欺人的习惯

你可能会在想：嗯，可能我在自欺欺人。虽然我还没有承认这一点，但是，我猜想事实可能会是这样的。万一真是这样我要怎么办呢？为了使你找到迷途归路，这里提供了一个四步骤计划。

### 寻找自欺欺人的习惯

通过分析你对其他公司失败的反应，来发现是否存在"我与众不同"综合征。你自我赞扬吗？你自鸣得意地窃喜吗？或者，你像一个解剖家一样研究这些失败，把自己与那些运作不良的公司进行比较了吗？

借助检查你的产品、流程和人员，来识别是否存在"非我发明"综合征。你发现偏见、无根无据地做出抉择或是抵制变革了吗？

借助仔细聆听公司的管理人员、常识和严密思考，来认识"合理化"综合征。你轻松地找到了公司摆脱困境的答案，还是艰难地找到了公司需要变革的答案？回忆一下路易斯·郭士纳开始变革 IBM 公司的过程，当时，他认识到他无法从管理人员那里得到准确的信息，因而选择去仔细倾听了 200 名核心顾客的意见。

### 承认自欺欺人的习惯

当通用汽车公司将杰克·史密斯派往日本学习丰田公司的经验时，这是在寻找公司自欺欺人的征兆。可当杰克把自己发现的事实带回来时，通用汽

49

车公司却拒不承认。泛大西洋与太平洋茶叶公司开设金钥匙商店时，也是为了寻找同样的东西。但是，当金钥匙商店给出答案时，公司却拒绝承认。仅仅寻找自欺欺人的征兆是不够的。当你发现征兆后，你必须承认你确实存在这方面的问题。

### 评估自欺欺人的习惯

现在你已经承认了自欺欺人的习惯，接着你必须去衡量它。你陷入这种习惯状态有多深？它可能是一个表面的问题，能够通过替换管理者或是撤掉一条生产线得到修正。它也可能与你公司的整体文化一样，植根很深。杰克·史密斯的洞察力足够敏锐，找到了通用汽车公司在去中心化组织结构上已存在数十年的自欺欺人的习惯，这对于公司是很有指导意义的。但是，通用汽车公司的自欺欺人比这还更加根深蒂固，以至于至今还没有完全根除。

### 改掉自欺欺人的习惯

如果公司已经形成了严重的自欺欺人的文化，而你还是相信"不可能发生这样的事情"，还是毫无理智地袒护公司的员工和流程，还是倾向于将发生的问题进行合理化，那要做改变就难了。这个时候不仅仅需要一个新的领导者，还需要进行"愿景革新"。也许需要修订公司的使命。

我们已经见识了公司拒绝变革、执迷于自欺欺人的例子了。但是，也看到过证明变革是可能的例子（比如前面提到的天美时），我们还会看到其他的进行变革的例子。一旦我们不再否认变革的必然性，变革就变得简单多了。

＊ ＊ ＊ ＊ ＊

实质上，自欺欺人是我们在以下章节中将要讨论的各种自我毁灭的习惯的根源。毕竟，如果不是自欺欺人，很多问题都能在发展为自我毁灭的习惯之前被发现并改正。从傲慢（第3章）到领地守护（第8章），我们的第一反应很可能是否认我们存在这样的问题，归咎于外因如天气、战争、货币贬值等等，总是更容易找到借口。

根据心理学家的研究，自欺欺人显然是人类的一种基本反应——一种用来逃避面对痛苦事实的可靠的防御机制。对我们的生存来说，它甚至是必不可少的，就像"功能性酒鬼"（functional alcoholics）一样，也可能有无数"功能性自欺欺人者"（functional denialists），对他们而言，面对事实比逃避事实更痛苦。

但是，别理解错了。自欺欺人所带来的舒适并不适合公司。如果事实令人痛心，那么，在无情的商业世界里，逃避事实则意味着失败，而不是生存。

**自欺欺人**

**导致自欺欺人的因素：**

● 对新技术视而不见。

● 忽视顾客偏好的变化。

● 不能适应全球化的新环境。

**自欺欺人的征兆：**

●"我与众不同"综合征："我们不同，这事绝对不会发生在我们身上"。

- "非我发明"综合征：你太骄傲以至于不能承认其他人已经找到了更好的方法。

- "合理化"综合征：你轻视、合理化自己的处境，或是为自己的处境责备他人。

**如何改掉自欺欺人的习惯：**

- 寻找自欺欺人的习惯：分析你对其他公司失败的反应。检查你的产品、流程，以及员工，看看是否有偏见、毫无根据的偏爱或是对改变的抵制。倾听你的管理人员。

- 承认自欺欺人的习惯：当你找到自欺欺人的征兆，你必须承认你有这种坏习惯。

- 评价自欺欺人的习惯：测量你自欺欺人的程度。

- 改变自欺欺人的习惯：你陷入自欺欺人的程度越深，改变越难。但是，是可以进行改变的。

# 第 3 章

## 傲慢

### 骄者必败

不管是人还是公司，都不可能在一夜之间变得傲慢起来。

傲慢是多年养成的一种习惯，它的根源可能深及企业的灵魂。

给傲慢下的标准定义是这样的：令人不快地表现出高人一等或自以为重要、自豪、骄傲、蛮横或是蔑视。傲慢与自我膨胀感密切相关，就像是你只顾自己诉说以至于无法倾听别人的声音。傲慢是夸张的、与事实不相称的自我形象。在古希腊的戏剧中，傲慢——或是狂妄自大——是导致伟大的英雄人物陨落的"悲剧性缺陷"。在当今世界，同样的缺陷已经让一些强大的公司走入歧途。下面，我们一起看看会滋生傲慢的一些情境吧。

## 情境1：过去的卓越成就扭曲了你对现实的感知

和其他几种自我毁灭的坏习惯一样，傲慢往往也是在超乎寻常的成功中产生的。一个公司凭借出乎预想的或令人吃惊的成就，一跃而升至行业领导者的位置，之后，又成功地抵挡住了一轮又一轮的竞争、监管甚至公众意见的抨击。这样的公司会自然而然地开始相信自己能免受外部力量的侵袭，媒体和利益相关者（供应商、销售商等等）助长了这一信念，公司声誉被过分地夸大。在我看来，这就是"从优秀到卓越"的真正意思：公司本身并没有改变，但是，它的成就却被媒体过度渲染的言辞和故事夸大了。渐渐地，有傲慢倾向的公司开始相信自己被媒体塑造起来的形象。于是，就有了我们所熟知的故事：成功招致自我毁灭。下面有一个非常好的例子，我们来看看吧……

### 通用汽车公司

艾尔弗雷德·P·斯隆在通用的33年间先后担任过通用汽车公司的总裁和董事长，正是在他的领导下，公司快速攀升至美国商业领域的顶峰——并形成了极端傲慢的企业文化。这难道不情有可原吗？公司取得了压倒性的竞争胜利，控制了劳动者，说服了立法者，俘获了消费者的心——并且一直到20世纪30年代早期，公司都稳坐世界汽车制造业的头把交椅。到1941年，通用汽车公司已占据美国汽车市场40%以上的份额，并且还在继续提升当中，这与20年前仅占12%的市场份额形成了鲜明的对照。

在打败竞争对手方面，斯隆最伟大的也是最残酷的胜利并非超越福特公司，也不是超越被通用汽车公司远远甩在后面的国外厂商，而是通过首先彻底地摧毁国内有轨电车行业的发展，为建立通用汽车公司的霸权地位以及美国汽车文化的普及铺平了道路。20世纪20年代早期，美国仅有10%的人拥有汽车，斯隆非常清楚地认识到他将真正面临的竞争所在。他把当时的有轨电车线路全部买下来并予以拆除，并策划了一场大规模运动来说服美国消费者，汽车才是他们真正需要的运输方式。这的的确确是足以激发傲慢的成就。

1937年，通用汽车公司对待其底层员工的苛刻尽人皆知，当时，流水线工人举行了静坐罢工，致使弗林特工厂的生产陷入停顿。斯隆要求州长派军队镇压，但州长要求通过谈判解决。结果在1940年，通用汽车公司与员工签订了一份永久性协议，允许通用汽车公司工人加入美国汽车工人联合会（United Auto Workers，UAW），但是，通用汽车公司与工人之间的关系仍旧紧张。根据1970年到1980年间美国汽车工人联合会负责通用汽车公司事务的欧文·布卢斯通（Irving Bluestone）的讲述，通用汽车公司在这段时间暴露出的不良症状在大公司中并不罕见，即管理层的工作是进行决策，而工人们的任务是服从决策。"这是典型的傲慢态度，"布卢斯通说，"而且非常令人反感。"

也许，通用汽车公司傲慢态度的极端——且致命的——表现是，其对20世纪七八十年代"日本汽车入侵"所做出的反应。随着消费者的品位似乎开始改变，以及美国家庭需要购买第二辆车作为上下班的代步工具，通用汽车公司本来可以尝试制造富有竞争力的小型汽车。相反，它却犯了战略性错误，让其旗下的经销商——庞蒂亚克、别克、奥兹——销售本田（Honda）、丰田（Toyota）、日产（Nissan）汽车。此前，欧洲的汽车制造商还只是占据了很小一部分细分市场。甚至德国大众汽车在美国的市场份额也从未超过 2.5％。为什么会这样？因为设立分销渠道的成本令人望而却步。但是，通用汽车公司却不把日本的威胁当回事，以至于它实质上就是拱手放弃了这一巨大的竞争性资产。"管他呢！"通用汽车公司如是说，"美国人不会去买这些盒子般大小的丰田公司花冠（Corollas）和达特桑（Datsun）210型汽车。"事实上，通用汽车公司帮助创造了这个可怕的对手，并在日后尝到了苦果。

丰田公司的崛起说明，最危险的竞争来自低质低价的对手（参见图 3—1），这只是众多例子中的一个。将价格作为其最诱人的卖点，它们成功地在市场上站稳脚跟。它们的上游竞争对手通常将其蔑视为可轻易淘汰掉的"垃圾产品"贩子，或者干脆对其置之不理。但是，如果这些"低劣"竞争者在保持相对成本优势的同时提高产品质量，它们物美价廉的价值主张就会令消费者无法抗拒。一旦它们挤进了这个价值链黑箱，它们将会通过开发高创新性或豪华汽车，酝酿进一步将其触角伸向高端市场。

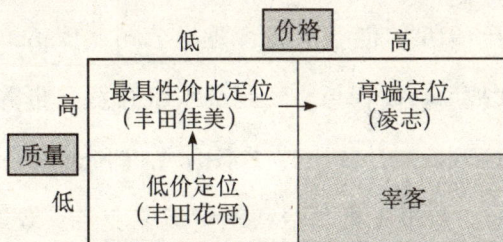

图 3—1 从低端市场到高端市场

　　比如，本田公司是一家摩托车知名度高于汽车的公司，它借助思域（Civic）品牌汽车进入美国市场，这是一款按照美国标准来看设计古怪的小型汽车。甚至，其打出的低调口号——"它会载你到你想去的地方"，亦让大多数美国消费者心怀疑虑。但是，本田公司很快对该款汽车进行了改进，并迅速在低端市场中牢牢地占据了一席之地。在思域汽车获得成功的基础上，本田公司又在美国推出了雅阁（Accord）汽车，该款车大获成功，成为高性价比汽车的代名词。接着，本田公司又推出讴歌（Acura）品牌汽车，开始向豪华车市场迈进。同样，丰田公司起步于花冠汽车，然后推出升格品牌佳美（Camry），继而凭借成功引入凌志（Lexus）占领美国豪华车市场。

　　无论是在汽车行业，还是在大理石和花岗岩、皮革制品、纺织品、钢铁、半导体或消费电子产业，这样的故事一而再、再而三地上演。韩国的三星公司（Samsung）和现代公司（Hyundai）是最近的一些例子，而且，我们现在已经开始听见中国、印度、巴西、东欧和俄罗斯等新兴经济体涌现的跨国公司的隆隆脚步声。

## 波音公司

　　关于最大最强的公司如何产生傲慢文化，波音公司（Boeing）是另一个例子。手握为第一次世界大战期间美国海军制造训练飞机的合同，比尔·波音（Bill Boeing）于1916年创立了波音飞机公司（Boing Airplane Company）。第一次世界大战后，波音与空气制冷引擎开发商弗雷德里克·伦特斯勒（Frederick Rentschler）合伙组建了联合飞机和运输公司（United Aircraft and Transport），从事飞机制造和航空运输业务。政府1934年颁布新的反托拉斯法规拆分了该公司，波音飞机公司（Boeing Airplane）独立出来从事飞机制造业务。但是，美国政府第二次世界大战期间将利润颇为丰厚的合同给了波音公司——按合同规定协助开发 B—17"空中堡垒"和 B—29 轰炸机等具有传奇色彩的飞机，在弥补其拆分损失方面，可以说是有过之而无不及。当时，为了满足战争需要，波音公司月产飞机 362 架。

波音公司凭借这块大馅饼，以绝对优势占据了商用飞机行业的头把交椅。它推出的 307 平流层客机是世界上首架带加压舱的客机。1958 年，波音成功推出第一架喷气式客机 707，引发了飞机制造业革命。在接下来的 10 年里，波音又相继推出了 727 和 737 型客机，巩固了其全球民用飞机制造业的领导者地位。的确，当时没有任何一家公司能够跟波音相抗衡。在 1997 年耗资 160 亿美元收购麦道公司（McDonnell Douglas）之后，波音亦成为头号军用飞机制造商——或者，换一种更加冠冕堂皇的说法，成为世界最大的航空航天公司。

也许你会对此心存疑惑，美国联邦贸易委员会（Federal Trade Commission）会痛快地对该并购大开绿灯，并声明麦道公司不再是一个商用喷气式飞机订单的有效竞争者。但是，欧盟委员会（European Commission）却反对这项交易，威胁除非波音公司做出部分让步，否则将发动贸易战。波音做出的最大让步是终止其与达美航空公司（Delta）、美国航空公司（American）、大陆航空公司（Continental）三大航空公司刚刚签署的、为期 20 年的独家供应商协议。这次虽然做出了些让步，但是波音将会收复"失地"的。

在波音公司试图合并麦道公司［以及 1996 年收购罗克韦尔公司（Rockwell）］时，这个已经习惯一意孤行的飞机制造巨头开始步履跟跄。在 1999 年与美国劳工部达成的一份协议中，波音承认其付给女性和少数族裔管理人员的工资过低，并为此支付了 450 万美元的积欠工资，才了结此事。此前一年，波音公司曾同意向现任和前任的非裔美国雇员支付 1 500 万美元，来和解两起集体诉讼官司。波音公司所在地的《西雅图时报》指出，波音公司也许难以改变"许多员工都认为其具有恐吓性"的公司文化。与此同时，一位波音工程师和该公司第二大工会的一名委员会成员向该报表示，波音公司的光环正在渐渐消逝。他们说："人员缩减，尤其是那些经验丰富和重要员工的流失，已到了历史最严重的程度，员工士气调查得分急转直下，裁员和换岗已经导致员工普遍存在不安全感。"

与麦道公司合并之后，波音公司在财务状况上也表现欠佳，由于客机生产积压相关成本就损失了 30 亿美元。两家公司合并之后，麦道公司的首席执行官哈里·斯通塞弗（Harry Stonecipher）被任命为波音公司副董事长。他被授权实行必要的强硬措施来收拾乱局，并让公司重新把重心放在基础业务上。基本完成这项工作后，斯通塞弗于 2002 年辞职，董事长菲尔·康迪特（Phil Condit）成了波音公司唯一的掌门人。不过，这一安排并没持续多久。翌年，有指控称波音公司试图雇用一位尚未离职的五角大楼官员。此外，还有人指称该官员可能已经向波音公司提供了有关美国空军采购 100 架加油机巨单合同的内幕消息。波音炒掉了其首席财务官迈克尔·西尔斯（Michael Sears），康迪特也从公司辞职。仍然担任波音公司董事会成员的斯通塞弗被任命为波音公司新的 CEO。他在波音公司的这段特别时光因 2005 年 3 月出现的一个讽刺性转折而告终。当时的一次内部调查发现，斯通塞弗与另一名波音公司高管发生了婚外情，他因此被迫离职。

现在，让我们回到 1996 年或更早，去看一下波音公司和欧盟委员会之间纠纷的起因。我们需要先从空中客车工业公司（Airbus Industrie）的历史开始，因为正是在与这个欧洲竞争对手者的较量中，波音公司的傲慢表现出了最大的破坏性。就像美国的汽车制造业巨头在面对日本汽车入侵时一样，波音公司也不相信空中客车工业公司能撼动其在飞机制造业中的霸主地位。

作为法国、联邦德国、西班牙和英国的合作产物，空中客车工业公司创

建于 1970 年，其明确目标就是打破波音公司在飞机制造业的霸权。在欧洲
四国政府的鼎力支持下，空中客车工业公司开始迅速成长为波音公司的竞争
对手。直到 1992 年，波音公司才睁开了惺忪睡眼，要求欧盟限制其对空中
客车工业公司的巨额补贴。欧洲同意限制补贴，但是，双方协议规定空中客
车工业公司仍然会得到巨额的政府贷款，用于研发新型飞机。

　　下面我们来看看空中客车工业公司在抗议 1996 年波音公司和麦道公司
合并时所采取的策略。空中客车工业公司声称，这项交易将会赋予波音公司
不公平的垄断地位。但是，当时空中客车工业公司在世界民用飞机制造业的
市场份额已达 35%，而麦道公司所拥有的 5% 的市场份额事实上不会令波音
公司变强多少。空中客车工业公司希望能获得其他让步，包括解除 1992 年
签订的关于限制补贴的协议，更为迫切的是，空中客车工业公司想要推翻波
音公司与达美航空公司、美国航空公司和大陆航空公司签署的 20 年独家供
应商合同。同时，空中客车工业公司通过向遇到财务困难的航空公司提供条
件诱人的买卖，开始进军美国市场。美国联合航空（United）、美国西部航
空（America West）和美国西北航空（Northwest）均签订了购买空中客车
工业公司的飞机的合同。

　　在欧洲，政府的支持确保空中客车工业公司的市场份额持续增长。1999
年，空中客车工业公司出乎意料地赢得了捷蓝航空公司（JetBlue）的飞机订
单——这是空中客车工业公司首次在廉价航空市场获得订单。之后，英国的
依仕捷航空公司（easyJet）也从波音公司转身投到空中客车工业公司的怀
抱，向空中客车工业公司订购了 120 架喷气式客机。广大的亚洲市场也摆在
空中客车工业公司面前。2003 年，不可思议的事情发生了，波音公司宣布
将当年的飞机生产量削减到 280 架，而空中客车工业公司却坚持当年 300 架
的预定生产计划不变，这样空中客车工业公司就名正言顺地接过了"世界上

最大的飞机制造商"的头衔。2004 年，空中客车工业公司宣称实际接到 366 架客机订单，而波音公司仅有 272 架。这是怎么一回事？

就像《财富》杂志 2003 年岁末报道的那样，空中客车工业公司能够迅速登顶，部分应归功于其成立时间较短的优势，使得它灵活和独树一帜，没有传统经营方式的束缚。而波音公司陈旧的生产系统可追溯到第二次世界大战。一个更为严重的问题是，波音公司无法复制空中客车工业公司的创新之处——"例如，更宽的机身、能够在多个飞机上使用的座舱，以及电子的而不是机械的飞行操控器——并且无需花费高昂的成本对飞机进行设计"。波音公司在改进飞行操纵方面睡着了，被长期以来压倒性的市场优势麻痹了。

甚至在波音公司的地位开始衰落之际，从麦道公司来到波音公司的哈里·斯通塞弗，都批评波音公司的问题出在其"傲慢且狭隘"的文化上。具有讽刺意味的是，《财富》杂志指出，就连空中客车工业公司的后来居上似乎都没能震醒这个行动迟缓的庞然大物。长久以来，波音公司一直视空中客车工业公司为一个只有依靠政府补贴才能维系生存的暴发户，而不是一个有威胁的竞争对手。《财富》杂志还声称，事实上，如果没有政府的帮助，空中客车工业公司是绝对无法崛起的，但是，波音公司自己也源源不断地得到了来自华盛顿的好处。"不管怎样，更大的事实是，空中客车工业公司比波音公司生产了更多符合航空公司需要的飞机。"

就像自欺欺人一样，傲慢也会让公司看不到这些基本的真相，进入 2005 年，空中客车工业公司继续悄然蚕食波音公司的市场份额，空中客车工业公司不仅使其母公司的利润创新高，而且再一次在商业订单总数量上击败波音公司，甚至还加入了五角大楼的加油机巨额订单的争夺之中。但是也许波音公司正在醒来。2006 年初，波音公司新型 787 梦想者客机（Dream-liner）的订单超过了空中客车工业公司的新型 A350 客机的订单，而且，在远程客机市场上，波音公司更加节能的双引擎 777 客机的销量超过了空中客车工业公司的四引擎 A340 客机。此外，波音公司欣然接受了阿联酋航空公司（Emirates Airlines）（正在与空中客车工业公司奋力争夺其业务）提出的对 787 进行特别重新设计的请求，这或许是波音公司已经开始放低姿态的更为明显的迹象。

## 情境 2：大卫征服了巨人歌利亚

可能导致傲慢的第二种情境是：学校新来的男生痛扁了球场上的校园霸王，或者一个行业新手将现任行业龙头老大拉下马来。在科技领域到处都是这些"大卫和巨人歌利亚"的故事，而且其中最精彩的一个，当然是……

### 微软公司

在应对源源不断的反垄断诉讼的过程中——无论在美国还是在其他国家，微软公司（Microsoft）都展露了一个垄断巨头的傲慢风范。微软公司现如今已是科技领域里的巨人歌利亚，但是，让我们回顾一下微软公司也曾是体格瘦弱的大卫时的情形吧。

听一下大学中途辍学的比尔·盖茨（Bill Gates）和保罗·艾伦（Paul Allen）谈论他们早年在一起的日子是很有趣的：当 1968 年"妈妈俱乐部"筹钱为他们就读的高中购置了一台电脑时，他们的友谊是如何开始的；他们如何开始流连忘返于市区的商业电脑中心，在那里，只要他们能找出电脑系统中的缺陷并上报，就可以免费使用电脑；他们如何设计出第一台用来进行流量计数分析的电脑，并把他们创建的第一个公司命名为 Traf-O-Data 公司；他们如何生成 Traf-O-Data 使用的 BASIC 编程语言，并授权给麻省理工学院在 Altair 微型计算机上使用；他们如何在其首个作品的作者说明栏中写上了："微-软 BASIC：比尔·盖茨编写了大部分；保罗·艾伦编写了其余部分"。

此时的他们是大卫，IBM 公司则是巨人歌利亚。但是，歌利亚并没有扼杀掉这个年轻的新贵，反而向其抛出了橄榄枝。那是在 1980 年，IBM 公司正在为其秘密研发的个人电脑项目寻找程序语言，盖茨和艾伦正好愿意出售他们的产品。但是，在双方谈判的过程中，IBM 公司还表达了有意购买一个操作系统的意向。微软那时并没有开发操作系统，但凑巧的是，当时艾伦正着手从当地一家名为西雅图电脑公司（Seattle Computer）的小公司购买一个叫 Q-DOS 的操作系统（"快捷而便利的操作系统"）。艾伦最终以 5 万美元的价格做成了这笔买卖。接着，他和盖茨将该系统更名为 MS-DOS，并授权给 IBM 公司使用。

即便如此，大卫还只是处在做准备阶段。盖茨回忆说，IBM 公司实际上并没有付给他们那么多钱。"但是，我们知道其他公司将会克隆生产 IBM 公司的个人电脑产品。我们修订了原合同，允许这些公司使用微软的操作系统。这是我们谈判中的一个关键点。"更为重要的是，为涵盖其所有套件，IBM 公司还在其一款个人电脑中安装了 MS-DOS 的竞争对手 CP/M 操作系统，但这种系统在其他品牌的个人计算机上使用更有优势，也正是这点挑起了盖茨和艾伦争夺的欲望。为了让 MS-DOS 操作系统成为个人电脑厂商的不二之选，他们积极地改善他们的产品，并敦促其他软件公司首先为 DOS 操作系统编写应用程序。不到一年的时间，DOS 就统御了操作系统——此时正值各厂商克隆的第一批个人电脑开始惊涛骇浪般涌入市场之际。

没过多久，微软公司就开始尝到其垄断优势的滋味。我常常喜欢说，比尔·盖茨是老汤姆·沃森转世，他俩同样都是无情的企业家。（我要在这里声明，在整本书中，我想展示自我毁灭的习惯是如何拖累企业及影响企业文化的，而不是其对个人、企业创始人或领导人造成的不良影响。但是，对于微软公司这个仍然相当年轻的公司，其当初的创始人仍在掌控着公司，是不可能将公司文化和创始人个人分离开的。）

1988 年，苹果公司将微软公司拖进了当时最为复杂的软件版权官司之中，但这还只是微软公司法律纠纷的开始。是否如苹果公司指控的那样，微软公司的 Windows2.0 剽窃了苹果公司的麦金托什（Macintosh）操作系统的"界面设计"？"界面设计"作为一个整体应该受版权保护吗？经过 4 年的审议，法院对这两个问题做出的是"否定判决"。苹果公司于 1994 年提起的上诉未果，进一步上诉到美国最高法院亦被驳回。微软公司是否可以逍遥法外呢？法庭裁决可不是我该品评的事情。但是有趣的是，曾经是世界顶尖个人电脑制造商的苹果公司，却被挤兑到利基市场（niche status），只剩下将其电脑出售给专门的桌面程序开发商和图形设计师的份。（但是，苹果公司一直在待机而发，其 iPod 音乐播放器的成功已经促使微软公司酝酿与索尼公司结盟。）

随着互联网时代的到来，微软公司的策略变得愈发肆无忌惮。起初，盖茨并没有看到互联网的全部潜力。他认为，CompuServe 等公司的封闭拨号上网服务和微软公司的 MSN 将会大行其道。新闻记者乔·布林（Joe Breen）对此的看法是："他错了，1994 年，一家名为网景通讯公司（Netscape）的硅谷新秀公司，发布了其 Navigator 浏览器软件，令盖茨颇为不快。"作为回应，微软公司开发了 Explorer 浏览器。虽然该浏览器无论如何算不上一个出色的产品，但其定价却深得人心。微软将其作为 Windows 操作系统的捆绑软件免费提供，这样一来，该浏览器便出现在每台新电脑的桌面上了。当时，网景通讯公司对其浏览器收费，显然竞争不过微软公司。美国律政司对微软公司此举提出质疑，认为微软公司涉嫌利用其一种产品

（即操作系统）的市场主导地位，强行进入互联网浏览器市场。微软公司辩称，它只不过是给客户提供附加值。这便为我们在第1章中所描述的诉讼案埋下了伏笔，乔·布林将此称作"微软公司所有反垄断诉讼的根源"。

现在，我们知道了当年诉讼案件的由来，知道了法官杰克逊（Jackson）是如何判决微软公司必须予以拆分，后来微软公司又是如何通过上诉推翻了他的判决的。但是，微软公司并未赢得任何朋友。我们注意到保罗·克鲁格曼（Paul Krugman）在《纽约时报》上评论说，即便在案件审理过程中，盖茨和鲍尔默仍在使用他们惯用的伎俩，首先表现出傲慢态度，即便同样的傲慢态度曾使他们身陷麻烦也会如此。《纽约时报》的另一位专栏作家、普利策奖得主、全球化倡导者托马斯·弗里德曼（Thomas Friedman）的评论则更为尖刻，弗里德曼写道，杰克逊法官对微软的判决是对高科技企业普遍表现出的傲慢和藐视政府的控告，"在比尔·盖茨身上，这种态度表现得最为淋漓尽致"。在弗里德曼看来，在美国司法部反垄断部门审理微软的案子期间，微软公司雇佣了一支"华盛顿游说大军"，试图说服国会削减司法部反垄断部门的预算，微软公司的这一行为本身就为政府拆分微软公司提供了绝对充分的理由。"想想这一策略背后的傲慢态度吧。"作为类比，弗里德曼提请读者想象一下，正当某市的警方对该市最大的公司进行调查之际，如果该公司试图利用其影响力削减警务部门的预算，警方会作何感想？

在2000年7月回顾此案件时，杰克逊法官告诉当时正在写关于该案件的书的肯·奥莱塔（Ken Auletta），他现在也许会给盖茨一个新的建议。他将要求盖茨就拿破仑的最新传记写一篇评论。为什么要这样要求？"因为我觉得他对自身和他的公司持有一种拿破仑式的观点，他的傲慢源于权力和彻头彻尾的成功，没有经历过会产生影响深远的艰辛，没有遭受过磨难。"

另一场战斗即将打响。2004年1月在瑞士的达沃斯世界经济论坛上，盖茨的坦白令人惊讶："谷歌公司（Google）令我们如坐针毡。"让微软公司感到头痛的上一个公司是网景通讯公司。现在，微软公司正在兜售人们期待已久的 Vista 操作系统（之前的代号为 Longhorn 项目），作为 Windows XP 操作系统的替代产品，微软在 Vista 操作系统上加入了新的程序和特色，集成了查找和组织信息的搜索技术，可以搜索互联网上的内容以及用户本人的电子邮件和文档。微软公司会把它自己的搜索技术设置为默认的搜索工具吗？谷歌公司会成为下一个令微软头痛的公司吗？谷歌公司已提前嗅到了这场争斗的火药味，因此推出了自己的电子邮件服务系统"Gmail"，允许用户免费存储相当于 50 万页电子邮件的内容。

谷歌公司已经十分庞大了。这可能是巨人歌利亚和怪兽哥斯拉（Godzilla）之间的一场较量。

## 安然公司和世通公司

这里另外还有很多关于大卫和巨人歌利亚的故事，故事里杀气腾腾的巨人歌利亚直扑大卫欲取其首级，结果却被大卫割下了脑袋。安然公司（Enron）就是一个很好的例子，它从一个无名的煤气管道运营商摇身发展成为世界最大的能源贸易商——全球第七大公司，拥有 21 000 名雇员，业务遍布全球的电力、水和电信行业。

数千篇新闻报道、6 本以上的书籍和最近拍摄的 1 部纪录片详尽地展现了安然异军突起和分崩离析的内幕，还同时揭示了其高层领导的贪婪和傲慢。在库尔特·艾肯沃德（Kurt Eichenwald）所著的《傻瓜的阴谋》（Conspiracy of Fools）等书中，读者会看到，当记者或分析家多方质问 20 世纪 90 年代安然利润飞涨的原因时，安然公司会用当时很经典的流行语搪塞道："是新经济使然，傻瓜。"当证券分析家或审计员进行追问时，肯·莱（Ken

Lay）或是安然公司的其他管理人员就向老板控诉，要求赶走这些人。与此同时，肯·莱每年拿着 4 000 万美元的薪金，在被问及安然公司的运营和资金状况时却是一问三不知。安然公司的财务总监安德鲁·费斯托（Andrew Fastow）则干起了捏造私营合伙公司的勾当，肆意虚报安然的资产和收入，同时还将公司的 3 000 万美元中饱私囊。

为了生动形象地揭露这些家伙们的所作所为，以及他们在其丑陋行径中所表现出来的蛮横无理和自以为是，亚历克斯·吉布尼（Alex Gibney）拍摄了纪录片《屋内聪明人》（Enron：The Smartest guys in the Room），《纽约时报》将这部纪录片评价为"一部关于傲慢和贪婪的简洁、引人入胜的实录"。吉布尼设法弄到了安然公司会议的内部录像，因而，他能够展示杰弗里·斯基林（Jeffrey Skilling）和肯·莱在"安然公司蒸蒸日上的年份中神气十足、夸夸其谈"的样子。观众可以听到安然公司的合作商在加利福尼亚的能源危机中赚得 20 亿美元后洋洋自得的电话录音，紧接着，观众还能听到他们在得知大火将会导致能源供应线崩溃并致使价格进一步飙升的消息后的欢呼雀跃。最为可耻的或许要算 9 月 11 日肯·莱挪用专款这一令人震惊的事件，他在 2001 年秋天向员工宣布此事件时声称，就像美国一样，安然公司正处于被攻击状态。

至于安然公司中所谓最聪明的那些人，费斯托于 2004 年 1 月因侵吞公司 2 380 万美元的资产而认罪伏法，等在他面前的是 10 年的牢狱之苦。斯基林和莱承认在内线交易、欺诈及财务报告舞弊等方面犯了法，但辩称所犯的罪行不会超过 36 项。法院于 2006 年 1 月开始审理他们的案子，4 月，他们 2 人作为初犯被告人出庭作证。斯基林的 28 项证券欺诈和通信欺诈指控中有 19 项罪名成立。莱的所有 6 项证券欺诈和通信欺诈指控都罪名成立。肯·莱在宣判前于 2006 年 5 月因心脏病去世。

接下来是世通公司（WorldCom）和所谓的"电信牛仔"伯尼·埃博斯（Bernie Ebbers）的故事。这简直是大卫和歌利亚故事的一个更为精彩的翻版。伯尼·埃博斯曾经送过牛奶，当过足球教练，据说还参加过娱乐性斗牛比赛，后来在密西西比开了一家小型汽车旅馆，开始了他的企业家生涯。1983 年，他向一家名不见经传的长途电信服务公司——名为打折长途服务公司（Long Distance Discount Service）投资。两年后他成为该公司的 CEO，并带领公司相继进行了 60 多次收购，着实令人眼花缭乱。埃博斯脾气急躁、说话语气强硬，他曾计划采用与 1995 年创建世通品牌同样的办法，把世通公司打造成世界最大的通讯公司。1998 年，他以 400 亿美元收购了 MCI 公司之后，又向这个目标靠近了一步。翌年，他想斥资 1 150 亿美元收购斯普瑞特公司这个行业巨人歌利亚，但是，该企图却被反垄断监管机构驳回了，于是，就像希腊悲剧一样，命运之轮扭转了方向。

2000 年，随着高科技繁荣幻影的破灭，埃博斯开始收到银行发来的通知，要求其补交所有个人贷款的保证金，因为这些贷款都是他用自己的世通公司股票作抵押贷得的。但是，这还只是预示世通公司崩溃的先兆。2002 年 6 月，也就是埃博斯突然离开公司几个月之后，世通公司宣布其高估了 35 亿美元的盈利。对世通公司财务状况进行深入调查之后，该数字上升到 110 亿美元，这是美国历史上最大的公司欺诈事件。2005 年 3 月，经过 6 个星期的审理，埃博斯受到 9 项刑事指控——证券欺诈罪、共谋罪，以及向证券交易委员会（SEC）调查人员提供虚假文件等 7 项罪名。埃博斯因此将被判差不多 85 年的监禁。

## 情境 3：公司率先推出了他人无法复制的产品或服务

说到这种情境，人们会立刻想到施乐公司拥有专利权的静电复印技术和可口可乐公司的"神秘配方"这两个显而易见的例子，当然，傲慢也是这两家公司的共同问题。但是，我们还是先去看看日本的消费电子巨人索尼公司吧。

## 索尼公司

索尼公司最初是生产晶体管收音机的，当时，其创立者盛田昭夫（Akio Morito）想要将无线电波节目传送到世界上没有电的地方。他花了25 000美元从美国的西电公司（Western Electric）购买到晶体管技术的授权，并在1955年生产出革命性的、消费者能买得起的产品。这也许是索尼公司诸多成功中的首次大捷。索尼公司逐步成为日本电子行业的执牛耳者，并且，根据90年代末的哈里斯（Harris）民意调查结果，索尼公司被评为世界最受消费者认可的品牌。

1964年，索尼公司生产出世界上第一台家用录像机，又分别在1969年、1979年、1983年，生产出单枪三束彩色显像管彩色电视机、索尼随身听（Sony Walkman）和CD机。这并不是说索尼公司研发了他人难以精确复制的产品，而是该公司始终能够站在技术的巅峰上，抢占了市场的先机。

当竞争对手在80年代赶上来的时候，索尼公司在1988年以20亿美元的价格收购了美国哥伦比亚广播公司（CBS），1989年又以49亿美元的价格收购了哥伦比亚电影公司（Columbia Picture）［包括三星电影公司（Tristar）］。索尼公司此举做得过头了吗？身为日本的后起之秀，索尼公司会是挑战老态龙钟的美国公司的又一个实例吗？索尼公司也形成了傲慢的态度了吗？

有趣的是，就在索尼公司进军好莱坞的同时，一本标题为《日本人可以说不》（*The Japan That Can Say No*）的书正在东京书店热销。这本书由盛田昭夫和石原慎太郎（Shintaro Ishihara）以一人一章的形式合著完成。石原慎太郎原来是一位政客，后来改行当了作家。该书的基本主题是，日本再也无须对美国毕恭毕敬，再也不必像美国的继子一样行事了。相反，日本是优秀的。"美国再也制造不出什么了，"盛田昭夫写道，"他们不知道如何利用新技术大规模地生产产品，生产出来后也不知道如何进行营销。"石原慎太郎又举例补充道，如果日本将他们的半导体芯片卖给苏联而不是美国，"这将会立马改变军事力量的平衡"。事实上，这本书使二位作者与当时的克莱斯勒公司主席李·艾科卡（Lee Iacocca）之间结下了宿怨。艾科卡再也不是伟大的谦逊表率了，他指责该书是"对美国的严重诽谤"，其作者是在"傲慢地往美国的伤口上撒盐"。

1993 年的一天，在一大早进行的网球比赛中，盛田突然中风。随着他的倒下，索尼公司也似乎开始蹒跚而行。自 90 年代的这个转折开始，索尼公司的营业利润一直停滞不前，到了 1994 年更是亮起了红灯。索尼影视娱乐公司（Sony Pictures Entertainment）因信誉下降带来的损失达 25 亿美元，后来又因失败的项目亏损 5 亿美元，这简直是雪上加霜。在 1995 年 3 月结束的这个财年中，索尼公司破天荒第一次亏损 28 亿美元。

从一开始，索尼电影公司的管理就有问题。这个总部设在美国的事业部由迈克尔·舒尔霍夫（Michael Schulhof）掌管。舒尔霍夫是一位物理学家，虽然他具有在索尼公司工作了 20 年的老资格，但却没有一点娱乐行业的管理经验。显然，他出任此职务的主要资本是，他是盛田昭夫的门徒。石原慎太郎后来又雇用了两个制片人来经营制片厂，而这两位制片人最大的能耐是知道如何花掉巨额的资金。虽然偶尔也会有成功的制作，比如《西雅图夜未眠》（*Sleepless in Seattle*），但却在《幻影英雄》（*The Last Action Hero*）之类的烂片的毁誉下，收效也仅是聊胜于无罢了。索尼电影公司博得了"多事之家”的名声。但是，管理问题很可能会因态度问题而恶化。正如一位老资历的船缆管理人员告诉《华尔街日报》的那样，索尼试图快速成长为一个大公司，它“可算是因幼稚才变成这个样子的。他们加大油门，但由于踩得过猛而浸湿了火花塞”。

这时，出井伸之（Nobuyuki Idei）［大贺圭治（Norio Ohga）董事长从几个高层管理人员中间精心挑选的］于 1995 年接管了索尼公司。他的部分工作是处理盛田任期内逐步形成的较为严重的“文化”问题。美国《商业周刊》（*Business Week*）评论道：“索尼公司特立独行的出生和快速成长为其播下了傲慢的种子，这种负面效应是显而易见的。”该文还指出，在其竞争对手的家用录像机（VHS）成功打入市场之后的很长一段时间，索尼公司仍然坚持自己的家用磁带录像系统（Betamax VCR）制式。之后不久，索尼-飞利浦公司（Sony-Philips）的数字影音光碟机也在制式之战中失败——“因为他们没有迎合好莱坞电影业的趣味。他们原本以为其他的电影制作商也会与他们为伴”。但是，好莱坞却选择了东芝公司（Toshiba Corp.）和时代华纳公司（Time Warner）的设备。

也许，出井伸之就是修补索尼公司文化的不二人选。首先，他上任后还没过 9 个月就撤掉了舒尔霍夫——虽然舒尔霍夫当时仍是大贺圭治董事长的最爱。之后，他又着手精简索尼公司的董事会，将董事会成员从 38 个减少到 10 个，这 10 位董事会成员中包括 3 位外部独立董事。最为重要的是，他热诚接纳“整合”的经营哲学——将硬件与软件、配件与内容、数码技术与娱乐放在了一起，目的是打造一个通过卫星通信给每个家庭带来互动娱乐的世界。说到索尼公司的文化，出井伸之告诉《时代周刊》：“在 20 世纪七八十年代，索尼公司是一个由创建者管理的公司。现在我们需要的是有效的运营系统、良好的应用系统和优秀的管理团队。”

到 1999 年，索尼公司在很大程度上借助其家用电视游戏机 PlayStation
的非凡成功而再次到达事业的顶峰，出井伸之似乎已经扭转了公司的局面。
伦敦的《独立报》（*Independent*）热情洋溢地写道：在过去，高层管理团队
不受约束的权力满足了索尼公司的兴趣，但是，这样的日子已经一去不复返
了。"出井伸之上任伊始很快就给公司注入了前所未有的谦逊，他把索尼公
司几十年来养成的傲慢一扫而光，带领索尼公司步入了进行理性决策和承担
责任的现代管理模式。"结果，索尼公司"在日本 90 年代异乎寻常的经济低
迷时期，却能如灯塔般闪耀"。

紧接着，不知因为何种原因，却出现了"索尼冲击波"（Sony Shock）。
在 2003 年 3 月结束的财年中，索尼公司未能完成其净利 36％的目标，更为
严重的是，它预计 2004 年的收入仅为 500 亿日元，是 2003 年利润的一半，
还不到分析家预测盈利的 1/3。此消息公布两天之后，索尼公司的股价下跌
了 27％，股票市值增发了 9 220 亿日元。出井伸之做出的回应是——他计划
在 3 年之内，通过减少 20 000 个岗位来降低 30 亿美元的成本——这说明，
索尼公司的问题不会再因傲慢而产生了。

但是，事情是怎样发展的呢？或许，出井伸之"整合"的梦想还未实
现。索尼这个大公司还未整合到一起，就似乎要分崩离析了。突然之间，索
尼公司被人们当成一个"无法管理的巨人"而嘲笑，它是一个没有主营业务
的公司，是一个想要在多个业务领域发展却因此而招致失败的公司。

2005 年 6 月，由于公司的状况持续恶化，出井伸之辞职。曾任职于索
尼公司美国事业部的威尔士人霍华德·斯特林格（Howard Stringer）接任
索尼公司的董事长和首席执行官。剩下的就是看看他将会带领索尼公司这个
为人所推崇的公司走向何方了。是继续艰难地追逐出井伸之的梦想，还是集
中关注盈利领域，乘掌上游戏机和家用电视游戏机 PlayStation 3 成功的东风

而继续前行？

## 情境 4：你觉得自己比他人聪明

最后，当你们公司的科研人员有取胜其他公司科研人员的经历时，即当你们领先发明了优秀的产品，并因此能够从专利保护、商标或者知识产权上收获了巨大的利润和名望时，傲慢通常会呈蔓延之势。索尼公司可能正是如此轻易地滋生了傲慢，但是，还有很多更为精彩的例子。首先，让我们来看看制药行业的一个著名品牌。

### 默克公司

用傲慢来形容令人尊敬的默克公司（Merck）过于苛刻了吗？柯林斯和波拉斯在《基业长青》中高度赞扬了这个药品行业巨人。他们在书中回忆了20 世纪 20 年代乔治·默克（George Merck）的信条——"药品是为患者而生产，不是为利润；患者为先，利润次之"——他们还在书中声称，在 80多年的时间里，这种"核心思想"已经塑造了该公司的愿景。他们热情洋溢地叙说默克公司是如何决定开发并免费发送能够治愈河盲症（river blindness）的异凡曼霉素（Mectizan）的。河盲症是一种令人恐怖的寄生虫疾病，已经致使第三世界超过 100 万的人口瞎了眼睛。（冒着听起来有些无礼的风险，我不得不指出，柯林斯和波拉斯并没有提及默克公司在 1986 年放弃了生产流行性感冒疫苗的业务，尽管每年这种病都会导致数以千计的人死亡。）

当然，默克公司还是有很多值得骄傲的地方。它创建于 1889 年，就在当年，乔治·默克来到了美国并成立了一个公司，进口和销售其在德国的家族企业的药品和化学制剂。1903 年，该公司开始了药品的生产运营，并在

新泽西州罗威市（Rahway）的新工厂中制作生物碱。1933 年，公司成立了
自己的研发中心之后，一批批才华横溢的科学家在这里取得了突破性的成
果。1944 年，公司科研人员率先研发出类固醇（steroid）、可的松（corti-
sone），并且，在 20 世纪四五十年代，默克公司共有 5 位科学家获得了诺贝
尔奖。在 20 世纪 70 年代，默克公司经过毫不松懈地投身于研究和开发，最
终成功开发出抗生素奇诺力（Clinoril）、新型肌肉松弛剂三碘季铵酚（Flex-
eril）和青光眼制剂噻吗心安（Timoptic）。

传奇人物罗伊·瓦格洛斯（Roy Vagelos）是一位生物化学家，1985 年，
他当上了默克公司的首席执行官。在瓦格洛斯的领导下，默克公司继续研发
一些重要的新药品，包括降血脂药美降之（Mevacor）和降血压药依那普利
（Vasotec）。默克公司成为全球领先的制药公司，其美誉由此鹊起。

之后发生了一些奇怪的事情。1992 年 12 月，让分析家和公司内部人员
惊讶的是，默克公司任命迅速崛起的营销负责人理查德·马卡姆（Richard
Markham）为公司的董事长，准备让其接任瓦格洛斯的职务。6 个月之后，
令行业观察家们更为大跌眼镜的是，马卡姆突然无缘无故地离职了。《华尔
街日报》认为，这个一直被人们视为世界最佳管理公司之一的默克公司，正
处于异乎寻常且令人惊讶的困顿时期。

对马卡姆离职原因的解释似乎都围绕着一个主题：马卡姆代表了对默克
公司的保守和顽固文化的彻底叛离。马卡姆过于急躁地想进行诸多方面的改
革，其备受瞩目的离婚及与一位默克公司员工的再婚，是他风风火火做事风
格的体现。马卡姆与默克员工的结婚则进一步破坏了公司一丝不苟的形象。

马卡姆看到了扩大向快速成长的社区健康维护组织（HMO）销售产品
的必要性，而不是直接推销给医生。但是，此举意味着折扣，这是傲慢的默
克公司文化一贯抵制的。即便瓦格洛斯开恩批准了向健康维护组织的销售行

动，他仍然会认为马卡姆的革新进行得太多太快，就像其"市场营销部门的年轻、性急的同事"为收购而草率砍掉公司的一些部门并进行裁员一样。

例如，马卡姆设立了一个独立的事业部来销售未注册药品，在默克公司的因循守旧者看来，这种行为贬低了公司的形象。糟糕的似乎远不止这些，他还降低了降血脂药美降之和斯伐他汀（Zocor）的价格，这是公司公开宣传药物折扣的令人震惊的例子。

正如默克公司的一位不愿透露姓名的研究人员告诉《华尔街日报》的："马卡姆是一群资格较老的激进分子中的一员，似乎想表现得与众不同。这在默克公司是令人不安的举动。"

无论是对默克公司还是对整个行业来讲，这都是一个艰难时期。默克公司的股票价格一年以来持续下降，并且，整个制药行业的利润也都在下降。所有的大公司都通过降价，来应对克林顿政府进行价格管制所带来的威胁。当药品生产商积极争取健康维护组织方面的业务时，折扣浪潮进一步使利润缩减。

默克公司的情况则更加离奇了。下一位继任瓦格洛斯的候选人马丁·韦高德（Martin Wygod）突然中途辞职。默克公司为获得管理健康计划的处方药津贴业务，收购了美国最大的药业连锁店 Medco Containment。韦高德在此前一年加入默克公司，并很快晋升为法定继任者。但是，就在他即将如愿以偿的时候，这听起来有点像同一首歌的第二段歌词中所唱的：最好的推测是"具有创业精神的"韦高德将会与"循规蹈矩的"默克公司文化格格不入。

最终，默克公司引入了空降兵雷蒙德·吉尔马丁（Raymond Gilmartin），他曾担任过医用设备制造商必帝公司（Becton Dickinson）的首席执行官。人们对公司气氛的变化议论纷纷。吉尔马丁组建了一个 12 人管理团队，旨在分散领导权，改变以地盘之争和疏于职守为特征的企业文化。

确实，吉尔马丁来得正是时候，他自己也喜欢如此自嘲。在他 1994 年入主默克公司后不到 18 个月的时间里，公司开发出 8 种新药，而所有这些药品的研究工作都已经开展了好多年了。在这些强力主打药品中，有治疗艾滋病的茚地那韦（Crixivan）、治疗骨质疏松症的福善美（Fosamax），以及降血压药氯沙坦（Cozaar）。改变默克公司的文化似乎仍然没有什么必要。

事实上，吉尔马丁重申了默克公司的使命和愿景。他说，默克公司仍旧是一个研发驱动型的制药公司，公司不会追求多元化。他关闭了未注册药品的销售部门，出售了 10 亿多美元的资产。他向华尔街保证，除非制药业的其他巨头之间的合并使默克公司从行业第一下降到第三的位置，否则他不会寻求并购。

这是一个保持默克公司自豪感的传统的愿景。2003 年，在回顾吉尔马丁的任期时，《华尔街日报》评论道，当制药行业被"新的硬球策略浪潮"重新洗牌的时候，默克公司却能成功地置身于这场争斗之外。当其他公司开始强强联手之际，默克公司仍能傲然地坚持其独立自主的发展路线。还有，当其他公司投放数百万的资金销售与原有产品几乎没有什么差别的新产品时，默克公司仍然继续集中在独一无二的药品上。

《华尔街日报》回顾乔治·默克的指导哲学时指出，默克公司常常为自己能够超脱"唯利是图"的喧嚣而骄傲。尽管竞争对手可能会嘲笑默克公司的伪善态度，但是，默克公司已经拥有了让人羡慕的产品研发和最佳的销售纪录。从青霉素（默克公司拥有该药的生产领导地位）到降血脂药（默克公司第一个开始销售该药），默克公司已经稳稳地坐在了向市场投放新药的公司的头把交椅上。现在，吉尔马丁称世纪之交是默克公司药品研发"难得的生产效率最高的时期"，他承诺，到 2006 年，默克公司要向市场推出 11 种新药品或为其取得销售许可。

遗憾的是，吉尔马丁还是赌输了。新产品中有 4 种失败了，还有另外 2 种延期生产。在 2003 年 5 月之后的 6 个月中，默克公司的股票价格跌了 30％，而其他公司药品的股票则有小幅度的上升。更糟糕的是，默克公司真正的致命弱点暴露出来了。

就像《华尔街日报》报道的那样，吉尔马丁接任的时候，医药行业的大部分人都相信，威胁制药企业成长的将是医疗管理改革。保险公司将会迫使制药企业进一步加大折扣，否则不将其列入被认可的药物名单。但是，医疗管理改革的威胁仅仅是转移制药企业注意力的一个话题。真正令人烦心的完全不是这回事，而是后起之秀的药品新宠所带来的挑战，因为此时，原先那些强力主打药品已过专利保护期，它们将以未注册药品的身份参与竞争。依那普利、美降之、法莫替丁（Papcid AC）等药的专利将在 2001 年到期，其他产品的专利保护期也即将结束。

斯伐他汀正是专利到期问题的典型例子，该药曾创下全球销售量 50 多亿美元的纪录。由于 2005 年斯伐他汀在部分欧洲市场上失去了专利保护，其销量比上一年减少了 16％。更为糟糕的是，它在美国的专利将于 2006 年 6 月到期，预期公司到时将减少 20 亿美元的巨额收入——这会大大威胁到公司的底线。由于预测到 2003 年的收入不可避免地要减少，默克公司提前裁掉了 3 200 名员工，大约占员工总数的 5％。

好像 2003 发生的一切还没有糟糕透顶似的，在接下来的 2004 年，默克公司的畅销药万络（Vioxx）遭遇了彻底失败，人们当时认为，服用治疗关节炎疼痛的特效药万络的患者，会有心脏病发作的风险。默克公司将所有万络药撤下了架——鉴于默克公司 2003 年已经减少了 25 亿美元的收入，这可算是一个巨大损失。2005 年底，万络药使用者提起的针对默克公司产品疗效欺诈的诉讼案件简直是数以千计。据流行病专家推测，多达 10 万例心脏病的发作可能都与使用万络药有关。

吉尔马丁原本打算 2006 年 3 月退休，这是默克公司规定的退休年龄。突然之间，这一时间表提前了。曾负责默克公司生产运营的理查德·克拉克（Richard Clark）2005 年 5 月继任首席执行官。出乎意料地提前任命克拉克似乎是公司寻求变革的举措，公司承认需要新的观念来引导默克公司应对挑战及度过危险期。具有讽刺意味的是，克拉克是个完完全全的局内人，从 1972 年做质量监控员开始，其整个职业生涯都是在默克公司度过的。他是解决默克公司傲慢问题的合适人选吗？

## 摩托罗拉公司

保罗·高尔文（Paul Galvin）13 岁时曾卖过爆米花，虽然这是他做的第一桩生意，但却表明了他是喜欢创业的。20 年后，也就是在 1928 年，他在芝加哥创立了高尔文制造公司（Galvin Manufacturing），生产整流器，早期的收音机能够借助该整流器使用家用电流。在此基础上，公司过渡到生产汽车收音机［最终是汽车收音机使得摩托罗拉公司（Motorola）闻名于世］就是一个自然而然的步骤了。1940 年，摩托罗拉公司为美国军队研制出第一台便携式对讲机。

1959 年，摩托罗拉公司收购了一家医院通信系统制造企业，此举后来引领摩托罗拉公司研发出第一台寻呼机。也是在 1959 年，保罗的儿子罗伯特成为摩托罗拉公司的 CEO。到 1977 年，摩托罗拉公司已经开始装配手机生产系统，并在 1990 年研制出可布放 66 颗卫星的铱星通信系统。

换句话说，摩托罗拉公司之所以享誉全球、实至名归，主要是因为它能够生产出新颖、有时又具有开拓性的产品，并借此在竞争市场中打败其他对手。

1992年《华尔街日报》的一个专栏称摩托罗拉公司为"灵活机智的巨头",其他的公司应该以它为参照,去找寻"重返制造业霸主和市场统治者地位的道路"。在这些欣欣向荣的日子里,乔治·费希尔(George Fisher)(罗伯特·高尔文的继任者)带领摩托罗拉公司成为了手机、寻呼机、对讲机,以及用于除了电脑之外的其他设备的微芯片等产品的国际市场领袖。《华尔街日报》赞扬摩托罗拉公司神奇的生产能力,认为摩托罗拉公司在20世纪80年代正是凭借这一能力,才得以在手机和寻呼机市场上打败了领先的日本企业。摩托罗拉公司良好的业绩部分得益于一种企业文化,该文化"鼓励而不是压制冲突和异议……支持成千上万的小团队坚守其经过统计评估的缜密目标,激发它们持续不断地进行信息交流和创新的热情"。

1993年,乔治·费希尔离开摩托罗拉公司去了柯达公司任职。运营总监加里·图克(Gary Tooker)被提升为CEO。4年之后的1997年1月1日,董事会让保罗·高尔文的孙子克里斯·高尔文(Chris Galvin)接替了图克的职务。没有人再津津乐道于这个"灵活机智的巨头"了。相反,摩托罗拉公司只是步履维艰地转向了数码技术。但是现在,爱立信公司和诺基亚公司不仅在摩托罗拉公司的主打产品手机业务中出尽了风头,还抢占了其该业务中的市场份额。摩托罗拉公司如此转向非但没有赢得普遍的赞誉,反而还因为"傲慢和褊狭"遭到了顾客和合作者的责难。这是聪明人的自以为是:如果我们生产出产品,顾客自然会来。

新任CEO图克不仅能够听到这些责难,而且他本人也在如此责难。"我们公司唯一的发展不够良好的时期,正是我们初步取得成功的时候,"高尔文如此告诉《今日美国》:"人们开始傲慢起来或者相信他们现有的商业模式能够维持很长时间,他们抱有此种态度的时间越长,就越不容易改变。"高尔文也曾对摩托罗拉公司的"战争部落"（warring tribes）文化感到厌烦，尽管这种文化过去也一度赢得了许多称赞。他誓言将把"合作"（包括公司内部的及其与合作伙伴之间的）当作摩托罗拉公司的新口号。接手这份工作一年之后，情况似乎表明高尔文可能正是重建摩托罗拉公司辉煌的那个人。正如乔治·费希尔所作的权威性评价："我认为，10 年或 20 年以后，世人或许将会视克里斯·高尔文为摩托罗拉公司有史以来最伟大的领导。"

但是，事情的发展并未如事先所料。2000 年夏天，西南贝尔公司（SBC Wireless）打算趁着新片《碟中谍 2》（*Mission：Impossible* 2）的上映，推出一部新款摩托罗拉手机。这本该是一次极好的营销活动，但是摩托罗拉公司却没能在电影上映时及时推出这款电话。西南贝尔公司不得不退出了这次营销活动，甚至还几乎取消了它的所有订单。《华尔街日报》写道："该事件差不多扼要地描述了近来摩托罗拉公司的状况。"从 2000 年中到 2001 年中，摩托罗拉公司的股票价值下跌了 3/4，2001 年第一季度财务报告出现了 16 年来的第一次亏损。5 年之内，在最重要的手机市场中，摩托罗拉公司的全球市场份额已经从 33％下降到 14％，而诺基亚公司的市场份额却从 22％上升到 35％。

就像上面说过的那样，摩托罗拉公司的问题部分出在从原有的模拟技术产品转移到数字技术产品时，行动迟缓。但是，威瑞森通讯公司（Verizon Wireless）的管理人员斯特拉顿（Stratton）告诉《华尔街日报》，摩托罗拉公司仍在重犯过去的错误——傲慢。摩托罗拉公司忘记了其最重要的顾客是电信公司，是电信公司决定了将会给其店铺供应哪款手机，以及将通过提供特别优惠条件促销哪款手机。而摩托罗拉公司的傲慢习惯是想告诉电信公司它们应该购进什么样的手机，甚至指导它们如何在其店铺里摆放手机。"对摩托罗拉公司来说，倾听是为了等待你们停止说话，这样他们就可以告诉你们去买什么了，"斯特拉顿如是告诉《华尔街日报》，"这是他们的文化中特有的毛病。"当你既傲慢又无能时——就像摩托罗拉公司没能在截止日期前供货或没能满足电信公司的特定要求的时候——你很快就会丢掉生意，这就是西南贝尔公司、欧特尔公司（Alltel）和威瑞森通讯公司等消费者转而投向诺基亚公司这样的竞争对手怀抱的原因。

2001 年第三季度，摩托罗拉公司亏损了 14 亿美元，并宣布公司将遭受46 年来的第一次年度亏损。摩托罗拉公司的股票价格为 17 美元，是从 2000年早期的 60 美元一路跌下来的。摩托罗拉公司将会裁掉 39 000 名员工。两年后，高尔文离开了。这个高尔文家族的继承人以"与董事会不和"为由辞职，其职位将由一位空降兵接任，该空降兵叫爱德华·詹德（Edward Zander），是太阳微系统公司（Sun Microsystems）的前总裁。詹德出生于布鲁克林的一个工人家庭，曾经是一位优秀的销售员。也许，他将能够修复摩托罗拉公司业已破裂的关系网，扭转它的命运，并从根本上改变其傲慢的企业文化。

## 傲慢的征兆

就像我们会在不知不觉中养成一些个人习惯一样，有的时候，我们往往是最后一个注意到——或者承认——那些能够证明我们已经堕落的所作所为的人。要想了解你的企业是否可能正在遭受傲慢态度的困扰，请查看是否有下列征兆。

### 拒听他人劝告

你不再听从客户、员工、投资者、消费者协会以及政府的劝告。你不再倾听来自公司外面的声音。你忽视或是嘲笑其他公司。你相信别人所提醒的你之前全都注意到了。

### 到处夸耀

你夸耀自己曾经的旅行，拥有的宽大办公室、额外补贴及疗养。你喜欢炫耀你公司的喷气式飞机和艺术收藏品。或者，像泰科公司（Tyco）的丹尼斯·科兹洛斯基（Dennis Kozlowski）一样，你在意大利撒丁岛上随手花掉 200 万美元为妻子举办生日聚会——并以穿着性感的罗马托加袍（toga）的模特表演结束聚会。

### 斥责他人

你鼓励甚至是放任你的管理人员斥责员工、顾客和投资商。当分析家对你的企业有不好的评价时，你认为你有权向他们的老板告状，让其老板谴责或训斥他们。你的公司就像一个恶霸一样恃强凌弱。

### 对人专横

你滥用政府的规则和程序，因为你相信这些东西在你身上并不适用，你认为没有人能够监管甚或是质疑你的业务。或者，就像通用汽车公司一样，你滥用或者是去游说反对政府的管制，因为你坚信"对你有利的就是对美国有利的"。

### 喜欢被拍马屁

你引进咨询师和顾问来证明你的现状的合理性，使你的自尊心得到满足。同时，你赶走那些持批评意见的人，包括供应商、顾客，甚至是员工。

当广告代理商或者是研究小组向你提出不中听的战略建议时，你就另雇他人。

### 出现"非我发明"综合征

就像习惯于自欺欺人的公司一样，你相信如果一样东西"非我发明"，它就一无是处。

## 如何改掉傲慢的习惯

黑暗、封闭的室内环境滋长傲慢。为了改掉这种习惯，就要打开门窗，让阳光照射进来。领导者必须改变这种文化，营造看、听、学的氛围，特别是学习公司以外的经验的氛围。让新鲜的空气、新的想法进来。这里有几种方法。

### 通过轮岗让管理人员接受新挑战

给你的管理人员分配那些没有保证的、难于成功的任务。让他们置身于陌生的、严酷的市场环境中，或者是完成充满风险的创新项目，或者是尝试全新的革新任务（如原来受到严格管制的公司解除管制）。但是，要说清楚，如果管理人员失败了，只要从中学到了知识，就不能解聘他。杰克·韦尔奇说，他喜欢那些在简历中列出一些失误的管理人员。失败是谦虚的好老师。

### 实施非传统的继任计划

考虑从比明显适合做继承人（或许是运营总监或副董事长）低几个

等级的职位上选择一个候选人，然后，让他快速地从事一些跨职能、跨部门及跨市场的工作，以便考察其工作能力。这种做法在惠而浦公司中运用得非常好，当时公司提升了大卫·惠特万（David Whitwam）。同样的事情也在通用汽车公司发生了。当时，作为改变公司文化的一种手段，通用快速提拔了杰克·韦尔奇，而韦尔奇的职位比拟提拔的职位低了三个等级。

### 从不同的教育机构、国家和族群中招募员工，使公司人才库多元化

再说一遍，褊狭易滋生傲慢。很多年以来，惠而浦公司几乎无一例外地从普渡大学（Purdue University）招聘员工。这样做的好处是卓越的工作关系网和互惠，但是，坏处是产生褊狭。当惠而浦公司开始雇用受过良好教育的印度工程师时，公司很快解雇了不少普渡大学的高材生。

我喜欢用"纯种动物与杂种动物"做类比：纯种动物能跑得更快，但是，它体质虚弱，不擅长长跑。你需要的是杂交动物强壮的基因，所以，让你的公司成为各种基因的混合体，这样你就能在长期的发展竞争中证明你更加强大。

另一个不错的类比是玉米的种植。为了提升玉米的标准化，增加产量，科学家们将玉米的品种从 2 500 多种减少到 40 种。但是，现在所有的玉米都容易受同一种疾病感染。关键在于"基因多元化"对公司的健康非常重要。当然，这也包括"性别多元化"。

现如今，你可以从世界各地取得技术、法律、会计人才，美国不再具有统治地位。而且，最优秀的公司都知道这一点。宝洁从印度招募人才并安排他们去全球各地工作。百事公司也学会了这一招——尤其是与可口可乐公司相比较而言。汇丰银行（HSBC）正在为解决性别过于单一而努力。这已经

不再仅是政治导向上正确了，它就像让健康、富含氧气的血液流经我们的循环系统那样急迫。

### 借助领导力培训机构培养外部导向的思考视角

类似的例子包括通用汽车公司的"群策群力"（Workout）计划、诺尔·迪奇（Noel Tichy）的"行动学习法"（Action Learning），以及摩托罗拉公司的"参与式管理过程"（Participatory Management Process，PMP）。在公司内部，培养一种"人人都能相互挑战"的企业文化。再说一遍，我们的建议是，推倒那些能够为傲慢态度的滋生提供保护的墙。

### 换领导

当然，引进空降兵是最极端的措施。这在危急关头能发挥作用，但还是需要劝告大家谨慎使用，因为，此种做法并不能保证成功。一个可行的方式是，引进拥有成功经营其他公司的经验且态度谦逊的外部董事。

有很多引进空降兵后成功的例子，像礼来公司（Eli Lilly）引进兰迪·托拜厄斯（Randy Tobias）和 IBM 公司引进罗·郭士纳。也许，爱德华·詹德会扭转摩托罗拉公司的局面。也有失败的例子，即便是引进了杰出领导也可能会失败。虽然乔治·费希尔曾带领摩托罗拉公司走过几年最辉煌的岁月，但是，他却没能改变柯达公司的文化。

\* \* \* \* \*

不管是人还是公司，都不可能在一夜之间变得傲慢起来。傲慢是多年养成的一种习惯，它的根源可能深及企业的灵魂。这 5 项建议中没有一个能——甚至是换领导也不能——确保改变傲慢的文化。真正的改变多半只能在傲慢已经开始产生明显的破坏作用（如业务失败、顾客流失、利益受损）之后才能发生。此时，上面所给出的补救措施可能有助于从里到外改变企业形象。

**傲慢**

**导致傲慢的因素：**

- 过去的卓越成就扭曲了你对现实的感知。

- 大卫征服了巨人歌利亚。

- 公司领先推出了他人无法复制的产品或服务。

- 你觉得自己比他人更聪明。

**傲慢的征兆：**

- 拒听他人劝告：你相信你之前已经看到过这一切，不再倾听来自顾客、员工、投资商、消费者组织或者是政府的声音。

- 到处夸耀：你过分地渴望炫耀自己的成功。

- 斥责他人：你公司的所作所为就像恶霸一样——无论是在公司内部还是公司外部都如此。

- 对人专横：你滥用规则和程序，相信没有人能监管或是质疑你的公司。

- 喜欢被拍马屁：你喜欢那些证实你的意见的人而排斥那些批评你的人。

**如何改掉傲慢的习惯：**

- 通过工作轮换让管理人员接受新挑战：挑战你的管理人员，但是，允许他们失败。失败是谦逊的好老师。

- 实施非传统的继任计划：考虑让候选者跨功能、跨部门、跨市场快速轮岗。

- 从不同的教育机构、国家和族群中招募员工：使公司人才库多样化，并变得更强大。

- 换领导：考虑引进空降兵做管理人员。

# 第 4 章

## 自满

### 成功之中孕育着失败

*产生自满的条件有三个：你昔日获得的成功，你相信未来是可以预测的，以及你假定规模能使你免遭任何挫折。也许会出现令人震惊的情况，但是，你自以为你将会岿然不动。*

自满意味着一种安全感和舒适感，产生于对过去的成功将一直延续下去的信念。它建立在未来将会一如现在与过去、不会发生任何变化的假设之上。自满会导致盲目、迟钝和安于现状，讨厌突发事件，认为行事不宜仓促、小心审慎为妙。自满很容易在大型机构中产生，因为这些机构的大小与规模会成为与真实的、快速变化的外部世界相隔离的天然屏障。"强健基因"的幻觉——换句话说就是，认为这里不会发生麻烦事——助长了自满。

换言之，产生自满的条件有三个：你昔日获得的成功，你相信未来是可以预测的，以及你假定规模能使你免遭任何挫折。也许会出现令人震惊的情况，但是，你自以为你将会岿然不动。

毋庸置疑，没有成功便不会产生自满。但是，这些成功来自哪里呢？这一章分析了四种可能导致自满的"成功"情境——在这四种情境下成功最终招致了失败。但是，注意在以下的故事中失败是如何藏身的。你将会看到这些例子大都发生在大型的、纵向一体化的公司里，这些公司的各种功能、业务、产品或顾客彼此纠结，因而，一个业务领域或部门的失败能够靠其他业务领域或部门的成功得以弥补。我发现这是自满文化的一个显而易见的特征。

## 情境 1：昔日的成功通过管制垄断取得

最好的垄断莫过于受政府管制的垄断。一旦政府帮助你建立起堡垒，保护你的生意，并将你的竞争对手拦在门外，你很容易就会自满起来。玛贝尔公司（Ma Bell）的例子尤为典型。

### AT&T 公司

1876 年，亚历山大·格雷厄姆·贝尔（Alexander Graham Bell）发明

了电话,第二年,他和两位合作者成立了贝尔电话公司(Bell Telephone)。
1885 年,西奥多·韦尔(Theodore Vail)领导成立美国电话电报公司
(American Telephone and Telegraph,AT&T),为贝尔电话公司建设长途
电话网。就在世纪之交到来之前,AT&T 公司成为贝尔电话公司的母公司。
韦尔已经离开 AT&T 公司去追逐其他梦想,但是在 1907 年,他接受劝说又
重新回到了 AT&T 公司。在之后的 12 年间,直到他 1919 年退休,他打造
了 AT&T 公司在美国电话业中的垄断地位,这一垄断地位一直保持到 20 世
纪 80 年代中期。

韦尔不仅重组了贝尔电话公司旗下的各个公司,而且还在摩根大通银行
的财政支持下进行了一系列收购,兼并了多家随着贝尔专利到期而涌现出来
的独立公司。在 1913 年签下的著名的《金伯利承诺》(Kingsbury Commit-
ment)的约束下,AT&T 公司同意剥离西联汇款公司,但同时获得了调整、
巩固其垄断战略的政府许可。想必是认同了韦尔的"一个政策、一个系统、
全球化服务"的理念,政府许诺,只要 AT&T 公司出售电话系统,就可从
竞争对手手里买进同等数量的市场份额。在 1921—1934 年间,AT&T 公司
提交的 274 个收购申请中,美国州际商务委员会(Interstate Commerce
Commission,ICC)批准了 271 个。通过这些收购,AT&T 公司增强了其对
盈利的城市市场的控制力量,并巩固了在长途电话业务中的垄断地位。1934
年,作为罗斯福新政的一部分,AT&T 公司在美国通讯委员会(FCC)的
管辖范围内,确立自己的管制垄断(一种"自然垄断")地位。

这在那个年代是有意义的——当时的政府认识到需要通过管制大型公共
事业来创造就业机会。这对 AT&T 公司来说也是划算的交易,也让 AT&T
公司得以控制行业规则达 50 年之久。再来回顾一下 1882 年贝尔电话公司的
情形,当时贝尔电话公司从西联汇款公司手中夺得了对设备制造公司——西

电公司的控制权，并于 1925 年创建了著名的研究部门贝尔实验室（Bell Labs）。但结果是，由于 AT&T 公司在 20 世纪初就已经建立了纵向一体化的行业权势根基，AT&T 公司凭借其垄断地位控制了贝尔实验室的研究出路、西电公司的制造走向，及其销售和分销渠道。这真正是任何人都无法攻破的堡垒。

但是，在堡垒中生存也有不利之处。在堡垒中你很容易就会变得臃肿且懒惰。《华尔街日报》对 AT&T 公司漫长的发展历程进行了回顾后指出，20 世纪五六十年代，AT&T 公司"稳定且不断增长"的盈利和受到保护的市场使其"旺盛的战斗力"开始衰退。美联邦政府和各州的官员已经为 AT&T 公司的利润设定了上限，"所以，公司很少鼓励为创新而去冒险……其管理人员都在公司内部土生土长，且已被灌输了他们称为'争当埋头做事之人'（Bellheads）的公司信条……对 AT&T 公司以后的发展历程来说，其垄断地位可能是把双刃剑"。

然而在 1949 年，事情发生了转折，美国政府打算让 AT&T 公司出售西电公司。1956 年的判决准许 AT&T 公司继续生产电话机，但是另一方面，判决却要求 AT&T 公司从总公司剥离全球制造分部。[剥离出的那些分部就是今天设在加拿大的北方电讯公司（Nortel）、美国国际电话电信公司的（ITT）欧洲公司，以及日本的 NEC 公司]。虽然纵向一体化的一部分已经被剥离出去，但是，AT&T 公司仍旧拥有其服务领域的垄断地位。

同时，AT&T 公司正努力应对来自杰克·高肯（Jack Goeken）的威胁。这个故事值得细细品味。

高肯的 MCI 公司最初是一家销售对讲机的商店，主要向伊利诺伊州的乔利埃特市（Joliet）的货运司机销售这种设备。货运司机们喜欢这种对讲机，但问题是，它们只能接收 15 英里范围内的信号。高肯发现，如果能在圣路易斯到芝加哥的公路沿线上建立一些信号接收塔，就能销售更多的对讲机，所以，在 1963 年，高肯前往华盛顿向美国通信委员会提出了申请。需要指出的是，高肯的战略代表了典型的、针对交叉补贴垄断所采取的竞争性反击。无疑，他将目标锁定在顾客聚集的从圣路易斯到芝加哥的周边市场，这正是 AT&T 公司借以补贴其低盈利业务的最佳市场。换句话说，他"想从中分一杯羹"。

听到这个消息，AT&T 公司指出，MCI 公司建立其系统的成本不可能使其定出具有竞争力的价格，这样公众的需求就无法得到满足，因此，其执照应该予以取缔。AT&T 公司仍旧有相当多的规则制定者，所以，美国通信委员会接受了这种说法。

但是，高肯已经美国通信委员会获悉，AT&T 公司准备了一份仅供内部参阅的有关微波通信系统的机密报告。他想看看该报告的复印件，所以，他飞到 AT&T 公司在纽约的总部，试图拿到一份复印件。高肯乘坐的飞机着陆后，纽约恰巧正在下雪，天气很冷，而他却把外套落在了哈特福德机场。他走进 AT&T 公司时没穿大衣，迎接他的接待员认为他应该是公司的员工，告诉他所要找的报告在图书馆里。正如历史学家约翰·斯蒂尔·戈登（John Steele Gordon）所说，高肯"问'哪里'——意思是'图书馆在哪里？'——而接待员显然误以为他的意思是文件放在图书馆的什么地方。她填写了一份带有文件名和号码的内部正式申请表。高肯意识到发生了什么，他头脑非常清醒，赶忙住口，自己寻找到了图书馆"。他找到了那份报告，并在报告中看到，AT&T 公司本身对成本的估价远低于其向美国通讯委员会报告的数据。

"MCI 公司要从美国通讯委员会获得运营许可本来可能需要再等 6 年的时间，"斯蒂尔写道，"但是，当这件事发生后，骆驼的鼻子已经伸到了

AT&T 公司的帐篷底下。"

美国司法部接手了高肯所进行的调查。美国通信委员会可能曾想尽量永久性地保住 AT&T 公司的垄断地位，但是，法院却没有这个义务。这是 AT&T 公司疏于防范的堡垒大门。企业家威廉·麦高文（William McGow-an）于 1968 年接管 MCI 公司，并提出了最终能推翻这种垄断的司法挑战。当问及他是怎么承担起这个巨大的责任时，他喜欢说"我的研发部门就是我的法律部门"。当 AT&T 公司试图通过将其互联费增至原来的 3 倍来整垮 MCI 公司时，MCI 公司提起诉讼，并在 1980 年被判定受到损害——这拉开了玛贝尔公司终结的序幕。

拜其垄断所滋生的自满所赐，1984 年 AT&T 公司被迫拆分之后，其再参与竞争就非常吃力了。难以置信的是，一直到 1979 年，AT&T 公司甚至都未设营销部。结果是，AT&T 公司拆分之时，竟然不是消费者所熟知的品牌。当然，消费者对贝尔商标非常熟悉，但事实上仅有不到 10% 的公众知道 AT&T 公司的名字，50% 的人将它和美国国际电话电信公司混为一谈。AT&T 公司立即着手进行品牌塑造工作，打算将原公司更名为 ABI——美国贝尔国际公司（American Bell International）。但是，监管这次拆分的哈罗德·格林（Harold Greene）法官否决了这个名字。他把电话黄页和"贝尔"这个名字的专属权给了小贝尔公司（Baby Bells）。AT&T 公司只能在谈及国家财富——贝尔实验室时才可用"贝尔"这个名字。（我还有一条绣有 ABI 名称和当时新设计的标识的领带，这是当时负责营销工作的兰德尔·托拜厄斯送给我的。他告诉我要保存好这条领带，将来有一天它可能成为某位收藏家的收藏品。）结果是，AT&T 公司只能继续用 AT&T 这个名称——而且，只能用首字母形式。这个单词和字母什么意思都没有：没有表明电话/电报业务，"美国"一词也仅仅是全球商业环境中落伍的代名词。

AT&T 公司一年花在品牌建设上的钱就有 10 亿美元，这才使它成为家喻户晓的名词。

但是，AT&T 公司所需要的并不只是一个品牌。它需要参与竞争的战斗力，需要看到未来，需要充满活力的管理。这些事情在以前都不重要，但如今却迫在眉睫。艾什·麦吉尔（Arch McGill）被作为变革者吸收进来。他成功地激发了公司活力，就像牡蛎中的沙粒起到磨砺作用，但他并没能在公司坐稳江山。查理·布朗（Charlie Brown）接替了他的工作，监督完成了公司拆分的收尾阶段，随后将公司交给了吉姆·奥尔逊（Jim Olsen）。奥尔逊的任务是在快速变化的电信环境中找准公司的发展方向。遗憾的是，1988年，他在岗位上突然去世。这个时候，公司本该提升奥尔逊为这个职位所培养的兰德尔·托拜厄斯，但是，由于缺乏正式的继任计划，这个位置却由罗伯特·艾伦（Robert Allen）接替。罗伯特·艾伦的 9 年任期内乱象环生，不仅高管团队混乱不堪，还导致了亚历克斯·曼德尔（Alex Mandl）、杰尔·斯特德（Jerre Stead）、乔·纳克齐奥（Joe Nacchio）和约翰·沃尔特（John Walter）等高层管理人员的离职，这曾一度引起了外界的广泛关注。

随之而来战略上出现混乱就不足为奇了。最为戏剧性的是，1991 年 AT&T 公司对 NCR 公司的收购行动——这是其进入计算机行业的最后尝试。这桩生意被普遍看做是一场灾难，NCR 公司在 1997 年又恢复了独立公司的身份。1993 年，AT&T 公司收购了麦考通信公司（McCaw Cellular Communications）——该公司是无线通信市场上最大的公司，通信网络覆盖美国人口的 40％和几乎所有的主要城市——33％的股份，进军蜂窝电话业务领域。114 亿美元的收购价可看做是 AT&T 公司为修正其早期进入蜂窝电话市场时仅作设备供应商这一战略失误所付出的代价。紧接着，AT&T 公司于 1996 年将剩余的设备制造业务剥离，成立了朗讯科技公司（Lucent

Technologies)。

1997 年，迈克尔·阿姆斯特朗（Michael Armstrong）走马上任。他从休斯电子公司（Hughes Electronics）应聘加盟，并将 AT&T 公司带到"雄心勃勃的新征途"上。他的想法是，AT&T 公司将利用其品牌优势、技术专长和庞大规模，成为第一家向客户提供一揽子服务的公司，包括短途电话、长途电话、移动电话、互联网接入、基本电视服务，甚至是视频等服务项目。

阿姆斯特朗要做的第一件事是进入有线电视市场，所以，他花了 1 000 亿美元收购了 TCI 公司（Tele-Communications Inc.）和第一媒体集团（MediaOne Group），此次收购让 AT&T 公司一举成为美国最大的有线电视运营商。同时，他还寻求监管部门的许可，以便与区域贝尔电信公司的网络建立联系。

这本是个不错的战略，但是，正如后来所看到的，阿姆斯特朗为收购这两家有线电视公司付出的代价太高了，因为，还需追加投入数十亿美元的资金进行更新换代。同时，各个小贝尔公司都竭力抵制 AT&T 公司及其他任何公司进入其网络，挑战其在当地服务市场的垄断地位。似乎事情还不够糟糕，接踵而至的电信行业的由盛转衰，以及长途电话和移动电话的价格暴跌，使 AT&T 公司失去了用以偿还购买有线电视公司的巨额债务利息的利润。不用说，AT&T 公司的股票价格肯定是一路狂跌。

2001 年 10 月，AT&T 公司和英国电信公司（British Telecom）解散了其合资的康斯特（Concert）公司。据说，两个公司本想通过将各自的企业客户和选定的网络资产进行整合，来建立一个全球性的电信巨头。组建这个合资公司是阿姆斯特朗的一个大手笔，但是，该公司从一开始就成了烧钱的无底洞。AT&T 公司预计，要从盈利中拿出 53 亿美元用来拆分康斯特公司。与此同时，AT&T 公司的高速互联网接入服务（ISP）提供商 Excite@ Home 公司申请破产——阿姆斯特朗的宏伟蓝图中的又一大败笔。他曾经花费了 60 亿美元购买了 Excite@ Home 公司 38% 的股份，并控制了董事会。目前，该公司的市场价值约为 1 900 万美元。

阿姆斯特朗无奈地仓促败下阵来。他放弃了这个庞大的计划，并宣称公司可能会拆分。公司为了提高现金收入、偿还债务，将移动电话业务剥离出去，之后，损失惨重的 AT&T 公司不得不接受康卡斯特公司（Comcast）主动提出的 460 亿美元购买其宽带公司的方案。这个价格大约是阿姆斯特朗将其购并时所花费用的一半。或许，宽带公司合并到康卡斯特公司时阿姆斯特朗也一同转投其门下是一个明智的选择。"这是（玛贝尔公司）痛苦难熬的 20 年，"阿姆斯特朗离开公司之后，《华盛顿邮报》写道，"从一个垄断电信行业的公司变为快速增长行业中勉强维持生存的公司，它的战略失误现在已经成为商学院教学中的典型案例。"

阿姆斯特朗还是因为看到了其他人没有看到的——长途电话注定没落——的事实而声名鹊起。只是，他还没来得及实现自己的梦想就花光了钱，这场失败无疑会成为一段他日后想起就会五味杂陈的经历。实际上，他一直将 AT&T 公司的窘迫状况归咎于行业诈欺。阿姆斯特朗说，如果世通公司等竞争对手没有虚报数据的话，华尔街对 AT&T 公司看法可能会更乐观些——这将使 AT&T 公司赢得更多的时间来实施战略。

更有甚者，恰逢公司收入减少之际，他的狂热并购给 AT&T 公司留下了 650 亿美元的债务，分析师们一致认为，所有的损失最终都被证实是致命的。雪上加霜的是，阿姆斯特朗最初承诺公司合并后将取名为 AT&T Comcast 公司，但是，在最后时刻，该名字中的 AT&T 那一半却被拿掉了。

2002 年，阿姆斯特朗的职位由其两年前任命的总经理戴维·多曼

（David Dorman）接任。但是，多曼除了接过一堆问题以外再无其他。他就任的第一年，因为公司的长途电话核心业务的持续萎缩，公司收入快速减少。他试图重整阿姆斯特朗的梦想，哪怕是一部分也行，他想通过提供宽带服务、基于互联网的电话服务以及移动呼叫计划，来应对长途电话业务的萎缩。他还裁掉了数以千计的工作岗位。但是，他是在逆境中挣扎。再加上小贝尔公司要求 AT&T 公司支付与其网络连接的"入网费"110 亿美元，问题变得十分棘手。

结局很快到来了。2004 年，裁员和降低负债的努力都不再是公司转型战略的任务。AT&T 公司正努力装扮自己以求被合适的买主收购。极具讽刺的是，第二年，曾经的一个子公司收购了母公司。西南贝尔公司（SBC）宣布以 160 亿美元的价格收购 AT&T 公司，就等联邦监管机构的批准了。而 10 年前，AT&T 公司的市价是 780 亿美元。

堡垒的墙壁终于轰然倒塌。没有人怀疑 AT&T 公司的垄断地位滋生了其自满的文化——当危机到来时，就不能在混乱、竞争激烈的高新技术战场上生存下来。"当 20 世纪七八十年代电信市场收益欠佳和青黄不接的时候，AT&T 公司却变得臃肿和自满。"《华尔街日报》如是写道。更为常见的是，正如约翰·斯蒂尔·戈登之前在《美国传统》（American Heritage）里写的那样："所有形式的垄断，不管是由'人民'或是股东拥有，都有变得机构臃肿、懒惰、不思创新的倾向。"

菲利普·威瑟（Philip Weiser）是一位法律和电信方面的教授，曾任美国律政司的反垄断律师，他写道："事实上，1996 年《电信法案》（Telecom Act）（这个法案旨在通过清除小贝尔公司进入长途电话市场的最后障碍来彻底打破电话行业的垄断）实施仅 6 年之后，AT&T 公司就陷入了没有任何清晰的未来发展战略的困境。"有趣的是，威瑟接着又质疑西南贝尔公司购买 AT&T 公司是否有意义。"尽管这次并购象征着技术的进步已经改变了整个行业，新的巨人歌利亚也可能成为下次创新浪潮的受害者。"

但是，有一点是肯定的：西南贝尔公司不会利用政府的管制来构筑其堡垒铁壁。

## 航空公司的陨落

"吃老本的"航空公司是另一个由于通过管制组建和保护，结果变得自满的经典公司案例。

今天的数字相当令人难以置信。以股票市场的价值而言，现在做得最好的是美国航空公司和大陆航空公司。它们两者甚至都在 2005 年的第二季度（传统上繁忙的夏季）扭亏为盈，而且，它们的股票都以略高于 10 美元的价格交易。然而，繁荣之下却暗藏危机。2005 年末，受到高油价、养老金负担和其他费用的影响，达美航空公司和美国西北航空公司都申请了破产保护。事实上，没有剩余任何股东价值。2006 年初，从三年的破产保护中走出来的联合航空公司也面临一堆问题，包括 1 亿美元的律师诉讼费。

到底发生了什么？其实是同样的故事：管制竖起了堡垒的铜墙铁壁，当这些铜墙铁壁在 1978 年倒塌之时，从来无须竞争的吃老本的公司开始亏损。这种协议在 20 世纪 30 年代达成。政府将各州划分给各航空公司，规定每一家公司可以为哪些城市服务，可以定出多高的票价。这种政府管制的票价足够保障每家航空公司都可盈利。对航空公司来说，这是一桩好买卖，是稳赚不赔的好生意。对受航空公司工会保护的工人来说也是一件好事，因为航空公司能够依赖政府，按需提高票价，所以工人们很容易就能赢得工作上的让步。唯独对顾客来说是件吃亏的事，因为缺乏竞争会使得票价居高不下。

自从卡特政府的经济学家，美国民航管理委员会（Civil Aeronautics

Board）的主席艾尔弗雷德·卡恩（Alfred Kahn）在 1978 年推行解除管制起，航空公司突然之间有了自由飞行权，想飞往哪里就飞往哪里，并且可以自由竞价。当然，同时，也允许新的航空公司进入航空业市场，很多公司都抓住了这个机会。

随着航空行业市场的开放，"堡垒"行业的基本问题再次出现：交叉补贴（cross-subsidization）。老牌公司十分依赖这一策略：用商务舱补贴经济舱，盈利的航线补贴不盈利的航线。事实上，在航空行业早期，人们就看到了这个问题，当时，航空邮寄业务的收入维持了只搭乘了少数旅客的飞机在空中飞行的业务，或者，泛美航空公司（Pan Am）成功的泛亚达（Pan-agra）航线补贴它的首班海外航程。

正如之前所说，只要管制还存在，交叉补贴就行得通，但是，取消管制后，外界竞争者就会进入。不消说，新的竞争对手对你不盈利的业务领域毫无兴趣，它们必然会将算盘打到高收益市场上。这正是航空业中低成本的运营者所采取的方法。不受星形拓扑运输网络模型（hub-and-spoke）的约束，像美国西南航空公司（Southwest）这样的公司采取点对点飞行，在选择服务哪些机场方面，他们只挑选最好的 100 个城市。

根据美国航空公司飞行员协会（Air Line Pilots Association）主席杜安·韦尔茨（Duane E. Woerth）所言："美国拥有 429 个预定空中服务的航空站——美国西南航空仅为其中 60 家服务。他们绝不会选择得克萨斯州的华兹堡（Waxahachie）。他们的商业模式也绝不会在华兹堡起作用。"

罗伯特·索贝尔（Robert Sobel）在《巨人的倒下》（*When Giants Stumble*）一书中指出，在航空行业的早期，没有人看到空中旅行的真正未来，此时，对航空公司的管制是有意义的。如果新兴产业要成长，它需要政府以补贴或是慷慨的航空邮政合同的形式提供帮助。因此，航空公司在慷慨的美国民用航空局（Civil Aeronautics Administration，CAA）和美国民航管理委员会的呵护下变得臃肿和自满起来。"到 50 年代，航空公司无须再依赖航空邮件来维持收支平衡和赚钱，"索贝尔写道，"解除管制的时刻已经来临，是该认识到这一点了。如果当时就这么做，而不是 20 年之后才实行的话，老牌航空公司可能已经在更合适的商业环境中学习到新的技巧，泛美航空公司，还有美国东方航空公司（Eastern）——一家实力雄厚的环球航空公司，以及那个时代其他的一些公司就可能存活至今。"

许多人抱怨是管制的解除造成了今天航空业让人遗憾的困境，这种想法不足为怪。但是"解除管制之父"艾尔弗雷德·卡恩并没有遗憾。在 2005 年的美国科罗拉多大学法学院的会议上，卡恩提醒听众们，"顾客每年从中获益 200 亿美元"。反对防御的自由企业的代表补充道："凡竞争可行之处，政府就应该赶快离开。"

尽管老牌运营者正在苦恼万分，卡恩却依然心情不错，因为这些老牌航空公司正受到飞往主要城市旁边的小机场的航空公司带来的低价竞争的挑战。"低价运营者的进入让我非常高兴，这支持了我的做法。"他说。他并不反对政府试图帮助航空公司克服受"9·11"事件影响而产生的困难，但是，应该适可而止。"我觉得我们已经到了一个无法让政府决定我们公司生死存亡的时刻"。

## 情境 2：过去的成功建立在分销垄断上

分销垄断的典型例子是美国邮政局（United States Post Office）。当法律阻止其他的运营商在你的邮箱中放东西时，这在很大程度上就是分销垄断。同样，这种垄断滋生的自满使得邮政服务在面临来自美国联合包裹快递公司（UPS）的地面竞争攻击和来自联邦快递公司（FedEx）的空中竞争攻击时表现得不堪一击也是很显然的事情。事实上，邮政服务无动于衷的态度已遭到联邦快递公司的广告活动"你会放心地将包裹交给邮局吗？"的嘲弄。更近一些时间，邮政的盈利支柱——平邮业务，受到了来自电子邮件革命的毁灭性打击。这是一个有趣的故事，但是，让我们更深入地分析一家创造了自身分销垄断的公司。

控制分销堪称一种强制性的商业战略。即使是其他的公司生产出的产品能够与你的产品一争高下，它们也无法将产品投放市场。因为你已经创造了一条"限制进入"的"高速公路"，且由你控制交通。这种垄断最好的一个例子是戴比尔斯公司（De Beers），它在钻石的开采和销售方面长达一个世纪的霸权地位创造了一个商业传奇。

## 戴比尔斯公司：钻石之王

下面谈一谈一个事实上的垄断企业的故事。20 世纪的绝大部分时间里，世界范围里开采的钻石中有 85％～90％都是戴比尔斯公司销售的，该公司还通过调节供需来控制价格。接下来我们将看到，这个公司是如何将世界上最为独特的供应链条联系在一起的。

塞西尔·罗兹（Cecil Rhodes）在 19—20 世纪之交前开始了钻石生意，当时，他将南非的钻石矿联合在一起成立了戴比尔斯公司，之后，又与伦敦的 10 家最大的钻石销售商一起组成了一个企业联合体——卡特尔。卡特尔保证每个销售商都会得到出自戴比尔斯公司钻石矿的一部分钻石。作为交换，戴比尔斯公司获得其所需要的市场数据，以便维持供需平衡。多年以后，10 家成员扩展到大约 125 家，但是，卡特尔的目标仍未改变：有效控制钻石的销售渠道。

　　到 20 世纪末，这种运作模式看起来似乎是这样的：公司的销售部门——直到最近，人们才知道该销售部门是中央统售机构（Central Selling Organization，CSO）——购买戴比尔斯公司在非洲拥有的或是联合拥有的 13 处矿山出产的所有钻石——总计大约为世界产量的 44%。另外，中央统售机构从俄罗斯及加拿大的矿山购买的钻石又为戴比尔斯公司的销售渠道增加了 25% 的流通量，这使得戴比尔斯公司的销售总量约占世界钻石产量的 70%。

　　在伦敦的中央统售机构办公室里，对公司的所有钻石进行组合、分类并分放到"盒子"里。戴比尔斯公司每隔 5 个星期就将这些盒子分配给 125 个合作者——现在被称为"特约配售商"（sightholders）。每个盒子中钻石的价格、数量和质量都由戴比尔斯公司确定——而且是不可讨价还价的。特约配售商将原矿钻石带回他们设在安特卫普、特拉维夫、纽约、孟买、约翰内斯堡以及斯摩棱斯克的工厂。在这些工厂里，钻石被切割、打磨，最后销售到特约配售商遍布在全球的批发或是零售的商户手中。

　　但是，90 年代一系列的无关联的事件开始侵蚀戴比尔斯公司的垄断权。第一件事情是 1991 年苏联的解体。30 年前，在西伯利亚发现的大量的钻石矿床使得苏联成为世界第二大钻石生产国，戴比尔斯公司迅速地与苏联政府谈判以确保所有的西伯利亚钻石都卖给中央统售机构。但是，苏联的解体威胁到这个合约，自那时起，俄罗斯钻石销售到戴比尔斯分销网络以外地方的份额越来越多。

　　从小处说，戴比尔斯公司在俄罗斯遇到的问题可以在列夫·利维夫（Lev Leviev）的故事中看到。列夫·利维夫是在俄罗斯出生的犹太人，他曾经是戴比尔斯的一个特约配售商。1977 年，当钻石行业在以色列开始盛行的时候，利维夫在那里开了他的第一家钻石切割工厂。不久，他将工厂扩展到 12 家，1987 年，戴比尔斯公司邀请他加入卡特尔。他同意了，但是，当时他已经是以色列最大的打磨钻石的制造商之一，他厌倦了戴比尔斯公司对卡特尔成员的专横。1989 年，苏联的国有钻石矿业请求利维夫帮助建立自己的切割工厂，利维夫很高兴接到此项业务——有效地将戴比尔斯公司清除出局。戴比尔斯公司在 1995 年将利维夫剔除出卡特尔，但是，这并没有阻止他的发展。到 2003 年，他已经是世界上最大的钻石切割和打磨商，并且成为未加工钻石的主要供应商，直接与戴比尔斯公司展开竞争。

对戴比尔斯公司霸权的第二个打击发生在 1996 年，当时，澳大利亚的阿盖尔（Argyle）钻石矿大胆终止了与戴比尔斯公司的合约。阿盖尔矿不再把钻石卖给中央统售机构，而是选择直接销售给戴比尔斯公司的特约配售商以及其他的销售商，这威胁到戴比尔斯公司对价格的控制。阿盖尔矿是以数量而非质量闻名——这个矿区的产量比世界其他任何矿区都多。阿盖尔矿利用一些新举措直接与戴比尔斯公司在快速增长的低端市场上竞争。

第三，也是在这 10 年中，加拿大开始成为生产钻石的新生力量。尽管戴比尔斯公司使用手腕攫取了在加拿大西北部地区发现的三个大矿床的控制权，但这不能保证它能像过去一样维持其似乎与生俱来的垄断地位。

接下来戴比尔斯公司所面临的最后一个挑战是印度快速发展的钻石产业。印度以"切割难以切割的物质"闻名，一直以来就是钻石切割市场的一股强大的力量，目前，世界上 80% 的钻石都是在这里切割和完成的。同时，印度人不仅因为切割体积更大、价值更高的钻石而迅速向钻石价值链的高端挺进，而且还进入了钻石交易市场。在安特卫普——传统的世界钻石交易之都，印度人将哈西德派犹太教徒（Hasidic Jews）挤出了钻石生意圈。印度商人每个星期工作 7 天（这是很多正统的犹太教徒拒绝的行为），把其钻石运回国内完成加工（国内劳动力更便宜），并借此控制了安特卫普一年 260

亿美元钻石交易量的大约 65%。

当然，只要印度商人从卡特尔购买未经加工的钻石，这些都不会直接威胁到戴比尔斯公司。但是，印度国内最近的一些举动确实对戴比尔斯公司产生了威胁。印度政府和国内行业正在制定从非洲矿山直接购买钻石的计划，这个计划要求印度公司在非洲矿山国家设立生产企业，在当地雇用员工，将未经加工的钻石直接运回印度切割和打磨。如果这样，戴比尔斯公司的钻石贸易公司（Diamond Trading Corporation）（原来的中央统售机构目前的名称）将遭到淘汰。最终，印度钻石工业将通过发展自己的零售商，完成自身的整合。

但是，我们还是相信戴比尔斯公司吧。如果它在分销渠道上的绝对垄断地位令其自满，那么，来自外部的威胁必会激起它的反应。戴比尔斯公司已经设计好了新的游戏计划：如果它不能销售全世界所有的钻石，那它将从其销售的钻石上获得更多的回报。在竞争不断激烈的钻石市场，戴比尔斯公司将不再是"强买强卖的供应者"，就像它在新的市场营销活动中所说的那样，它将是"可供选择的供应者"。

换句话说，戴比尔斯公司发起了两项新活动进行品牌宣传，第一个活动口号为"永恒印记"，旨在宣传保证钻石质量的某种内在属性。第二个以自己的名字"戴比尔斯"作为营销口号，宣传戴比尔斯公司将部分地进入零售市场。伦敦的邦德街（Bond Street）以及东京的购物区都有戴比尔斯公司独立商店的身影，其他地方将会陆续出现这样的商店。

根据《财富》杂志所说，这看起来像是戴比尔斯公司"对钻石行业状况变化的明智回应"。戴比尔斯公司发现控制钻石生产和分销的各方面越来越难，因此，想到一个通过公司正式认可自己的钻石而使其更有价值的做法。但是，《财富》杂志提示，长达一个世纪的历史是很难改变的，"为了实施最佳供应商策略，变革其沉重的殖民地时代的垄断文化对戴比尔斯公司来说是一项非常大的挑战"。

## 情境 3：政府的"选择"使你取得成功

在美国，除了公用事业和航空业等行业以外，自由市场经济活动基本上极少受到政府的干预。但是，在世界上其他地区，甚至是最近的几十年中，政府依旧插手掌握列宁所说的经济的"制高点"。通常，像在日本、韩国以及一些西欧国家，这种管理形式并不等同于政府拥有企业，相反，政府和企业之间建立了紧密联盟，这样，政府会支持特定企业或企业集团成功。不用说，政府的"庇护"很容易导致自满——而且，通常最终都会导致公司不得不突然一下子面对严酷的现实。让我们看以下几个例子。

### 日本公司

第二次世界大战之前日本快速的工业化的显著特点是：财阀权力不断膨胀。这些行业集聚的综合性大企业以单一家族为中心组织起来，并被政府选定来充当经济增长的先锋。其中居支配地位的财阀——三井（Mitsui）、三菱（Mitsubishi）、住友（Sumitomo）、安田（Yasuda）——几乎在所有重要的行业中都有投资，他们都有自己的银行来处理流动资本。

第二次世界大战结束时，同盟国军事占领当局要求财阀解散，但是，这个系统并没有全然消失。财阀被所谓的株式会社取代。株式会社是银行和企业组成的联合体，虽然其间的联结不太紧密，但是，先前财阀的很多功能仍旧存在。更重要的是，政府与公司间的紧密合作组织，还继续在日本战后重建工作中发挥监控作用。该合作组织的中心是通产省（Ministry of International Trade and Industry，MITI），该部门由一批掌控国家经济进程的政府官员管理。在战后繁荣时期，通产省实质上管理着日本商业的各个方面。它设定价格和市场份额，颁布执照和质量标准，管理国内的竞争并控制着来自国外的入侵，组织并购，并通过出口有力地支持经济增长。

从 20 世纪六七十年代一直到进入 80 年代，这个体制都运行得非常有效，极少有人反对。在极少数的反对者中，有一个人叫内藤正久（Masahisa Naitoh），他是通产省的一位主管，他看到了这种管制过强的经济固有的弱点，并开始声明支持解除管制。他因此而惹了麻烦，并于 1993 年被解雇，但是，此时此刻，想要避免近在眼前的经济灾难已经太晚了。

1990 年，房地产的巨大泡沫开始破灭，在之后的两年中，房地产急剧贬值，这使得对房地产大量贷款的日本银行也一起遭殃。这种危机显露了因受保护而自满的银行业的弱点——银行业体系中政府的偏爱取代了严格的责任体系。多年以来，通产省的"行政庇护"使得银行对快速增长的产业提供低息贷款，却很少考虑该公司偿还的能力。当房地产市场崩溃时，银行突然暴露出了巨额的不良贷款，可是，人们却一向认为银行非常庞大、十分重要，是不能容许倒闭的。银行业的衰退——以及日本政府不愿对其实施任何激进改进措施的态度——使得日本经济在 90 年代剩下的那几年的时间里不断倒退。

事实上，最快也是到了 2002 年 10 月，银行业仍旧背着 4 230 亿美元的不良贷款而艰难前行。小泉纯一郎首相提升内阁大臣竹中平藏（Heizo Tak-enaka）担任"经济掌权者"的职位，并委以结束长期以来的危机的重任。平藏支持用税收支撑起部分国有银行，同时强行关闭一部分实力较弱的银行。3 年前，政府已经投资了 750 亿美元支持这个不景气的系统——却没有要求实质性的改革。这个措施没有起到作用，再次证明了 15 年前的老话：

对于因为缺乏强有力竞争变得脆弱的行业，政府的肥肉是糟糕的食物。

作为一个有趣的对比，我们来看一下本田公司。回顾 20 世纪 60 年代，为了给日本汽车工业进军国际市场提供特别支持，通产省想要减少进入汽车行业者的数量以保证规模经济。这个策略的一部分是劝说本田公司退出汽车市场，坚持摩托车生产。本田公司反对并且坚持自己的做法，在没有通产省的指导和帮助下加入了汽车市场的竞争。作为目前日本排名第三的汽车制造商（次于丰田公司和日产公司）和世界内燃引擎制造领袖的本田公司，无疑已经独自取得了成功。而且，本田公司显然也喜欢这种方式。几年前行业兴起了合并热潮的时候，本田公司则公开宣布它会一直特立独行。

## 菲亚特汽车公司：欧洲视角

同样，在欧洲，政府也资助一些令人尊敬的家族企业支持战后的经济重建。和日本一样，政府鼓励"先锋企业"多元化经营一些关键产业，并最终打入全球市场。这种模式在欧洲的运作状况与在亚洲的一样，而且，相同之处还在于，一旦"经济奇迹"不再存在，从市场的观点来看，系统的弱点就会暴露出来。菲亚特汽车公司（Fiat）就是一个非常恰当的例证。

1899 年，乔万尼·阿涅利（Giovanni Agnelli）创立了菲亚特汽车公司，第二次世界大战之前，该公司已经成为意大利占统治地位的汽车制造商。第二次世界大战后，在政府的庇护下，公司开始多元化发展，业务涉及喷气发动机、火车、拖拉机、保险、房地产、报业，以及其他的行业中。今天，这个价值 500 亿美元的集团公司虽然仍旧是意大利最大的私营雇主，但是，却深陷困境之中。

菲亚特汽车公司的事例充分证明了，即使是出于必要的政府—企业合作也会发展出不健康的共生关系。无论是政府为企业提供保护，还是企业为这种保护支付费用，都变得如此轻而易举（就像那么多的自我毁灭的习惯一样）。事实上，任人唯亲和腐败阻碍了公开的竞争，这种文化背景下会自然而然地滋生企业的自满。

在意大利，长期困扰的问题于 1992 年显露出来，并轰动一时。当时，米兰的法官开始调查家族企业内部给元老的回扣。没出一年，"廉政行动"就已经牵涉到国家的大多数政党，有 21 个城市里出现了腐败案件。部长们大批辞职，一些国家顶级公司的管理人员被捕，其中包括 2 位菲亚特汽车公司的高管。

对菲亚特汽车公司来说，可怕的时刻近在眼前。国内市场份额急剧下降——从 80 年代的 60％多降到 90 年代早期的 45％。1991 年到 1992 年，销售收入下降 27％，这急需公司的合作银行注资 25 亿美元用以调整其资本结构。菲亚特汽车公司正面临着新的现实：不再有真正意义上的"外国产"汽车了。公司再也不能沾沾自喜地依靠处于附庸的国内市场，以为国内消费者还会仅仅因为汽车是"国产的"而去购买。

到 1997 年，"廉政行动"最终完成了对菲亚特汽车公司的清算。一年前继任乔万尼·阿涅利职位成为公司主席的切萨雷·罗米蒂（Cesare Romiti），被判定有伪造公司账目、骗税和贿赂政府部门等罪行。公司的财务总监也被定了罪。对他们的指控主要是由于 1980—1992 年间，他们批准了进行违法的政治捐助的秘密基金，并且伪造财务以掩盖这笔开支。［腐败向全国的纵深处延伸。被定了罪的还有奥里维蒂公司（Olivetti）的前任主席卡洛·德·本尼蒂（Carlo de Beneditti）和时尚大亨乔治·阿玛尼（Giorgio Armani）。前总理同时也将是未来的总理，商业大亨西尔维奥·贝卢斯科尼（Silvio Berlusconi）也受到调查。］

菲亚特汽车公司受到保护的市场是它的支柱。它还从未学会怎样在没有支柱的情况下生存。2002 年，危机再次悄无声息地逼近。2001 年，菲亚特汽车公司损失 13 亿美元，同时制订了新的重组计划——关闭 18 个工厂并削减海外 6 000 个岗位。意大利的市场份额在过去 10 年中又减少了 12 个百分点，下降到 32%。被请来进行人力资源事务咨询的杰克·韦尔奇告诉公司，公司的问题在于管理层级太多和"共识文化"保护绩效不佳者。他是对的。该公司文化也是一种存在多年、不易改变的文化，是在阿涅利能够说服政治家们保护菲亚特汽车公司的国内市场免受真正的竞争的几十年间形成的文化。

随着菲亚特汽车公司的 CEO 保罗·坎特雷拉（Paolo Cantarella）辞职，以及公司损失继续增加，《商业周刊》（*Business Week*）报道了总理贝卢斯科尼的尴尬处境。作为自由市场的倡导者，贝卢斯科尼没能提供"大量老派的政府紧急援助"，但是，他也无法忍受国家最受尊敬的行业偶像崩溃。《商业周报》看到了汽车制造行业的根本问题是生产能力过剩，并明智地建议总理应当鼓励进行激进的缩小规模改革——以建立与市场需求相适应的生产能力。"菲亚特汽车公司是老派的意大利采取危险的贸易保护主义的一个客观教训。通过帮助菲亚特收缩到与其销售能力相称的规模，贝卢斯科尼将会为汽车生产商不平静的历史书写新的篇章而不是结尾。"

2002 年秋天，危机进一步恶化。菲亚特汽车公司宣布即将裁员 8 000 人，销售直线下降，该年度的亏损预计将近 20 亿美元。贝卢斯科尼在个人的私有不动产被扣押时仍然和菲亚特汽车公司的其他高层管理人员一样，认为可能会得到政府的紧急财政援助。随后，2003 年 1 月，乔万尼·阿涅利去世。这位年高德勋的老人、公司创始人孙子的过世，暂时将人们对菲亚特汽车公司困难的注意移开。但是，这并没有解决问题。正如伦敦《独立报》上的一篇长长的讣告似的文章中所写的那样，导致菲亚特汽车公司问题的大部分原因是，公司无力"生产能够满足竞争非常激烈的欧洲市场需求的新一代汽车……近年来曾经对不值得他们信赖的菲亚特汽车公司极度忠诚的意大利人开始关注质量"。

2004年，乔万尼的兄弟、曾当过菲亚特汽车公司主席的翁贝托（Umberto）突然去世后，公司做出了不寻常的果断决策。公司引入改革专家塞尔吉奥·马尔奇奥尼（Sergio Marchionne）作为新团队的首席执行官，他接着很快便开始解雇那些抵制改革的管理人员，并雇用了行业中顶级的国际人才。第二年，马尔奇奥尼被赋予了更多的责任，他同时兼任菲亚特汽车公司的首席执行官。他创下了一个世纪以来第一次由同一个人同时管理持股公司和汽车事业部的纪录。他是否能够挽救菲亚特汽车公司？或许会吧。2005年末，公司宣布其汽车事业部17个季度以来第一次盈利。无论如何，只有像死亡逼近这样的威胁，才能唤醒公司走出自满。

## 情境4：政府拥有或是控制企业

当政府实质上控制或者拥有一家公司而不是简单给予其庇护时，公司很快就会产生自满。我们本可以在这个主题下讨论美国邮政或者是英国的铁路、航运、航空站、海港等公共行业——典型的由税收提供资金支撑的基础行业。但是，我们去印度看看吧，在那里，国有企业更为普遍。

当世界上其他的许多地方正在放弃"混合"经济而转向支持自由市场经济时，印度却反其道而行之。1960—1990年间，公有经济从占国民生产总值的8%增长到26%。中央政府大概拥有240家企业，包括传统的国营行业如公用事业、铁路和航空运输。就像我们在前面章节中介绍过的那些得到支持的公司一样，印度的这些国有企业沉迷于政府保护的市场，根本不在意外部世界的竞争。结果，它们为无效率、不负责任、当然还有自满树立了新的典范。

丹尼尔·叶尔金（Daniel Yergin）引用尤斯坦化肥公司（Hindustan Fertilizer Corporation）这一"真正杰出"的例子，当 1991 年印度经济出现危机的时候，这家公司已经存在了 12 年。在这 12 年里，公司的 1 200 名员工每天都忠诚地打卡上班，但是，公司的工厂却一袋化肥都没有生产出来。由于使用了购自德国、捷克斯洛伐克、波兰以及其他几个国家的机械设备——购买这些设备的动力是，确信能得到出口信贷的资助，因此，建设该工厂似乎花费了大量的公众费用。"唉，"叶尔金写道，"这些机械无法组装到一起，因此，公司无法进行生产。每个人仅仅是装出工厂是在运转的样子。"

自从 1991 年帕穆拉帕提·文卡塔·纳拉辛哈·拉奥（P. V. Narasimha Rao）任总理，印度开始走上改革之路。但是，改革从来就不是容易的事，特别是当你试图将原来不曾参与竞争的国有企业推上无情的自由市场舞台时更是如此。印度航空公司（Air India）的故事很恰当地展示了印度雄心勃勃但问题多多的改革。

## 印度航空公司

大家所知道的大君航空公司（Maharajah）是由印度显赫的商业家族成员 J. R. D. 塔塔（J. R. D. Tata）在 1993 年建立的。从一开始，塔塔就把他的航空公司设想为世界最好的航空公司之一，并不遗余力地去实现他的愿望。他坚持用最新、最好的飞机，1962 年，印度航空公司成为世界上第一家拥有由 6 架喷气 707 客机组成的飞行队的航空公司，并因此而表现出自己的经营特色。塔塔的目标是将东方的热情好客与西方的高效率融合在一起，

113

最终为乘客提供优质的服务和多方位的独特设施。这些飞机以高雅的装饰、可口的餐食（包括素餐）、身穿纱丽的女乘务员为特色。留着大胡子、缠着条纹头巾、吸人眼球的吉祥物于 1946 年首次亮相，并很快成为整个航空公司高雅和精致的象征。

1953 年，印度航空公司成为国有企业，但是，塔塔在之后的 25 年中继续担任公司主席。他有如此高的地位和声誉，以至于很多时候，他能使公司的航线免受过多的政府干预。但是，天下无不散之筵席。已经获准国际航线的垄断经营权的印度航空公司，终于出现了低效和自负。到了世纪之交，作为私有化计划中的另一举措，公司政府公布出售印度航空公司，而此时公司已经亏损运营了 5 年。

究竟公司运营得有多糟糕？2000 年，公司拥有 17 700 名员工，平均每架飞机 770 名，而全球标准是平均每架飞机 250 名。尤其是，公司飞机队伍里的 23 架飞机的平均飞行时间为 14 年，而相对应的具有很强竞争力的新加坡航空公司（Singapore Airlines）飞机的平均飞行时间却不足 5 年，印度私营企业捷特航空公司（Jet Airways）30 架飞机的平均飞行时间仅为 3 年。一位外国通讯记者在《华尔街日报》用"亚洲最糟糕的航空公司"的标题来描写印度航空公司，"服务十分劣质"，飞机"有时候看起来像是用胶带粘在一起的"，"机乘人员似乎认为他们的闲差能持续一生"。由于飞机数量少、机龄老，这个曾经备受尊敬的航空公司虽有 90 个被授权服务的空港，却只能飞往其中的 19 个。

作为回笼资金计划的一个部分，政府计划出售印度航空公司 40％的股权，自持 40％，并将剩下的 20％分配给雇员和金融机构。看起来似乎塔塔集团（Tata Group）（归创立印度航空公司的家族所有）与新加坡航空公司有可能会联合购买，但是，后来新加坡航空公司撤出了，其借口是印度社会和政治上都强烈反对该单生意。塔塔集团四处寻找其他航空公司合作，但是，2001 年 9 月 11 日发生的"9.11"事件震惊了航空行业，因此，那些主要的航空运营商没有一家愿意扩张。结果，塔塔集团也从谈判桌上撤了回来。

自那时起，印度经济的扩张以及世界范围内航空运输的恢复，或许让仍旧是国有企业的印度航空公司恢复了一些信心。2005 年 4 月，它宣布将花 69 亿美元从波音公司购买 50 架新喷气式客机——这是该公司 15 年来的首次扩张。公司还宣布将增加飞往美国的航班数，并在飞行路线中增加旧金山和休斯敦。

更有希望的一个行动是，印度航空公司正计划与国营的国内航空公司印度人航空公司（Indian Airlines）合并。这样的话，合并后的公司将更为强大，因为合并后的航空公司将能够使国内任何一个机场都能与国际航班建立联系，而这是两个独立的公司无法做到的。

这次行动能使得跛足的航空公司再次飞翔吗？可能会，但是，仍旧有大量的困难需要克服。联合后的印度-印度人航空公司（Air India-Indian Airlines）将要合并的是两个不易改变的政府组织。它还必须在全公司范围内培养顾客服务意识。而且，不容乐观的实际情况依然存在：1990 年，印度航空公司拥有飞入和飞出印度航班市场 40％ 的份额，而在 2005 年，这个份额下降到 18％。相当大的一部分已经被欧洲和其他的亚洲航空公司拥有。还有，在国内市场方面，1992 年才成立的捷特航空公司，现在已经成为第一大运营商。它以抢占国营的国内企业印度人航空公司的市场起步，但现在已经扩展到国际航线。就像美国和欧洲的暴发户一样，捷特航空公司受益于政府的管制，自由选择有利可图的航线，并通过提供优质服务和舒适设施而赢得了顾客。这正像印度航空公司 50 年前做的那样。

## 自满的征兆

自满就像质量的特性一样，你看不到事实就不知道什么是自满。这里是几个可供你识别的自满症状。

### 决策迟缓

通常你做决策的时间周期长，主张慢慢来就行。小贝尔公司就是个很好的例子。他们经过数年的时间才决定进入宽带和互联网业务。你整个公司的文化都适应缓慢行动。加快速度与公司文化的本质特征相背离。每个行动或是创意都要经过 2 到 3 次的核查。在通用汽车公司，这种症状表现得极其严重。从概念产品的形成到投放市场，其间需要 60 个月的时间。本田公司生产出新型车的时间周期为 36 个月，并借此改变了整个汽车行业，而丰田公司则紧随本田公司之后。

### 程序过于官僚化

你的决策受到专制的委员会的阻挠，就像我们通常在非政府组织和大型志愿者组织中看到的那样。委员会的每个成员都拥有否决权，他们之间的文化差异互不相容。例如，你的委员会成员分别代表了金融、营销、销售、工程、程序等等，桌前的每位成员都带有他所在团体的文化。我将会在第 8 章"领地守护：文化冲突和地盘之争"中再讨论文化差异这一要点。现在，我仅仅想说明德国人、法国人、英国人之间的文化差异还比不上工程师、销售人员、会计人员之间的文化分歧。

这是一个官僚主义的问题。打破官僚主义的围墙是领导者的责任。领导

者在位时，他需要消除其他障碍——不仅是文化，还有流程、结构、系统和
规则——这些都是"不紧不慢"的自满组织的特征。

### 自下而上、权力下放、一致认可的企业文化

你需要让所有的成员都到会，就像是著名的日本式"一致同意"的管理
风格。这种风格在过去的岁月里很时髦，但是，在当今快速变化的环境中，
它降低了效率。它会使公司很难在全球市场上进行改革。我们仍旧能在非营
利组织和大学机构里看到这种模式，比如，在这些机构里，每项"调查"都
要用一整年的时间。为什么不是用 3 个月呢？接着，一旦新的校长或是副校
长就职，他会再花费一年的时间进行"一致认可建设"。这没有什么不
好——只要世界仍旧可预测就成。

我想说的是，有三件事你绝对不能自下而上来决策：

● 确定愿景。人们总是拥有不同的愿景。你们永远也不会达成一致，你
们会争论不休。如果你是公司领导，你的工作就是决定公司将去往何方。如
果人们不来开会，随他们的便，就像菲亚特公司的新领导马尔奇奥尼所尝试
去做的那样。

● 设计信息技术系统。甚至不要抱着试试的态度进行尝试。不同的设计
方案太多了，不同的硬件和软件系统也绝对少不了。在进行合并和收购时，
最令人痛苦的噩梦就是你的信息系统与我的信息系统不相容。

● 打造品牌。如果你试图借助大家达成共识来打造品牌，你会全盘皆
输。作为领导，要由你决定你们的品牌究竟是什么。

### 成本结构繁杂

你做事方式的成本非常高。额外负担——表现为毫不负责地铺张浪

费——会削弱公司的核心竞争力。你生活在受保护的世界中，所以，你做每一件事情都极尽奢华。泛美航空公司是这方面的经典例子。公司的休息室似乎是参照国王和皇帝的休息室布置的。你追求的标准是"最高等级"。你的管理费用严重超支，但是，待在你的堡垒里，交叉补贴帮助你掩盖了这个问题。当贝尔公司系统解散的时候，其培训和教育总预算比麻省理工学院的还高5倍：1980年的数据显示，贝尔公司为10亿美元，而麻省理工学院为2亿美元。如此过分地沉迷于数量是自满文化的特征。（并不是只有自满的公司才难以控制其成本。事实上，公司"数量沉迷"是第7章要主要介绍的自我毁灭的习惯。）

### 组织结构完全纵向一体

你沉迷于自给自足。一个曾任AT&T公司消费产品部的管理人员的朋友，带我去位于印第安纳波利斯的美国西电公司的一个工厂。那里有一套巨大、精美的设备，绝对是生产线上最好的。他带我参观了高炉，并讲解该高炉过去常用于烧制公司特有的活性炭，所用的煤是从公司自己的煤矿里开采的。不仅如此，公司还拥有将煤从煤矿装车并运送到工厂的干线。所有这些都是为公司的电话机供应活性炭。这就是你所谓的自给自足。当然，我可以在市场中购买到这些活性炭，且价格要便宜40%～50%。而且，纵向一体的结构又为交叉补贴提供了大量的机会，这也使得你能够使用内部定价机制。事实证明，公司的结构越是纵向一体化，公司就越有可能变得守旧——并且成为一个自满的公司。想一下通用汽车公司，或者电话制造业的朗讯科技公司，以及思科公司（Cisco）是如何运用所谓的"虚拟一体化"———种不能控制每项职能，而仅仅是协调每项职能的系统——摆脱水深火热的竞争状况的。（可参看第7章的"从纵向一体化到虚拟一体化"部分。）

### 存在大量来自不同职能、产品、市场、顾客的交叉补贴

你的公司盛行运用平均成本、平均价格。你试图通过合计成本的形式使账本变得好看一些，但是，这些数字都是具有欺骗性的。到头来你总是从盈利部门来撇脂。同时，这也使得你自己很容易受到竞争的攻击。回忆一下小贝尔公司是怎么在全国范围内将电话置于餐馆休息室附近的。这些做法从未赚过钱。贝尔公司在飞机场、监狱、购物中心开设电话银行方面做得好一些。这里正是容易受到攻击的地方。参与竞争的公司对设在加油站的电话亭并不感兴趣，其他电话公司则会寻找高利润的市场。当然，后来，手机几乎摧毁了整个公用电话行业。自满的公司永远都无法充分认识到，明日世界不再是昨日世界。

## 如何改掉自满的习惯

如上所述，自满最容易在成立时间较早、墨守成规的公司中盛行。它也可能是一种惯常的行为方式，仅靠权宜之计很难根除。下面是几条建议。

### 再造

麦克·哈默（Mike Hammer）在《公司再造》（*Reengineering the Corporation*）一书中提出了以下建议。你已经开始认识到，由于多年的自满，你的业务流程设计糟糕、系统无效、产品周转太慢、产品质量下滑，该进行公司再造了。

为了解决公司的其他所有问题，摩托罗拉公司开发出六西格玛计划，并因此而声名大振。六西格玛是一种获得更高质量、减少浪费、控制无效性的再造过程。当公司认识到产品缺陷意味着要付出多大的成本时，CEO 鲍

勃·高尔文和工程师比尔·史密斯（Bill Smith）设计出当前著名的六西格玛计划，即将缺陷减少为每百万零部件制造中仅出现 3.4 个。这个计划以及它的 DMAIC 使用方法（定义、测量、分析、改进、控制）已经被其他的大型企业广泛使用，其中最著名的当数通用电气公司。但是，这种对质量控制的高度重视事实上来自日本公司，这些日本公司长期以来就已经是效率、即时生产和零缺陷方面的行家里手了。

## 重组

通常，组织重组的方法是以严格控制、效率性和经济性的名义进行集权。以惠普公司为例，其分权机构包括世界范围内的所有子公司，每个子公司以自己的管理结构为基础在各自特定的市场中销售惠普公司的所有产品。由于政治原因，这种模式直到最近都是合理的。但是，正如卡莉·菲奥莉娜（Carly Fiorina）所认识到的，在全球化经济环境中这种模式已经不再有意义，因此，她将拥有全球产品管理的责任纳入到公司的重组中。这就是说，如果你负责打印机的销售，你面对的是全球的打印机市场，而不仅仅是一个国家的。以这种方式重组也使人们更清楚地看到了交叉补贴，这样再掩盖这些交叉补贴就不那么容易了。

## 剥离非核心业务

通用电气公司率先使用了这种方式。正如在第 7 章中提到的，雷金纳德·琼斯（Reginald Jones）开始对公司进行业务剥离时，通用电气公司拥有数百个业务部。杰克·韦尔奇延续了该业务剥离过程，将通用电气公司业务部的数量减少到 14 个左右。他的名言是："如果你不是第一或第二，你必须调整、出售或是关停该项业务。"他甚至剥离了处于市场第一地位的消费电子事业部，因为他认识到这个事业部将不能再维持第一的地位了。

当然，多元化是几十年前流行的事情。能源公司曾着迷于此，进行了一系列多元化举措，进入到一系列非能源业务中，之后不久又被迫剥离了这些业务。我们也可以看到在前面的章节中所谈到的施乐公司如何脱离了它的核心业务，后来又删减其非核心业务。直到最近，贝萃斯食品公司（Beatrice Foods）仍然拥有一系列业务各异的公司，但这毫无意义。同样，在欧洲，从飞利浦集团、壳牌公司（Shell Group）和蒂森克虏伯集团公司（Thyssenkrupp）这样的控股公司中发现，旧有的基于家族的多元化模式也不再具有可持续性。

应对目前环境的较好方法是，回到自己的核心业务并将其推向全球市场。这将迫使你成为真正有竞争力而不是自满的公司，也将防止你利用一个盈利的业务掩饰另一个业务的弱点。

## 外包非核心职能

外包在今天颇受争论是因为很多公司都正在这么做。而这些公司这么做的原因在于它很有意义。如果是非核心业务，就签合同将它外包出去，或者是外包给印度、爱尔兰的公司，或者是距离自家公司较近的其他公司。外包仓储、销售、甚至是制造——合约制造——正在成为行业的通行做法。

这是解决以自我膨胀、懒惰和无效率为特征的自满公司问题的最好方法。事实是，我生产电脑并不意味着我必须雇用数以千计的员工充实到生产线上。我开飞机也并不是说我必须提供预订房间服务。业务流程外包（business process outsourcing，BPO）已是大势所趋，有竞争力的公司将会充分利用它。在第 7 章中你将看到，外包也是控制成本的好方法。

## 激发公司活力

为了变革公司文化，你可能需要一位强有力的、能为公司确定积极、机会导向愿景的新领导。这样做可能会起作用。戈登·贝休恩（Gordon Be-thune）使大陆航空公司焕发了活力［并为此写了一本名为《反败为胜》（*From Worst to First*）的书］。郭士纳从雷诺烟草公司辞职加入 IBM 公司之前，IBM 公司是一个庞大、傲慢的巨兽。在 3M 公司，长久的成功历史似乎正在滋生自满，直到引进通用电气公司的吉姆·麦金纳尼（Jim McInerney）后，情况才有好转。在家得宝公司（Home Depot），公司创始人伯尼·马库斯（Bernie Marcus）和亚瑟·布兰克（Arthur Blank）所创建的企业文化对来自劳氏公司（Lowe）的竞争性挑战反应太慢。鲍勃·纳代利（Bob Nardelli）却证明自己能够解决这个问题。

* * * * *

从另一方面来说，为什么要等到自我毁灭的习惯威胁到自身生存才开始改变呢？为什么直到患上肺癌才开始戒烟，或者，已经得了心脏病才改变你的饮食习惯？防止滋生自满习惯的最好措施是，往前而不是往后看，坚守这个信念：未来什么都可能发生，应该集中精力思考你能做什么，而不是你已经做了什么。

---

**自满**

**导致自满的因素：**

- 昔日的成功通过管制垄断取得。

- 过去的成功建立在分销垄断上。

- 政府的"选择"使你取得成功。

- 政府拥有或是控制企业。

---

**自满的征兆：**

- 决策迟缓：整个公司的文化都适应行动迟缓，迅速反应与公司文化的本质相背离。

- 程序过于官僚化：决策受制于委员会。

- 自下而上、权力下放、一致认可的企业文化：你需要把大家都召集到一起商议后再做出决策。

- 成本结构繁杂：你做事方式的成本非常高。

- 组织结构完全纵向一体化：你完全是自给自足。

- 存在大量来自不同职能、产品、市场、顾客的交叉补贴：公司内盛行平均成本和平均定价。

**如何改掉自满的习惯：**

- 再造：再造以改进质量、降低浪费、并控制低效率。

- 重组：设立基于产品或地域的事业部以分散利润和成本。

- 剥离非核心业务：回到自己的核心业务并推向全球市场。

- 外包非核心职能：如果不是核心活动，就签合同将之外包出去。

- 激发公司活力：为了变革公司文化，你可能需要一位强有力的、能为公司确定积极、机会导向愿景的新领导。

# 第 5 章

## 竞争力依赖

### 失职的祸根

　　当你公司的核心竞争力已经过时或者不再具有竞争力的时候，你会怎么做？当其他公司做得更好，你所有的客户都离你而去的时候，你会怎么做？如果你不知道要做什么，如果你觉得自己陷入了困境，说明你的公司已经变得依赖竞争力了。

大多数公司的成功都取决于核心竞争力，但是，当你的"竞争力依赖"限制了你的远见，并使你看不到其他机会时，它就会变成一种自我毁灭的习惯。对竞争力依赖的公司就像"井底之蛙"，总以为天空只有井口大小，但是，如果从井里出来，想法就会完全不一样了。

当你公司的核心竞争力已经过时或者不再具有竞争力的时候，你会怎么做？当其他公司（像离岸公司）做得更好，你所有的客户都离你而去的时候，你会怎么做？如果你不知道要做什么，如果你觉得自己陷入了困境，说明你的公司已经变得依赖竞争力了。

当你公司正在经营某一核心业务时，就需要特别留意这种自我毁灭的习惯。当公司排名行业第一时，很难改变这种习惯。你的竞争力深深植根于公司文化中。它表明你公司是做什么的，你公司倡导什么，你公司的标识象征着什么。通用汽车公司的标识是 Chevy。可口可乐公司的标识是 Coke。这是难以改变的，即便你的品牌产品的市场开始萎缩时也是如此。数字设备公司代表的就是小型电脑——直到该公司因过分集中于核心业务而招致祸患并倒闭。

当你依赖于竞争力时，你的优势就会变成劣势——就像阿拉丁的神灯或是大力士参孙的头发。突然之间你似乎无所适从。我们来看看两个公司的例子。

### 胜家缝纫机公司

如果你是婴儿潮时代出生的，你母亲很可能曾经拥有一台缝纫机，而你或你的配偶则很可能不曾拥有。如果你是在比婴儿潮时代晚一代或更晚的时候出生，你可能根本就没见过缝纫机。

150 年前，I. M. 胜家（I. M. Singer）开始在波士顿销售他的缝纫机，在当年看来，这是一个非常不错的主意。事实上，到 1913 年，在这个好主意的引导下，他已经卖出了 300 万台缝纫机。胜家甚至创造性地提出了分期付款计划，以便农村那些最需要缝纫机的穷苦人也能买得起他的缝纫机。但是，到 1970 年，谁还知道怎样使用缝纫机？而且，更关键的是，既然到处都可找到卖衣服的折扣店，那为什么还要操心费力地学习缝纫技术呢？至少，在美国，缝纫机市场已经消失了。

实际上，胜家公司曾试图彻底进行自我改造。1975 年，约瑟夫·弗莱文（Joseph Flavin）离开施乐公司来到胜家公司，他看到了胜家公司在尖端技术市场上的未来。10 年后，公司的缝纫机事业部被剥离出去成立了胜家缝纫机公司（Singer Sewing Machines Company），原胜家公司成为了航空与航天电子产品制造商。

1989 年，胜家缝纫机公司——当时，公司雇用了 24 000 名员工，分布在意大利、中国台湾和巴西的缝纫机工厂里——被上海出生的企业家丁谓（James Ting）的善美远东公司（Semi-Tech Microelectronics）收购。为了利用胜家缝纫机公司的品牌效应，丁谓将公司命名为胜家公司（Singer N. V），并将新公司迁到荷兰的安的列斯群岛，在那里，他开始组建家用电器联合企业。丁谓进行的扩张有些过分，又赶上了 20 世纪 90 年代后期的亚洲金融风暴。1997 年，公司亏损 2.38 亿美元，1998 年又亏损了 2.08 亿美元。1999 年公司申请破产。申请破产之时，公司拥有 0.25 亿美元现金和 12.5 亿美元负债。伟大的美国缝纫机公司终于寿终正寝。

那么原胜家公司在 1986 年剥离出缝纫机业务之后的命运如何呢？它经营得也不怎么好。1987 年约瑟夫·弗莱文意外过世之后几个月，原胜家公司被总部设在佛罗里达的一家公司恶意收购，该公司领导人是保罗·比尔扎利朗（Paul Bilzerian）。弗莱文或许已经看到了公司的未来命运，而比尔扎利朗显然只看到了钱。他将公司更名为 Bicoastal 集团，并很快出售了公司12 个事业部中的 8 个，此举引起了一系列的员工诉讼和其他诉讼风波。1988 年 6 月，法院判定他犯有 9 种罪行，其中包括证券欺诈罪，被判 4 年监禁，并罚款 150 万美元。1989 年，Bicoastal 集团申请破产。

### 不列颠百科全书出版公司

如果你觉得向今天的顾客推销一台胜家缝纫机是件困难的事情，那么，销售 32 卷、共 150 磅的百科全书又如何呢？

1768—1771 年间，世界上最早的百科全书在苏格兰问世，首印成 3 册。本杰明·富兰克林（Benjamin Franklin）和约翰·洛克（John Locke）都是其早期的出资人。一个世纪之后第 9 版发行时，托马斯·赫胥黎（Thomas Huxley）和詹姆斯·克拉克·麦克斯韦（Jame Clerk Maxwell）在书中新增了他们的专业知识。又过了一个世纪，不列颠百科全书的内容仍旧丰富多彩，但其形式却面临着严重的挑战。

在向数字化时代迈进的道路上发生了一件趣事。20 世纪 70 年代中期，不列颠百科全书出版公司（Encyclopaedia Britannica）收购了其竞争对手康普顿百科全书出版公司（Compton's Encyclopedia）。1989 年，康普顿百科全书出版公司的事业部在行业内首先出版了《康普顿多媒体百科全书》（*Compton's Multimedia Encyclopedia*）光盘。但是，由于光盘市场才刚起步，再加上缺乏远见，1993 年，不列颠百科全书出版公司将康普顿百科全书出版公司的新媒体事业部卖给了芝加哥的论坛报业公司（Tribune Company）。更糟糕的是，在一个非竞争性的协商中，不列颠百科全书出版公司还同意在随后两年内不会推出自己的多媒体形式百科全书。这个公司仍旧在纸版书上下赌注——尽管这是一个注定会输的赌注。

先说说一个正在消失的市场吧！1991 年，不列颠百科全书在全球销售了 400 000 套；到 90 年代末，销售量降至 25 000 套；1998 年，随着不列颠百科全书出版公司的最后 70 个上门销售人员被遣散，其出版纸版书的时代结束了。

翌年，不列颠百科全书出版公司开始疯狂地追赶竞争对手，成立了不列颠百科全书网络公司（Britannica. com），并在其网站上免费提供在线百科全书，希望能通过站内广告来赢得经济收入。但是，由于广告并没带来收入，维护成本又不断增加，2001 年这一计划中途夭折。接下来的新计划是，向进入网站的读者收取费用。与此同时，现金匮乏的不列颠百科全书出版公司正在为梅里亚姆-韦伯斯特词典（Miriam-Webster）品牌寻求买主，而它已经营该词典达 40 年之久了。

当不列颠百科全书出版公司关闭元气大伤的不列颠百科全书网站公司的时候，也就意味着不列颠百科全书出版公司宣告退出多媒体市场并回头重操旧业，出版纸版百科全书。2002 年，不列颠百科全书出版公司出版了 2 000 页的精装版的《不列颠简明百科全书》（*Britannica Concise Encyclopaedie*），这显然佐证了竞争力依赖的存在。

\* \* \* \* \*

通常，公司的竞争力来自其核心职能领域，来自这些职能在驱动公司发展上所发挥的作用。这种职能，在高科技公司可能是再造，在酒店行业可能是运营，在雅芳公司可能是销售，而在耐克公司可能是营销。如在前一章节中所介绍的，职能领域之间的文化差异非常大，事实上也是无法弥合的，因而，一种职能在公司内占据主导地位不足为奇。

关键在于，有了这一占主导地位的职能，就有产生竞争力依赖的可能。如果一个公司各职能领域得到了更好的整合并能进行更有效的合作，其愿景自然也会更开阔，选择的空间也会更广。销售队伍将能够和研发部门就新产品线萎缩问题进行沟通。双方也可以讨论备选方案，重新规划新的战略。但是，当不同的职能文化之间发生冲突时，胜出的任一职能都会促使公司形成偏见。占主导地位的职能将不顾后果地驱动着公司往前走——即使前方是一条不归路。

让我们看看几个不同的情境（研发、设计、销售和服务），并分析职能偏见是如何导致竞争力依赖的。

## 研发依赖

制药业不仅是一个以研发为其核心竞争力的行业的生动事例，而且，在美国，也是一个整个行业因为竞争力依赖而招致危险的例子。其原因是美国医药研发的成本高，而印度和中国的新兴制药企业开展同样研发的成本却越来越低。印度的研究显示，美国研发出一种显著有效的药物的成本接近 9 亿美元，而印度制药企业研发出同样药物的成本大概只有 0.2 亿美元左右。印度已经成为世界上最大的仿制药生产国之一。当你的健康维护组织（HMO）给你开的药方里有仿制药时，你多半会在包装上看到印度生产商的商标。

此外，如果你是搞研发的，并且你为了搞研发而放弃了其他基本职能，如营销或销售等，那你实际上可能冒着开发出来的新产品没有市场的危险。再看看制药行业，在《创新的困境》（*The Innovator's Dilemma*）一书中，克莱顿·克里斯坦森（Chayton Christensen）介绍了礼来公司及其开发"百分百"纯胰岛素的故事。多亏了礼来公司几十年来的不懈努力，胰岛素的纯度已经从 1925 年的 50 000 ppm（百万分率的杂质含量）提升到 1980 年的 10 ppm。但是，即使有了如此显著的提高，从动物身上提取的胰岛素与人体的胰岛素还是有微量差异，这意味着部分患者的免疫系统会形成对这种胰岛素的抗体。礼来公司在研发上（与基因技术公司合作）耗资 10 亿美元来攻克这一难题，造出了转基因细菌，这种细菌能制造出与人类胰岛素蛋白质结构相同的胰岛素蛋白质，从而保证了百分之百的纯度。

就技术而言，这个项目取得了成功，礼来公司以比从动物身上提取的胰岛素价格高出 25％的价格推出了优泌林胰岛素（Humulin-brand）。但由于该胰岛素的价格奇高，便出现了无人问津的问题。就像礼来公司的一位研发人员告诉克里斯坦森的那样："回过头来看看，市场对猪胰岛素的不满并没有多么严重。事实上，消费者还是相当乐意服用它的。"纯胰岛素的开发是研发的胜利，但却没有实际用途。就如克里斯坦森所说的那样："礼来公司高估了市场对产品纯度的要求，白白为之浪费了大量的资金和企业员工的精力。"

那些依靠研发而生存的公司，也会因研发而倒闭。当其他公司通过研发推出的新产品将你挤出市场时，你会如何反应？一种反应可能是表现出另一种自我摧毁的习惯——自欺欺人——假装什么都没发生。或者，如果你拥有优秀的研究人员和雄厚的资金，你的反应可能是回到实验室开发下一代产品。如果你完全沉浸在一种研发文化中，那最困难的事情莫过于改掉你的竞争力依赖习惯了。让我们看看竞争力依赖在人造甜味剂行业的表现情况。

## 糖罐中的风波

1957 年本杰明·艾森豪塔特（Benjamin Eisenstadt）和他的儿子马文（Marvin Eisenstadt）开发出了思味特甜蜜素（Sweet' N Low），从此就一直通过其家族企业 Cumberland Packing Corp. 进行销售。虽然没有人会混淆用糖精做成的甜蜜素和真正的糖的味道，但思味特甜蜜素却是当地唯一一种低热量的代糖产品。20 年后，一项在实验室对老鼠进行的研究结果显示，糖精和膀胱癌之间可能有关联，这一结果差一点让政府取缔了思味特甜蜜素的生产。美国食品药品管理局（FDA）决定在粉红色小包装上印上警告标示。然而，由于不存在直接的竞争对手，甜蜜素业务照旧生意兴隆。

如此一枝独秀的整个形势随着 1981 年阿斯巴甜（aspartame）的出现而改变了。先简要回顾一下。阿斯巴甜实际上是西尔斯公司（G. D. Searle & Company）的一名研究人员在 1965 年发现的，但是阿斯巴甜也因管制遇到了不顺。里根总统新任命的一名美国食品药品管理局专员批准了该产品用做餐桌上的甜蜜素和食品添加剂。也是在 1981 这一年，西尔斯公司将阿斯巴甜的化学分子式卖给了孟山都公司（Monsanto）。孟山都公司将纽特威（NutraSweet）品牌推向市场。几年之后，当美国食品药品管理局批准在软饮料里添加阿斯巴甜时，糖精作为低热量甜蜜素的优势渐渐消失了。

最初，可口可乐公司和百事公司开始在其减肥饮料中加入糖精和阿斯巴甜的混合添加剂，以增加饮料的甜度。但是 1984 年，百事公司率先开始使用成分全是阿斯巴甜的调味剂。据百事公司的研究发现，虽然阿斯巴甜价格更高一些，但是顾客却抑制不住地偏爱它。另外，减肥型百事可乐还可以不加警告标示，并宣扬自己"不含糖精"。可口可乐公司很快也如法炮制。同时，纽特威公司的怡口甜蜜素（Equal）也动摇了思味特甜蜜素作为餐桌上排名第一的甜味剂的地位。

到 1992 年，从销售额上看来，怡口甜蜜素已经拥有 54％的市场，而 10 年前这一市场完全被思味特甜蜜素独占。这一年纽特威专利到期了。突然之间，纽特威的价格——每份的价格都超过了思味特甜味素价格的 2～3

倍——成了问题。为了削减成本，纽特威公司裁员 15%。同时，为留住关键顾客，纽特威公司与百事公司和可口可公司签订了降低该产品价格的新协议。

更为有趣的是，纽特威公司和思味特公司迅速开始自毁前程，明显表现出竞争力依赖。思味特公司以主要成分为阿斯巴甜、价格大概只有纽特威怡口甜蜜素价格一半的纳特苔甜蜜素（NatraTaste）与纽特威公司的怡口甜蜜素展开角逐。纽特威公司也不甘示弱，立刻大批量生产低价的思味美（SweetMate）阿斯巴甜甜蜜素，希望能吸引思味特公司的忠实顾客中对价格比较敏感的那部分人。纽特威公司的一位管理人员告诉《华尔街日报》，思味美"给人的口感与思味特甜蜜素的味道差别非常大，但是我们去掉了糖精和警告标示"。问题是，凭什么食用思味特甜蜜素的顾客不放弃思味特甜蜜素转而去享用纳特苔甜蜜素？还有，凭什么食用怡口甜蜜素的顾客不背弃怡口甜蜜素而去使用思味美甜蜜素？产业分析家给出的答案是，顾客可能会这样做。一位市场咨询人员告诉《华尔街日报》："他们唯一做的就是将原来的产品换了多种包装。"

尽管如此，整个 90 年代这两个品牌还是垄断了甜蜜素市场。财源丰富的纽特威（仍旧是孟山都公司的一个事业部）继续打压低端市场的思味特甜蜜素。纽特威公司聘请一系列的名人做代言人——谢尔（Cher）、劳伦·赫顿（Lauren Hutton）、托尼·班尼特（Tony Bennett）、吉米·李·柯蒂斯（Jamie Lee Curtis）——人们可以经常在广告中看到这些名人挑选蓝色而不是粉红包装袋的镜头。但是，即使是对公司主席马文·艾森豪塔特的欺诈罪指控——控告他试图说服国会继续坚持反对禁用糖精的立场，也没能为顽强的思味特甜蜜素敲响丧钟。接着，在阿斯巴甜投放市场 20 年后，整个行业又一次发生了戏剧性的变化。

2000 年 9 月，一种新品牌的斯普兰达甜蜜素（Splenda）强势进入市场，这是一种无热量代糖产品，由总部在伦敦的泰莱公司（Tate & Lyle）研发生产，强生公司（Johnson & Johnson）旗下的麦克尼尔营养品分公司（McNeil Nutritionals）负责其分销。两年半之后，斯普兰达就拥有了 33% 的市场份额，飙升至行业第一。又用了不到一年的时间，斯普兰达食用甜蜜素的市场份额已经达到 48%，使得昔日的甜蜜素市场领导品牌怡口甜蜜素的销售状况急转直下。事实上，怡口甜蜜素的落败非常具有戏剧性，这一突然转变迫使 2000 年从孟山都公司收购怡口甜蜜素的 Merisant 公司从莎莉公司（Sara Lee）外聘了保罗·布劳克（Paul Block），以图使公司重振雄风。

与此同时，用三氯蔗糖做原料制成的斯普兰达似乎是一路畅行。泰来公司的研发团队又研发出一种甜蜜素，其保存期是阿斯巴甜的 2 倍，但与阿斯巴甜不同的是，它不会对心脏有害，可以在烘焙中任意使用。不管消费者是否被"来自于糖，尝起来自然就很甜"的广告所迷惑，正是在全国上下被流行性肥胖症困扰之时，消费者选择了斯普兰达。这并没有造成伤害，亚瑟·艾格次顿博士（Dr. Arthur Agatson）对斯普兰达的赞同更助长了这一风潮，他的《南方海滨食谱》（*South Beach Diet*）一书销量已上百万册。黄色包装的斯普兰达不仅在销量上远高于蓝色包装的怡口和粉色包装的思味特，包括三氯蔗糖在内的新上市产品的数量也是一路攀升。比如，2003 年新产品还只有约 600 种，到了 2004 年这一数量就翻了一番。事实上，直至 2004 年底，斯普兰达面临的唯一问题是，仅靠一个工厂的生产能力满足不了不断增长的市场需求。

过去那些有影响力的商家受到的冲击有多严重呢？在 2003～2004 年间，随着斯普兰达的市场份额从 37% 升至 48%，怡口的市场份额则从 24% 下降到 19%，思味特也从 18% 下降到 15%。这一趋势还在继续。2005 年，斯普兰达的零售额远超怡口和思味特的总和。

作为对前面所提到的研发依赖的响应，纽特威公司（将阿斯巴甜出售给 Merisant 公司和其他公司）做出的是第一种反应：开发第二代产品。公司重新回到实验室，目前正在推出一种名叫纽甜（Neotame）的新产品，并声称该新产品将比所有同类产品更甜，但价格大概只有三氯蔗糖的一半。显然，思味特公司做出的是第二种反应：自欺欺人。思味特公司置其在不断变化的市场中日益衰减的市场份额于不顾，将世界各地餐桌上粉红色的小糖袋加总后宣称，它仍是市场第一，并投入了大量资金进行广告宣传，将其仍是市场第一的信息传递给那些可能对此并不关心的消费者。

## 设计依赖

设计是可用来界定企业文化的另一核心职能。这让人立刻想到了服装。毕竟，服装的成败在于设计，特别是在高端市场。服装的加工是微不足道的。口碑和"声誉"的影响力决定销量。所以说，这是极佳的竞争力依赖案例。当设计师们设计的款式不再炙手可热、名声不再响亮时，他们该怎么办呢？唐美·希绯格（Tommy Hilfiger）昨天在哪里？他明天又会去什么地方？我不是在为他担心。他也许会在地中海的游艇上。但是，当你的竞争力必须适应潮流趋势时，这种竞争力依赖实际上就成了一种自我毁灭的习惯。

在很多其他行业中，顾客也并非是基于哪种产品的做工更好（制造）或更先进（技术）做出抉择的，而是取决于产品形式和功能的结合，即"好的设计"。汽车行业显然是一个例子，底特律在这个领域的"竞争力"——它相信方形轿车永远是汽车的最佳设计——是美国汽车制造商丢失市场份额的一个重要因素。

不过，另一个有趣的例子是玩具行业，我们来看看该行业来自北欧的一个故事。

## 乐高公司

木匠奥尔·科克·克里斯蒂安森（Ole Kirk Christiansen）于 1932 年在丹麦的毕朗得（Billund）创立了著名的"拼装玩具"公司，并以雕刻木头玩具起家。两年后，克里斯蒂安森在公司内部举办了一场征集公司名称的活动，最后乐高（Lego）（丹麦语"leg"和"godt"的结合，意思是"玩得好"）胜出。第二次世界大战之后，塑料开始取代木材，而此时乐高的"自动拼插块"玩具在市场上的销售势头正旺。但是，直到 20 世纪 50 年代末，乐高公司才向市场投放了其第一套玩具，首次运用了"立柱和管道"的组合式拼接块，该产品销量骤增，并使乐高公司成为欧洲最受欢迎的玩具公司之一。1961 年，乐高公司通过与新秀丽箱包公司（Samsonite Luggage）达成独家许可协议而打入美国市场。12 年后，由于新秀丽箱包公司拒绝更新许可协议，乐高公司在康涅狄格州建立了生产和销售工厂，其在美国的业务蒸蒸日上。乐高公司似乎真的找到了积木玩具赚钱的门道。它是世界上毛利最高的生意之一，提供了无人能模仿的独特产品。1999 年，《财富》杂志称乐高公司为"世纪玩具"。

90 年代形势开始走低。例如，1994 年，销售量出现了 20 年里的首次下滑。乐高公司将此归咎于圣诞节销售旺季时涌入市场的大量仿制品。（乐高积木的专利在 80 年代初就已到期，但乐高公司复杂精妙的设计一如既往地击退了模仿者。）尽管当时的商业媒体指出，乐高公司极其忠诚的雇员并未受到销量下降的影响，公司仅仅是减少了劳动时间，而没有减少工作岗位，并且保留了全部的员工福利待遇。

　　1996 年，随着商业运转回归正常，乐高公司在伦敦郊区建了第二家乐高主题公园，并且宣布将以三年一家的速度在全球再开设 14 家主题公园的雄伟计划。但是 1998 年，乐高公司报告了自 20 世纪 30 年代大萧条以来的第一次亏损。"忠诚"的员工被裁掉了 10％（从 10 000 人降到 9 000 人），并计划在世界范围内进行运营调整。亏损原因被部分归结为玩具行业从拼袋玩具向电脑和电视游戏的全面转变，但是一位发言人告诉《华尔街日报》，公司也有责任，"我们在成本管理上做得并不好，不理性地任由事情发展，冗余性工作太多"。乐高公司期望能通过重组节约 1.5 亿美元，并让公司在 1990 年重新开始盈利。

　　值得一提的是，公司在 1998 年的不良表现也直接导致公司创始人的孙子克依尔德・柯克・克里斯蒂安森（Kjeld Kirt Kristiansen）让位于扭转乾坤的高手保尔・普劳曼（Poul Plougmann），他是曾经领导公司的第一位非家族成员。普劳曼承诺将会使公司的销售额每年增长 10％，他也确实通过带领公司进入电子产品相关行业和烧钱的特许经营领域而大大提升了销售额。但利润却没见长，2000 年公司报告亏损了 1.05 亿美元。分析家纷纷猜测公司是否在新领导的带领下迷失了方向。

　　2002 年，乐高公司遭遇了前所未有的亏损，没等到年底普劳曼就被解聘了。他启动的项目（如促销《哈里・波特》及《星球大战》的延伸产品）都失败了。克里斯蒂安森重返公司领导位置。正如他对麻省理工学院的乐高研习所的一个团队所说的："我们涉足的行业太多，（制造了）太多差异化产品，却没有真正了解这些产品，或是没弄明白我们的品牌代表着什么。现在是回归根本并重显乐高品牌光彩的时候了。"

　　但是事情并没有朝预期的方向发展。2003 年乐高公司继续亏损，亏损额达 1.7 亿美元之多。克里斯蒂安森预计 2004 年亏损失会更严重，于是在

2003 年底辞职了，并任命了老资格的副总裁乔丹·维格·纳得斯托普（Jor-
gen Vig Knudstorp）接管公司。乐高公司出售乐高主题公园（现在在丹麦、
德国、英国和圣地亚哥共有 4 家）以偿还债务。在电子玩具制造商与日俱增
的压力下，乐高公司于 2006 年关闭了瑞士的一个工厂，更为明显的是，创
业初期在毕朗得创立的加工厂也大量削减了工作岗位。

对我来说，这是一个优秀公司的悲凉故事——也是一个竞争力依赖的典
型例子。公司创始人的喜好和技能塑造了公司文化，公司创始人凭借其喜好
和技能设计了早期的积木玩具，并且该种积木玩具的设计一直是公司的唯一
专长。20 世纪八九十年代，所有的一切都改变了——包括儿童休闲时娱乐
方式的巨大变化，但是，乐高公司却没有随之改变。

## 销售依赖

当然，每个公司都需要销售，但是并非每一个公司都会将销售方式或技
能发展成为自己的核心竞争力。一些紧跟时尚潮流的产品必须"推销自己"。
而很多其他的产品（如汽车）都只是生活必需品而已。尽管一家公司的销售
力度可能会高出另一家公司，但销售职能却并不太可能成为公司文化的核心
要素。

但还是有些特殊的销售导向的公司，即所谓的"直销公司"——销售人
员是公司的主要资产。这些公司——销售真空吸尘器、百科全书、人寿保
险，以及诸如此类的其他产品——使得"销售人员"成为美国商业社会的一
种典型形象，甚至出现了"除非有人实现了销售，否则一切都不会发生"的
说法。美国战后繁荣期，中产阶级不断扩大，直销在此期间也空前繁荣，消
费者买了很多过去从未买过的东西。但那也是美国难得的一段纯真且充满希

望的岁月——邻里关系不再紧张，大家敞开心扉彼此沟通，偶尔也坐在家门口听听热情洋溢的吹鼓手的推销表演。

这种公司在今天还能存活吗？我们已经知道了不列颠百科全书出版公司的故事，但还是让我们看看另一个公司的事例，该公司的销售方式显然已成为其核心竞争力。

## 雅芳公司

雅芳公司的第一位"直销员"是其创始人大卫·麦可尼（David McConnell），是以挨门挨户推销书本起家的。他以赠送小瓶香水的方式讨好纽约的家庭主妇们，借机跟她们聊天和推销，最终他认识到香水比书本更受欢迎。于是他在 1886 年创建了加州香芬公司（California Perfume Company），他基于对"女人更倾向于从其他女人处购买香水"的深刻认识，着手雇用了一个销售团队。1939 年，麦可尼去英国旅行，深深被位于雅芳河畔的斯特拉福镇（Stratford-on-Avon）的美景所吸引，他归来后遂决定以这条著名的河流重新为公司命名。

第二次世界大战以后，许多曾代替她们的士兵丈夫参加工作的家庭主妇已经不再满足于做晚餐和洗衣服等家务活了，她们想要继续工作，赚取一些额外收入。对数以千计的这些主妇来说，雅芳公司提供了一个实现其愿望的途径。也正是这些妇女挨家挨户地售卖雅芳产品，才使得雅芳公司成为世界上最大的化妆品公司。

但是，如果说是妇女的解放使得雅芳公司一跃而起的话，那么也同样是它导致公司走向衰退。到了 20 世纪 70 年代中期，成为"雅芳小姐"已不再有吸引力，年轻的女孩们开始上大学，追求"真正的"事业，越来越多的主妇也开始返回学校。而且，随着中年妇女形象的改变，雅芳公司产品的目标市场也开始萎缩。结果，在之后的 10 年里，雅芳公司的核心业务——上门推销化妆品——持续下滑，股价也一路下跌，从 20 世纪 70 年代早期 140 美元的高价迅速跌落至 1985 年的 20 美元。

不过，如果你在 1985 年以每股 20 美元的价格购入雅芳公司的股票，那就太聪明了。即便当时的雅芳公司意识到了它在美国的销售市场不可能再恢复，但其他国家的妇女可能在人口统计学意义上有着与五六十年代的美国妇女一样的特点。换句话说，雅芳公司可以在海外继续它的销售方式。但这并不意味着公司已经走出泥沼。1988 年，公司在裁减了近 200 名员工后仍旧亏损 4 亿美元。整个 20 世纪 90 年代早期，雅芳公司在美国的销量持续下降，但是稳定增长的国际市场却让公司在 1993 年重新开始盈利。

让我们仔细看看雅芳公司在拉丁美洲的业务开展，墨西哥和中美洲事业部的负责人费尔南多·莱扎马（Fernando Lezama）认为，公司"上门推销的策略非常适合"拉丁美洲。莱扎马指出，首先，墨西哥的家庭规模平均在 5.2 人/户，是美国的 2 倍，所以总会有人在家开门。同时，墨西哥的偏远城镇和乡村几乎没有其他零售商，雅芳公司的促销常常是那里的人们唯一能听到的叫卖声——这也可以解释为什么雅芳公司不仅仅在化妆品方面有好业绩，在服装和其他家庭用品方面也做得不错。再者，就像 40 年以前的美国，雅芳公司在这里还象征着妇女们特别是偏僻地区的妇女们为数不多的就业机会。

1995 年，墨西哥比索贬值了 50％，雅芳公司已准备好承受销量的下降。但恰恰相反，货币贬值导致男性劳动力的裁员，反而使更多的妇女加入了雅芳的销售队伍，使得单位销量增长了 10％。"这是补偿购买力下降所带来的损失的一种方法，"莱扎马解释道，"购买需求下降了，所以我们增加销售力量，与更多的顾客接触。"10 年前，雅芳公司在拉丁美洲的销售总量已经达到 12 亿美元，其同期全球销量为 40 亿美元。

5 年之后，雅芳公司全球收入已经攀升至 60 亿美元，有此销售业绩至少可以部分归功于钟彬娴（Andrea Jung）升任 CEO（最后成为主席），这是该公司 115 年的历史上第一次将一位女性提升到公司的最高职位。尽管雅芳公司在海外市场上凭借传统的直销方式不断获得成功，钟彬娴还是清楚地看到竞争力依赖的潜在危险。她的应对战略是强化公司的其他职能。在营销方面，她一改公司沿用多年的口号"叮咚……我是雅芳!"，而代之以听起来更具现代特色的"我们谈谈"的口号。在设计方面，她要求对产品的包装进行全面检查，以使产品具有更高端的兰蔻（Lancome）和雅诗兰黛（Estée Lauder）般的品牌形象。在研发上，她要求在两年内研发出"突破性的"新产品，实验室也确实发明了一种"雅芳新活再生霜"，并一举获得巨大的成功。分析家将销售收入从 1.5％提高到 6％的成绩归功于她的这些举措。

尽管如此，海外市场仍旧是雅芳公司销售额保持高增长的引擎，钟彬娴也完全认识到了这一点。2005 年，公司产品已销往 143 个国家，包括哈萨克斯坦和越南。在匈牙利、波兰、俄罗斯、斯洛伐克，雅芳公司已取得市场的领导地位。海外市场的销售额每年增长 15％，目前约占到雅芳公司全球销售额 70 亿美元中的 2/3。最令人期待的是，中国依然是一个非常具有潜力的市场。

由于担心金字塔式的传销和其他形式的不当销售，北京在 1998 年禁止了上门推销。雅芳公司在中国的行动也被限定在美容零售店和百货商场的销售柜台。虽然如此，销量仍从 2003 年的 1.57 亿美元上升到 2004 年的 2.20 亿美元。但是在雅芳公司看来，无论是在盈利还是帮助争夺市场份额上，零售都不如已在其他发展中国家被证明是行之有效的直销模式——在那些发展中国家，由雅芳小姐组成的销售队伍走遍了偏远的乡村，将雅芳产品销售到其他品牌无法到达的地方。

2005 年 4 月，公司获知：禁令正"试行"取消，雅芳公司可在北京、天津和广东开展直销活动。"我们已经整装待发。"钟彬娴这样告诉投资商。

## 服务依赖

最后一次有人在加油站给你检查油量、装满油箱是什么时候？可能正是在你家附近最后一家私人加油站关门之前。我们过去通常印象中的服务行业正在发生有趣的变化，加油站不再有工作人员。事实上，很难找到不带现代修饰前缀"自助"的单词了。让我们看看下面的例子。

### 旅行社

旅行社直到最近都还属于传统服务行业的范畴。预定旅行是任何人都可以独自完成的事情——"我想去拿骚，我确信如果我预定商务舱，肯定能找到一份可选择的旅馆清单……"。但是何必为这种事情烦恼呢？这正是旅行社做的事情。而且，旅行社并不只是提供帮助和热情服务，因为他们是收了委托费的，所以应该免费给顾客提供服务。

而现在旅行社的服务如果不是弱化了，也至少不如过去那样有吸引力。当然，这是由于互联网造成的。有了 Expedia 和 Travelocity 这样的在线旅行服务公司，那些已经习惯网上购物和付款的顾客很可能也会在网上安排自己的旅游计划。这一市场成长极为迅速。2004 年，在线旅行行业的收入已经高达 540 亿美元——占到预订行业总收入的 1/4。其中 240 亿美元流入了从事旅行代理的网站手中，而不是航空公司和旅馆的网站。到 2009 年，在线代理的收入有望再增长 50%。

再者，传统旅行社的服务——电话预订——已不再免费。自从航空公司不再给旅行社支付佣金，旅行社通常事先都会收取不超过 25 美元的服务费。"这个市场正在发生惊人变化，"美国旅行代理商协会（Society of Travel Agents）的副主席威廉·马洛尼（William Maloney）告诉《纽约时报》，"在很长一段时间内旅行社在两件事情上拥有垄断权。一是信息，他们可以连到航空公司的电脑上。二是票据，如果你想要票，你只能找旅行社要。"但这些垄断现在已经不复存在。无疑，马洛尼补充道，旅行代理商协会的成员在持续减少，3 年来已经减少了 25%。

私人旅行社似乎有两个选择。一是退出，关门大吉。许多旅行社都做了这样的选择。行业分析家预测，市场重新调整后，旅行社的数量会从 20 世纪 90 年代中期的 32 000 家减少到 15 000 家。

另一个选择是提供更多的特色服务，尽管这听起来非常矛盾。第一步最好是改名称，把"旅行社"改为"假期计划顾问"。关键在于你得让顾客知道你能提供互联网上没有的东西。

越来越多的旅行社提供全套上门服务以适应顾客的时间表。事实上，现在很多旅行社提供家庭呼叫服务。其中一家的负责人，大卫·斯洛尔（David Thrower）告诉《波士顿环球报》，他向顾客提供的是"24 小时服务"，为了顾客的利益，不再坚持朝九晚五的上下班时间。如果有必要，他很高兴去顾客家里见他们，甚至可以赶去机场给他们送旅行票据。"我几乎会去任何地方帮助顾客"，斯洛尔如是说。另一位代理商则告诉《波士顿环球报》，该行业更为普遍的另一种形态是，"既是订单代理又是提供个人服务的旅行专家"。

这是个竞争力依赖的复杂例子。对那些服务需求正在下降的旧式旅行社来说，生存之道是提供更多的服务。我相信利润降低的日子就要到了。

## 竞争力依赖的征兆

竞争力依赖的症状是什么？当你的强项变成弱项、忠于职守成为祸根时，要识别它就不难了。以下是一些可以寻找的迹象。

### 公司变革的行动失败

你尝试过流程再造和重组，但问题依旧存在。你聘请咨询顾问并采纳他们的建议，进行了流程重组和职能再设计，但还是没用。你投入了大量资金，但却仍处在困境中。你看不到暴风雨过后的彩虹。

### 激情不再

公司内部充斥着不安、无助和无奈的气氛。公司似乎正处于疾病晚期——就像那些患了肺癌的吸烟者所说的："现在还戒烟干什么呢?"你的员工们灰心丧气、大失所望，但是他们不知道如何才能摆脱这种沮丧状态。（当然，带领他们摆脱这种混乱状态是领导者的责任。）

### 利益相关者纷纷另攀新枝

对企业的忠诚消失了。首先离开的是投资者，他们认识到是该转向其他主顾的时候了。其次离开的是供应商，他们意识到需要去别的地方做生意。最后离开的是顾客，他们曾经对品牌非常忠诚，但是他们最终也恍然大悟了。

美国东南地区的纺织工业就是一个极佳的例子。为了解释得更具体一些，我们以令人尊敬的西点史蒂文斯公司（Westpoint Stevens）为例，该公司的总部设在佐治亚州。在过去的几十年中，这个美国第二大的床上用品和毛巾制造商发现自己的核心竞争力（纺织品制造）日益受到其他国家产品的威胁。自从 1992 年破产以来，西点史蒂文斯公司由其投资人豪康比·格林（Holcombe Green）接管。据《亚特兰大宪报》（*Atlanta Journal-Constitution*）报道，1997—2001 年之间，格林投入了大约 6 亿美元以推进公司流程再造和快速发展。他还关闭了一些工厂，解雇了几百名员工，通过重组和控制成本以求保持公司竞争力。

然而这些努力都白费了。2003 年 7 月，公司背负着 20 亿美元的债务再次破产。投资人的匆忙撤资使公司股价骤降至每股 3 美分。格林辞职后，公司董事长兼运营总监"齐普"·芬提诺特（"Chip" Fontenot）接任，但公司的问题仍旧存在。分析家告诉《亚特兰大宪法报》，西点史蒂文斯公司需要的不仅是减轻债务压力。公司最大的客户凯马特公司（Kmart）也帮不上忙，因为凯马特公司自己也已破产。而且核心问题仍旧是来自进口商品的竞争，这并不是个很快就能解决的问题。该公司的强项已经变成了其弱项。

到 2005 年 7 月，西点史蒂文斯公司已经解雇了 2 500 名员工，刚好超过其全部员工的 1/5。也是在这个时候，投资人卡尔·艾坎（Carl Icahn）以 7 亿美元收购了西点史蒂文斯公司——其中的 5 亿多美元用于偿清公司的债务。艾坎肯定可以看到西点史蒂文斯公司旗下的有些品牌仍是流行的，如 Martex，但奇怪的是艾坎仍然将现有的生产运营业务转移到海外，完全不顾及公司对地区应尽的具有历史意义的义务，只是一味地为了获利而重整公司，然后将其出售。

这可能对艾坎有益，但对西点史蒂文斯公司而言，则意味着末日的来临，对东南地区的纺织工业也是如此。

## 如何改掉竞争力依赖的习惯

在我们已经看到的一些案例中，竞争力依赖已经从自我毁灭的习惯演变成致命的病患。但是，事情不一定就无可挽回了。为了改掉竞争力依赖习惯，可以从下面的 5 种方法中选取一种进行尝试。

### 尝试新用途

尝试新用途能使原有的竞争力产生新价值，从而避开竞争力依赖的陷阱。

切迟-杜威公司（Church & Dwight Co.）改造其旗下的力槌牌（Arm & Hammer）小苏打粉的故事，或许是一个非常好的案例。1846 年，奥斯汀·切迟博士（Dr. Austin Church）创建公司的目的是生产烘焙面包用的小苏打，一百多年来，如何让面包更好地发酵也一直是公司的重要使命。但是在 19 世纪后半叶，家庭烘制面包让位于大批量生产的商业烘制面包，使得公司的高利润顾客——家庭主妇——不再需要该产品。

这意味着人们将不再需要烘烤食品配料。事实上，早在 20 世纪 20 年代，公司就已经开始探寻该产品的其他用途，特别是第二次世界大战之后这种探寻更是紧锣密鼓地展开。小苏打粉的清洁功能和泡沫丰富的特性显然非常符合洁牙的要求，因此公司对小苏打粉的下一个定位是用于牙膏生产。当佳洁士（Crest）和高露洁（Colgate）等更为现代的产品牢牢占领了牙膏市场时，小苏打粉又看到了其作为洗衣清洁剂的新前途。它甚至被人们视为"天然"（非碳酸盐）产品，不仅有利于保护环境，也深受那些厌恶传统清洁剂的消费者的喜爱。事实上，在 1986 年自由女神像落成的百年庆典准备工作中，力槌牌清洁剂被指定用于清洗自由女神的内壁，这无疑是对其清洁效果的一个绝妙宣传。

之后，公司又进一步探索小苏打粉的除臭功效。当然，聪明的消费者老早就已经知道在冰箱中放一盒开封的小苏打粉可以除臭。公司只不过将这种用途商业化了。将该产品用做除臭剂的市场空间（如冰箱、猫舍、毛毯等）应该是不小的，而且容量较大（也更加昂贵的）的包装盒现在也已成为行业标准。

最近，小苏打粉的保健功能也初见成效。公司制造了用于肾脏滤膜的医用碳酸钠，运动医学的研究报告指出，水中或果汁中加入一勺小苏打粉能增强体力。正是凭借这种不断开发新用途的方式，这个拥有160年历史的古老公司继续繁荣稳定地向前发展。

尼龙是另一种凭借多用途的开发而避免竞争力依赖的产品。当来自中国的丝制品供应中断后，杜邦公司（DuPont）的科学家们迅速开始研发人造丝。1940年，杜邦公司生产的第一双尼龙丝袜面市。几年之后，当制造部门转而生产战争物资时，生产尼龙丝袜的工厂也开始制造尼龙降落伞。第二次世界大战之后几年中，其他材料——特别是涤纶，抢占了针织品市场，但尼龙却找到了制作装饰织品的新用途。随后，尼龙又有了制作地毯、挂毯的巨大的新市场，紧接着又发现了在人造草皮上的用途，最后则是在似乎最不可能的领域——人造滑雪坡上——的用途。现在，尼龙正逐渐取代人体器官行业的金属材料——用以生产人造心脏瓣膜和人工全髋关节。

小苏打粉和尼龙都向我们展示了开发同一个产品的"新用途"的过程。但有时候，公司要想生存，还必须重新聚焦到完全不同的产品或产品系列上来开发自己的竞争力。目光长远的孟山都公司就是这样一个例子。

约翰·奎尼（John Queeny）预见到人造甜蜜素市场的不断成长，遂于

1901 年成立了孟山都化学公司以制造糖精。在糖精的使用与实验鼠的癌症之间可能存在关系这一消息还远未被曝光之前，公司就转向了纤纺织品和人造纤维领域。甚至在纺织品行业转向亚洲之前，孟山都公司就已经转向了农业化学制品，并以拉索牌（Lasso）除草剂（1969 年）和农达牌（Roundup）除草剂（1973 年）而闻名。顺便说一句，孟山都公司在 1972 年就不再生产糖精了。

公司研发能抵抗虫害而又不为农达除草剂影响的新型种子的热情，使其竞争力再次聚焦于生物基因工程，如大豆、谷物、棉花和蓖麻。虽然公众抵制转基因作物，孟山都公司却将其未来押在缓解世界饥荒的需求上。其核心竞争力——化学——在通过应用生物科技和基因技术而日渐增长的农作物领域里找到了最新用途。

### 寻找新市场

改掉竞争力依赖习惯的第二种途径是，在公司仍然将其竞争力看做优势资源时，就为该竞争力寻找新的市场。这样的市场可能在海外，特别是在一些新兴经济体，如印度、中国、东盟（Association of Southeast Asian Nations，ASEAN）、俄罗斯以及东欧。这也是雅芳公司成功推行的战略——充分利用了许多新兴经济体在人口统计学上会呈现出与美国过去所表现出的相似特点。

安利公司（Amway）也效仿了雅芳的做法，在全球市场范围内推销其雅姿（Artistry）美容化妆品和纽崔莱（Nutralite）维生素产品线。公司于 1974 年在香港开设了第一家分销店，建立了亚洲的首个据点，从此就一路进军亚洲市场。今天，公司的大部分销量来自北美外的市场，而亚洲占了海外销量的 2/3。公司在日本、韩国、泰国的表现良好，但中国才是其真正的舞台。不像雅芳，安利公司并没有受到 1998 年中国直销禁令的影响，安利公司的直销人员被允许以销售代表的身份进入中国。中国也因此成为安利公司最大的一个市场。仅在 2004 年一年，安利（中国）公司的销售额已经高达 20 亿美元，并于 2005 年在台北和高雄开设了旗舰店。

同样，随着中国、印度以及其他亚洲经济体的腾飞，一些国际猎头公司也在努力将其竞争力与这一迅猛发展的市场相匹配，尝试寻找新兴业务。例如，总部设在巴黎的爱步公司（Ecco），在 80 年代中期进入亚洲市场，在东京、新加坡、香港都设有办事处。它为亚洲客户提供了大量的临时性服务，但随着原有业务领域的扩张和新业务的出现，它在高层管理人员安置上也表现不俗。另一家大型公司是总部设在多伦多的德雷克国际公司（Drake International），该公司 1988 年进入环太平洋地区，从那以后逐步发展了盈利颇丰的猎头业务。光辉国际公司（Korn/Ferry）是世界高管研究领域的领航者，它 10 年前在印度设立第二个办事处时就宣布，公司在亚洲的运营已经有了长足的发展。虽然在 1999 年的亚洲金融危机期间业务出现了短暂的下滑，但危机过后它的生意再次腾飞。

事实上，亚洲猎头业务的繁荣吸引了大批还未能形成竞争力依赖的年轻公司。例如，1996 年在奥克兰创建的高科技猎头公司——DSS 软件公司（DSS Software）。其创建人阿图·帕瑞克豪（Atul Parikh）不仅看到了对高科技专业人员不断增长的市场需求，也看到了印度大量的人才储备，于是很快在印度开设了办事处。公司的发展非常迅猛（2000 年增长了 350％），并于 2002 年被 Diversinet 公司收购。还有印度籍企业家兰杰·麦尔卧（Ranjan Marwah）的例子，他曾在 1969 年去香港看望自己的父亲，之后就再也没回过印度的家。他在涉猎过许多商业领域后最终做起了猎头业务。1988 年，他创办了亚洲最大的经理人搜寻公司——人字猎头公司（Executive Access）。

### 向上下游延伸

摆脱竞争力羁绊的第三种途径是向价值链的上下游扩展你的竞争力
范围。

IBM 公司可能是这方面的最佳代表，它已经成功地向两个方向延伸。
当它的"大盒子业务"（big-box business）获得了极大的成功时，公司意识
到它的大盒子技术也可以用在其他领域。这种战略使其逐渐成为 IT 业最重
要的供应商，向戴尔公司、惠普公司等其他计算机厂商提供服务、芯片以及
软件。向上游的扩展主要是通过并购完成（其中有 1995 年收购的莲花公司
和 1997 年收购的 Tivoli 公司）。现在，IBM 公司的软件销量仅次于微软公
司。在产业链的"源头"，IBM 公司仍旧站在纳米技术和微处理等高科技领
域的前沿，进行技术开发，并将开发出来的技术授权给日立公司（Hita-
chi）、索尼公司及其他全球制造商使用。

同时，公司通过开拓服务业务向下游扩展，目前服务业务几乎占其销售
额的一半。向下游的延伸总的来说要归功于 1993 年的"空降领袖"罗·郭
士纳，郭士纳意识到产品售出并不是价值链利润的终结，产品的管理和维护
同样有利可图。为了把服务业务渗透到高端的管理咨询领域，IBM 公司以
35 亿美元的巨资收购了普华永道公司（PriceWaterhouseCoopers），在低端
则收购了 Daksh 电子服务公司（Daksh eServices），该公司是印度最大的外
包服务企业之一。大规模的广告——为 IBM 全球服务和电子商务解决方案
所做的高清电视宣传活动——为下游延伸营造了声势。

在多数情况下，对通用电气公司、ABB 公司、西屋电气公司、西门子
公司、朗讯科技公司、阿尔卡特公司、北方电讯公司以及其他大型制造公司
而言，采取向下延伸战略都是行之有效的选择。通用电气公司就是一个恰当

的例子。例如，通用电气公司不再生产发电机，但在现有发电厂（包括核电设施）的维修服务上却有大量的业务。按照同样的方式，著名的飞机发动机制造商，从前从发动机生产中获利，现在从发动机维护和修理中同样可以获利。

尽管公司内部众说纷纭，但通用电气公司还是成立了通用金融服务集团（GE Capital），为其旗下主要制造企业提供资金支持。在以往，要为一个发电厂或是飞机发动机制造商提供资金，需要进出口银行经手办理，但是通用电气公司最终决定进入这个能挣钱的领域。这一决策最终取得了令人吃惊的结果——通用电气公司目前已成为世界上最大的航空租赁公司。像波音公司和空中客车公司等大型制造商将飞机卖给通用公司，通用电气公司再将飞机租给航空公司。对预算受限的客户来说，这种做法比直接购买更轻松易行。例如，因为军事的预算需要经过详细的审查，五角大楼可能更愿意每年花费50亿美元租飞机，而不是一次性花费1 000亿美元购买飞机。

有意思的是，通用金融服务集团后来竟然发展成一个庞然大物，以至于在2002年，杰克·韦尔奇的继任者，杰夫·伊梅尔特（Jeff Immelt），采取了将其一分为四的举措——通用商业金融服务公司（GE Commercial Finance）、通用消费金融服务公司（GE Consumer Finance）、通用设备管理公司（GE Equipment Management）和通用保险公司（GE Insurance）。现在，单是通用商业金融公司的收入就占到了通用总业务收入的15％。

## 开发新的竞争力

改掉竞争力依赖习惯的一个更为彻底的办法是开发新的竞争力并围绕该竞争力发展自己的业务。这一战略可能会经历一个令人不安的过渡期，在此期间你需要将原有业务中的资金抽调出来充实新业务。但是，改掉自我毁灭的习惯——特别是那些长时间积累形成的习惯——从来都不是容易的事情。

以柯达公司目前的困境为例。当然，长久以来，它的核心竞争力就是生产胶卷，它至今仍是世界第一的胶卷制造商。但是，罗彻斯特实验室的工作人员很轻松地看到对该竞争力的依赖将成为公司衰败的根源。现在公司正在彻底转变成为数码照相技术的领导者。为此付出的代价将是惨重的。公司宣布将在新技术上投资 30 亿美元，其中的大部分资金将通过继续在中国、印度、东欧和拉丁美洲等新兴市场上销售传统的胶卷和相机来筹集——依靠原有的竞争优势获取利润。公司也被迫减少 70% 的股息用于筹资。

新的战略还遇到了人员方面的困难。2005 年 7 月，柯达公司宣布再次裁员 10 000 人，而一年前它已经宣布裁掉了 12 000～15 000 名员工。最初，公司的重组计划要求在 2007 年前减少 25 000 个工作岗位，但现在看来，这个预测数字似乎过于保守了。

但是，柯达公司几乎没有选择的余地。它必须发展这一新竞争力。柯达公司已经与英特尔公司和奥多比公司（Adobe Systems）签署了协议，允许顾客在私人电脑上编辑、打印和发送照片。与惠普公司一起组建的合资公司将为数码照片生产洗印加工设备。同美国及欧洲手机公司达成的协议将使柯达公司进入可视电话市场。另一系列的合作和并购也已经让柯达公司涉足医学成像领域，并看到了生机勃勃的未来。柯达公司现在正经历着很多磨难，但是，像柯达公司那样因坚守自己的业务优势而如此深陷困境的公司并不多见。

与之形成鲜明对照的例子是总部设在印度的威普罗公司（Wipro Limited），该公司在竞争力依赖形成之前就着手开发新的竞争力，从而避免了柯达式的混乱。公司的创立者哈沙姆·普雷姆吉（Hasham Premji）原本在缅甸做大米磨坊的生意。1946 年他回到印度，成立了一家植物起酥油分销公司〔西印度蔬菜公司（Western Indian Vegetable Products，or Wipro）〕。因为印度不用动物脂肪或猪油，植物起酥油因而有着巨大的市场，普雷姆吉跳过中间商直接占据了该市场。他大量收购散装植物起酥油，接着重新进行小包装，贴上商标，然后直接卖给街头小贩。换句话说，他的核心竞争力是分销。

在1966年普雷姆吉因心脏病去世之前，他通过生产植物起酥油逐渐转向上游，找到了植物起酥油的其他用途，拓展到了沐浴肥皂及液压机油领域。普雷姆吉去世后，他的儿子阿齐姆（Azim）中断了其在斯坦福大学工程专业的学习，回家管理公司。他是一个熟悉电脑的工程师，并继承了分销业务，因此他将爱普生公司（Epson）的打印机引入了威普罗公司的分销渠道。1997年，当IBM公司因投资和知识产权的纠纷被迫离开印度时，普雷姆吉看到了开展电脑分销业务的机会。只是由于印度当时的经济仍旧封闭，进口税非常高，制造商更愿意让威普罗公司在印度组装电脑。他们只需卖给普雷姆吉配件，因此避免了繁重的税收。威普罗公司电脑很快就成了全国性的领军品牌。

继进军软件业之后，80年代末威普罗公司又拓展了新的业务领域——软件服务，这成为威普罗公司今天业务增长的主要来源。1989年，公司与通用公司联合成立威普罗-通用医疗系统公司（Wipro GE Medical Systems），吸引了大量来自全球各地的稳定客户，包括AT&T公司、朗讯科技公司、思科公司、日立公司和阿尔卡特公司。现在，威普罗公司75%以上的收入中来自软件服务，在这个领域中它足以与IBM公司抗衡。最近的收购进一步扩展了威普罗公司的服务领域，使之也成为了业务流程外包（BPO）的全球领袖。

威普罗公司做得很好，但是正如柯达公司的经历所显示的，开发新的竞争力是个艰难的战略。它绝不同于简单的多元化。20 世纪七八十年代，美国商业多元化的热潮已经过去，热潮过后留下的是许多伤痕累累的公司。贝萃斯公司、可口可乐公司、施乐公司、美国铝业公司（Alcoa）、西尔斯公司以及美国的三大主要电视网，全都受到了多元化的损害而不是帮助，而它们仅仅是其中很小一部分。

关键在于确认并开发一种新的核心竞争力，而不是肆无忌惮地多元化。理想的结果应该是在公司以往的成功、文化以及价值中自然形成新的竞争力。

### 重新聚焦资源

另一方面，你可能并不需要一种新的竞争力，而只将原有的竞争力和资源投入到更具成长和盈利潜力的领域。

这里，南方贝尔公司（BellSouth）提供了一个有启发性的例子。公司将手机革命推广到近乎全球的每一个角落——阿根廷、新西兰、德国、以色列、中国——最后决定将其海外力量集中到南美洲。为了实现这个战略，南方贝尔公司在从欧洲和以色列撤出的同时，也在尼加拉瓜、厄瓜多尔、秘鲁以及委内瑞拉买进主要的电信股票。最终，南方贝尔公司在拉丁美洲的 10 个国家中都有持股，但是之后它再次转移其战略重点，将其拉美集团（Latin American Group）出售给西班牙电信巨人——西班牙电信集团（Telefonica）。

新战略刚好使南方贝尔公司将自身业务重点重新聚焦到其在美国的最初九个州的业务上。这是获准在其所在地提供长话服务的第一个小贝尔公司，这样做也并无大碍。但是随着陆地线路（land lines）需求的减少，南方贝尔公司计划向它的顾客提供全波段的通信服务。它与西南贝尔公司合并组成新格拉移动电话公司（Cingular Wireless），随后又收购了 AT&T 无线公司，成为了国内排名第一的移动电话运营商。为了整合服务，方便顾客只收到一张账单，它甚至与 DIRECTV 卫星电视公司联手。同时，南方贝尔公司联合戴尔公司，共同提供配有数字用户线路（DSL）的个人电脑，并开始向它的商业顾客提供网络电话技术服务。（这背后有一个有趣的故事。在最初对手机行业进行的管制中，政府允许所谓的"A 级运营商"——除小贝尔公司以外的公司——抽签进入市场。但是，这样做的结果是许多不合格的公司获准进入，所以政府通过收取高额许可费来限制 A 级运营商的数量。相比之下，除拥有已有领域外，所有的小贝尔公司还能免费获准经营手机公司。南方贝尔公司和其他小贝尔公司起初并没有认识到这一优势——直到它们发现对手机的需求大大增加，南方贝尔公司与西南贝尔公司才开始通力合作。）

实际上，南方贝尔公司全部的收益都来自陆地线路（包括 650 万长途电话用户），并且，自从这个业务开始衰落，公司就将钱投向了无线网络。再则，这更像是一次资源重组而不是竞争力的改变。事实上，南方贝尔公司非常完美地实现了其对快速增长的电信领域的竞争力的重构和扩张，这使它吸引了大批想与之"联姻"的企业。求婚者是谁呢？除了 AT&T 公司外不可能再有别家了，尽管这会让许多行外人士迷惑不解。当然，就像第 4 章中所写到的，现如今玛贝尔公司（Ma Bell）早已不存在了。AT&T 公司实际上就是西南贝尔公司，子公司吃掉了母公司（但是保留了母公司响亮的名号）。

\* \* \* \* \*

企业很容易养成竞争力依赖的习惯。毕竟，具有竞争力——漂亮地完成事情——让你感觉很好。特别是当你置身其中时，你何止是优秀，你就是最棒的。你喜欢这种感觉。你完全迷醉其中。你就像瘾君子一样，离了烟就不会思考；或是像一个视野受限的人，使自己的视野越来越狭隘。

　　记住，外面的世界很宽广。你的公司可能在很多未涉猎的领域都有巨大的潜能。如果你的工程师接收了市场部门的一点点反馈，或是制造部门决定向下游的服务移动，谁知道会发生什么事情呢？如你所见，你公司制造的产品可能会有新用途，也可能会在全球化经济中为其找到新的市场。

　　一个清晰的、广阔的视野会为你开启无限可能，这是改掉竞争力依赖这个坏习惯的第一步。拥抱变化的那一天迟早会来临。

---

**竞争力依赖**

**导致竞争力依赖的因素：**

● 研发依赖。

● 设计依赖。

● 销售依赖。

● 服务依赖。

**竞争力依赖的征兆：**

● 公司变革的行动失败：你已经尝试过重组、再造、更新设备——但是仍不见成效。

● 激情不再：你的公司似乎陷入恐惧之中。

● 利益相关者纷纷另攀新枝：你失去了投资者、供货商、忠实的顾客。

**如何改掉竞争力依赖的习惯：**

● 尝试新用途：寻找新用途，使同样的产品创造新价值。

---

- 寻找新市场：为同一款产品开拓新市场。

- 向上下游延伸：在价值链的上游和下游扩展你的竞争力。

- 研发新的竞争力：确认并开发一种新的核心竞争力。

- 重新聚焦资源：只将原有的竞争力和资源投入到更具成长和盈利
  潜力的领域。

# 第 6 章

## 竞争近视
### 一种毫无远见的竞争观

非常狭隘地界定你所面临的竞争，只承认站在你面前、能马上向你直接提出挑战的竞争对手，如果你曾有过这样的失误，那你就患上了"竞争近视"。你缺少用来识别那些不太明显的竞争对手的远见——不论出于何种原因，这些不太明显的竞争对手给你带来的威胁，虽然当前不易被察觉，但却真实存在，并具有危险性。

非常狭隘地界定你所面临的竞争，只承认站在你面前、能马上向你直接提出挑战的竞争对手，如果你曾有过这样的失误，那你就患上了"竞争近视"。你缺少用来识别那些不太明显的竞争对手的远见——不论出于何种原因，这些不太明显的竞争对手给你带来的威胁，虽然当前不易被察觉，但却真实存在，并具有危险性。

我们很容易就能列举出一些已经养成这种自我毁灭的习惯的全球知名公司：可口可乐公司因百事公司而忧心忡忡；卡特彼勒公司（Caterpillar）警惕着小松公司（Kamatsu）；波音公司因空中客车公司而焦急不安；而庞巴迪公司（Bombardier）和恩布拉科公司（Embraco）却在策划它们的侧翼应对行动。众所周知，就在通用汽车公司、福特公司和克莱斯勒公司相互争来争去的时候，日本的汽车公司侵入并抢占了它们的市场。事实上，我们甚至在国家之间的竞争中也能看到这种问题。美国和苏联在军事和经济上的竞争长达40年。只是在苏联解体之后，我们才透过中东地区多年以来的不稳定和动荡所带来的隐隐约约的威胁看清楚，危险一直在悄无声息地积聚。

从某种程度上讲，几乎所有的公司都会表现出竞争近视。为什么这一习惯如此普遍呢？主要有四方面的原因。

## 行业的自然演变

在一些典型行业的发展初期，竞争者会如雨后春笋般地涌现。在汽车产业的起步阶段，我们就曾看到过这样一幅画面：500家公司同时涌入该产业。一个世纪后，互联网的快速发展再次呈现出类似景象：竞争者如同苍蝇一般蜂拥而至，而且，它们绝大多数也都像苍蝇一样，存活的时日不多。这就好比是一场公路赛跑。在起跑点，成千上万的参赛者基本站在同一起跑线上，此时此刻，你无法确定谁是真正的竞争对手。只是随着仍然在跑的选手的逐渐减少，你最终才会看清你在跟谁赛跑，并确定谁才是你必须超过的对手。你会关注在你旁边大踏步向前跑的家伙，或者就在你前面跑的选手。你很可能没有注意到，一个离你稍远的家伙正从你背后悄无声息地追上来，甚至连比赛的举办者都不曾注意过他。

一旦逐步发展起来的行业经历了淘汰阶段，只有少数几个有竞争实力的公司会存活下来。我的理论〔如在《三强鼎立法则》（The Rule of Three）中所阐述的〕是，一个行业通常只支持三个最主要的企业，而且，不管这一数目是3、2或者4，该理论成立的前提条件总是不变的：这些最主要的企业认为它们彼此之间才是竞争对手。它们通常会忽视那些利基企业，忽视行业的新进入者。它们甚至会忽视有可能对行业进行整合的企业，就像福特公司愚蠢地忽视通用汽车公司一样——等到福特公司醒悟时为时已晚了。换句话说，它们已经患上了竞争近视。

凡世通公司（Firestone）（美国轮胎行业的三甲之一）的故事非常典型地说明了这一行为模式。

## 凡世通公司：祸起瑕疵轮胎

美国国内轮胎行业经过淘汰之后，三个存活下来的大公司分别是固特异公司（Goodyear）、凡世通公司和百路驰公司（BF Goodrich）。它们都完全控制着原材料、生产和分销，津津有味地享受着纵向一体化带来的好处。固特异公司当时排名第一，凡世通公司屈居第二。凡世通公司在其根基尚不稳固之时就向固特异公司提出了挑战，试图争夺行业老大的位置。凡世通公司只将固特异公司作为竞争对手，断不承认百路驰公司名列第三的地位。更为重要的是——也相当典型——三家公司均未曾注意到变化的趋势源自大西洋彼岸。它们完全没有放在心上的米其林公司（Michelin）推出了子午线轮胎，在一跃成为欧洲市场的领导者后，正在寻找打入美国市场的契机。

当然，它们凭什么要留意米其林公司？它们已经牢牢地控制着分销，就如同美国的汽车行业控制着汽车的分销一样。它们不会让米其林公司进入美国市场。不会有问题的。但是，它们忽略了一个事实：西尔斯公司凭借其轮胎、电池和配件经营平台，实际上已经成为美国最大的轮胎零售商，占有大约 25％的市场份额。三巨头没能注意到这一事实的原因是，它们都已拒绝与西尔斯公司有业务往来。三巨头不希望西尔斯公司经销它们的轮胎，因为这个巨无霸零售商会在轮胎上贴上其自家的商标，这样，就成了三巨头之间彼此竞争厮杀了。西尔斯公司有自己专门的供应商，轮胎的销售量很大。

尽管西尔斯公司没有子午线轮胎，但它却很乐意同法国的生产商米其林公司进行商谈。商谈是富有成效的。由于米其林牌产品没有在美国市场上销售过，而西尔斯牌产品也尚未在欧洲市场上推出，因此，无论西尔斯公司如何贴其商标，在米其林公司看来都不会有什么问题。事实上，这一联姻是非常完美的，西尔斯公司因此成为了米其林公司在美国的"市场开拓者"。不久，西尔斯公司开始以自有品牌和米其林品牌两种品牌销售子午线轮胎。凭借这种双品牌战略，西尔斯公司开始颠覆长久以来无人撼动的美国制造平台——带束斜交轮胎和斜交轮胎。突然之间，子午线轮胎在美国市场上一炮走红，美国的轮胎制造商对此只能望尘莫及。

凡世通公司遇到了一些特殊困难。这家老字号公司成立于 1900 年，其创始人——哈维·费尔斯通（Harvey Firestone）同亨利·福特（Henry Ford）保持着良好关系。公司开始认真探索向子午线轮胎技术的转变。可是，对美国轮胎行业来说，生产子午线轮胎困难重重，因为这一新的生产过程所需要进行的设备重组，会增加巨额成本，而后随着子午轮胎投放市场，原有市场会受到侵蚀，这会再次损害制造商的利益。但凡世通公司并未深入研究它会遇到的这些问题，急匆匆地向市场推出一款有瑕疵的轮胎——子午线凡世通 500，这一错误做法导致了毁灭性的后果。美国国家公路交通安全管理局（NHTSA）给凡世通公司开出当时创纪录的 50 万美元的罚单，因为管理局认为，凡世通公司明知产品存在隐患，却并未召回在 1973—1974 年间生产的 40 万个轮胎。与此同时，管理局的后续调查显示，凡世通公司同意召回另外 1 400 万个轮胎，这是美国历史上最大的一次产品召回案例。凡世通公司不得不拿出 2.34 亿美元来弥补这一灾难。

1979 年，凡世通公司聘请了擅长扭转乾坤的专家——约翰·内文（John Nevin）。内文还在真利时公司（Zenith）工作时，就已在扭转公司败绩方面积累了丰富经验。约翰·内文用了不到一年的时间，就关闭了凡世通公司在美国的 7 家工厂，并将公司的工作岗位削减至约 8 000 个。但是，要想恢复凡世通公司的元气已经为时太晚，内文也明白这一点。因此，他带领公司向汽车维修业和零售业领域推进，而没有选择汽车制造业，同时也在寻找合作伙伴。1988 年 3 月，倍耐力公司（Pirelli）向凡世通公司抛出了橄榄枝，欲以每股 58 美元的价格购买凡世通公司的股票，而当时凡世通公司的股票交易价却是在每股 35 美元上下徘徊。而此时，普利司通公司（Bridgestone）这个日本轮胎领军企业也已在积极了解这些情况。普利司通公司一直对美国的轮胎市场垂涎三尺，想从中分得一杯羹，但却只能怯生生地站在一旁观望，而此时它却突然从天而降，以每股 80 美元的价格从倍耐力手中横刀夺爱。内文终于为凡世通公司力挽狂澜。

当凡世通公司被收购的时候，固特异公司的高管丹尼斯·瑞基（Dennis Rich）认识到了一直困扰美国 3 个最主要轮胎公司的竞争近视。"美国本土企业中再也没有我们的竞争对手，"丹尼斯·瑞基告诉《洛杉矶时报》，"我们现在的竞争对手全都是外国企业，它们正在迅速成长且很有实力。"

普利司通和凡世通的联姻后来表明，凡世通公司并不是一个理想的合作伙伴。首先，就在凡世通公司宣布与普利司通公司达成交易数周内，通用汽车公司将凡世通公司从供应商名单中删除，直接导致凡世通公司损失了10%的业务。两年后，普利司通/凡世通公司（Brigestone/Firestone）负债高达30亿美元，很明显普利司通公司付出的代价太大了。10年后，福特公司的探险者越野车发生了重大车祸，媒体一开始就报道说，该事故是由于轮胎面脱离而导致的。2000年下半年，普利司通/凡世通公司召回650万个轮胎，其中绝大多数都是安装在福特汽车上的。2001年，福特公司又先斩后奏地召回1300万个普利司通/凡世通牌轮胎，这使得普利司通/凡世通公司停止了向福特公司供应轮胎，最终导致两家企业间100年的联盟关系遗憾地结束了。2001年底，普利司通/凡世通公司同意向50个州各支付50万美元，用以处理成百上千起可能是由于瑕疵轮胎所导致的交通事故带来的诉讼。

普利司通集团的总裁海崎洋一郎（Yoichiro Kaizaki）指出，公司今后可能"转向更多地在美国销售普利司通品牌的轮胎"。此举为另一个受人尊敬的美国品牌悄悄地敲响了丧钟。

顺便说一下，轮胎的故事中包含了大量具有讽刺意味的情节。子午线轮胎的发明者是百路驰公司。作为德国—美国研发模型的典范，百路驰公司期望迅速从新发明中获得利润，所以它率先进入了利润率最高的领域——航空行业。客车轮胎属于日用品行业，其降价压力大、利润又低，因此，百路驰公司一点也不想将该技术应用于客车轮胎上。但与此同时，百路驰公司竟然出售了该项技术的使用权，而不是重组设备以满足子午线轮胎的生产要求。米其林公司购买了该项技术的使用权。后来，由于有证据表明子午线轮胎更加安全，欧洲各国从法律上规定全部采用子午线轮胎，这家法国制造商真是太幸运了，因为此时它仍然拥有该项技术的使用权。米其林公司对该技术的使用权一直持续到 1989 年，这一年米其林公司耗资 15 亿美元收购了优利来 -百路驰公司（Uniroyal Goodrich Tire Co.）。

### 从巅峰到低谷

法国轮胎公司对美国轮胎行业所造成的冲击，日本公司又如法炮制地用到了美国电视行业上。这两个类似案例给人留下了深刻印象。正如百路驰公司将子午线轮胎技术授权给米其林公司使用一样，美国无线电公司（RCA）——认为其竞争对手是真利时公司、玛格纳沃克斯公司（Magnavox）和通用电气公司——把电视技术授权给了日本公司使用。大卫·萨尔诺夫（David Sarnoff），这位美国无线电公司的传奇领导人 1960 年在日本考察电子行业并会见日本领导人的时候，因其给予日本电子行业的帮助而被授予旭日绶章。

萨尔诺夫将其职位传给儿子鲍勃之后，美国无线电公司的状况一落千丈。公司曾经拥有占据绝对主导地位的彩电市场份额，但到了 1974 年只剩下 20%。以松下公司为首的日本企业当时也拥有同样多的市场份额。真利时公司当时的市场份额是 24%，已经成为美国彩电市场上的领军企业。不久，美国无线电公司抛开了原来的市场，开始以美国无线电公司的商标销售其他公司生产的电视机。"作为其令人羞愧的决定的生动体现，"罗伯特·索贝尔（Robert Sobel）在《巨人的倒下》中写道，"美国无线电公司已经沦落为一个持有许可证的企业——该许可证是松下公司发放的。"

1975 年，美国无线电公司董事会解雇了鲍勃·萨尔诺夫，但此时公司过度多元化和无核心业务的问题已经非常棘手。1980 年初，公司 CEO 桑顿·布拉德肖（Thornton Bradshaw）出售了若干有一定风险的业务，还清了公司的债务。随后在 1986 年，布拉德肖以 63 亿美元将公司卖给通用电气公司。美国无线电公司生产的电视机从此在美国市场上消失了，但这并不意味着故事就此结束。1987 年，通用电气公司的杰克·韦尔奇突然改变策略，将美国无线电公司和通用电气公司的电视机品牌卖给了法国的汤姆逊公司（Thomson SA）。荷兰的飞利浦公司在这之前已经收购了玛格纳沃克斯公司和西凡尼亚公司（Sylvania）。至此，真利时公司成为美国电视机市场上硕果仅存的本土电视机制造商。

1972—1978 年，真利时公司一直在彩色电视机销售市场占据领导地位。1974 年，公司高管一边表示出对产品销售状况的满意，一边说出这样的话："从本质上讲，我们是一家美国公司，并且很有希望将这一本色保持下去。"如果真利时公司能够预见到它将经受来自亚洲而不是美国的竞争对手的痛击，这也许是能够做到的。只是到了 1984 年，由于进口关税降低，真利时公司被迫降价，从此就没有再盈利过。在随后的 10 年时间里，真利时公司在杰里·帕尔曼（Jerry Pearlman）的领导下，通过削减工资和逐步将生产基地转移到墨西哥，来进行固本自救。1995 年，公司出售了自己 58％的股份，获得 3.51 亿美元的现金收入。收购者是谁？是韩国的 LG 集团。

但即便这样也无济于事。1997 年，公司创纪录地亏损 3 亿美元。同年，公司裁掉了 25％的员工。1998 年，公司关闭了其最后一个美国生产基地，即位于伊利诺伊州梅尔罗斯公园（Melrose Park）的著名彩色显像管工厂。第二年，公司开始接受破产保护。作为破产保护的一部分，LG 集团免除了真利时公司 2 亿美元的债务，以此为交换得到了真利时公司的全部股份。为了彻底完成向销售和分销企业的转变，真利时公司出售了其生产运营业务所剩下的部分，包括位于墨西哥州雷诺萨市（Reynosa）的电视机生产工厂。如此看来，这不仅仅是真利时公司还是不是一家美国公司的问题，它甚至不再是一家电视机生产商了。

在电视机行业，或者再宽泛一些讲，在消费电子行业的案例中，竞争近视所带来的后果的确令人难以置信。正如罗伯特·索贝尔所说："现如今，人们再也买不到美国企业生产的和总部设在美国的公司生产的电视机了。相对于汽车行业而言，日本企业在消费电子行业取得了彻底且更令人震惊的成功。"

## 群集现象

在特定的行业中，大量的公司聚集在某一地点是一个自然的现象。早些时候，这只是可用的自然资源导致的结果。匹兹堡之所以成为钢铁之都，是因为当地煤矿和铁矿资源丰富。美国南部的棉纺厂高速增加，是因为那里大量种植棉花。同样，造纸厂落户美国南部，是因为该地区有丰富的高岭土（漂白剂）。很多情况下，将原材料运往远处的工厂，这笔运输费用会远远高于就地生产加工的费用，所以出于经济的考虑，工厂都会设在原材料充足的地方。

群集不仅有利于有效使用自然资源，还会带来其他一些好处。这一原则对于那些彼此都是近邻的竞争对手来说也是适用的。当地已经有现成的运输线路，而且也有素质高、干劲足的劳动力资源，很有可能从中招到合适的员工。大家彼此共享各自的想法和信息，一方的进步会带动另一方进一步创新。竞争会推动行业向前发展，并且如果这种竞争是良性的话——就会使整个行业发展到某一高度。

在美国，许多已经发展成型的行业，都已经达到了这样的高度。所以，聚集在底特律的汽车工业现在已经开始衰落。群集在亚克朗市（Akron）的轮胎工业和匹兹堡的钢铁工业也在走下坡路。洛杉矶的国防工业企业（休斯公司和波音公司）恐怕也难逃此劫。硅谷的高技术行业是否能够保持繁荣，还需要我们拭目以待。

关键在于，无论群集的优势是什么，它都会导致竞争近视。群集更容易使你只关注眼前，因而难免会祸起萧墙。另外，当几个相互竞争的高管是同一俱乐部的会员，并且他们的孩子在同一所学校学习时，情况又会怎样呢？任何一家公司都不希望市场份额被其身边的竞争对手抢去。一旦被抢了去，这将会比我们所说的"戴上了绿帽子"更加让人无法接受。群集会促使一个封闭环境的产生，并导致一种极为狭隘的竞争观。

当然，问题会创造机会。置身于竞争对手中间的公司，可能会继续同其身边的竞争对手一决高下。但是，如果该公司能够不去理睬身边的公司之间竞争厮杀的声音，而是跳出竞争藩篱，举目远眺，它也许会发现自己拥有的是巨大的全球竞争优势。

## 行业第一与行业先驱

如果你既是行业排名第一的企业，又是行业先驱，那你就要小心了。由于你只留意那一两家从后面追上来的企业，担心它们悄悄地夺走你的市场份额并试图抢占你的行业老大位置，你就很容易遭受竞争近视之困扰。让我们用麦当劳公司的例子说明一下。

### 汉堡之战

美国人对麦当劳公司创造的食品——快餐——的喜爱，可从人们享用麦当劳时狼吞虎咽的表情中窥知一二，这种胃口和需求单靠一家企业是绝对无法满足的。因此，有意打入快餐业的企业相当之多——这些企业中，有的是当地的，有的是区域性的，也有全国性的。但是，很多公司在竞争中相继垮掉了。经过竞争淘汰之后，麦当劳公司将汉堡王公司（Burger King）锁定为竞争对手，而较少关注温迪公司（Wendy's）。我们首先必须承认麦当劳公司在很多方面的决策是正确的。它把纵向一体化当成了一门艺术，因而，其运作结果非常高效完美。麦当劳公司一直严格奉行"质量、服务、卫生和价值"的核心经营理念，从而吸引住了许许多多的消费者，并使公司稳居快餐行业排名第一的位置。彼得斯和沃特曼曾赞美麦当劳公司是他们所谓的"典范"企业之一，如他们所说："总而言之，从本质上来说麦当劳公司是一家更为卓越的公司。"

的确，麦当劳公司有充分的理由去关注汉堡王公司。汉堡王公司已经认识到麦当劳公司牢牢地控制其特许经营商的方式：每个特许经营商仅限负责极少的几个加盟店，这样所有加盟店就都不可能做大做强了。当汉堡王公司1959年开始出让其特许经营权时，则采取了与麦当劳公司相反的策略：授权其经营商负责管理较大的区域，有时甚至负责整个州的业务。这一措施使得汉堡王公司的经营规模迅速扩张。1974年，汉堡王公司还针对麦当劳公司发起了"我选我味"行动。汉堡王公司宣称"顾客的特殊要求，并不会给我们增添麻烦"，此理念使麦当劳公司销售汉堡套餐的做法相形见绌。到1982年，汉堡王公司已经稳稳地成为快餐行业的第二大企业，从而引起了麦当劳公司的关注。

尽管麦当劳公司已经开始关注其直接的竞争对手，却忽略了外围的、非传统的竞争对手。具体说来就是，麦当劳公司忘记了汉堡可能并不是唯一的快餐食品。突然之间，油炸鸡店、塔可钟公司（Taco Bells）、比萨合资经营店以及福来鸡公司（Chick-fil-A）都蜂拥而至，开始经营快餐生意。福来鸡公司是非传统竞争对手的典型代表，它通过广告活动宣扬"享受更多鸡肉"这一理念。福来鸡公司出人意料地进入了先前全为牛肉类食品的快餐领域。当牛肉价格居高不下时，福来鸡公司则及时给消费者提供了一种更现代、更健康的鸡肉食品。这给了那些强大的对手沉痛一击。福来鸡公司还迅速地进入了其他快餐经营商未曾涉足的地方，如大学的美食街、购物中心和办公楼。

我必须说一下，麦当劳公司一直拥有各加盟店的所有权，只是以特许形式将各店租让给加盟者经营管理。麦当劳公司经常以最低的价格购得土地，这是当地政府做出的一种让步，因为麦当劳公司将有可能带动同一地区其他商业的发展。一直到最近，麦当劳公司都是美国最大的商用房地产拥有者。像福来鸡公司这样的利基企业，不能采用这种经营模式，只能根据需要——在机场、购物中心等地方——租赁他人的店面。在这些地方，流动的顾客非常多，这应该是一个优势。对于置身在汽车文化之中的麦当劳公司来说，拥有自己的房地产已经成为一把双刃剑。

必须承认，拥有大约 1 200 家连锁店的福来鸡公司，单靠自己是不可能对在全球 100 个国家拥有 31 000 个加盟店的麦当劳公司构成直接的威胁的。但是，如果把其他严格讲属于"非汉堡型"的竞争对手——肯德基公司、塔可钟公司和必胜客公司（Pizza Huts）——加在一起，那就真的构成威胁了。而且，把这 3 大品牌联合起来正是百事公司在 1997 年所做的事情，当时，百事公司将其收购的快餐业务剥离出来，成立了百胜公司（TRICON）（"三大品牌的标识"）。

5 年后的 2002 年，百胜公司又收购了海滋客公司（Long John Silver's）和艾德熊公司（A&W Restaurants），并更名为百胜集团（Yum! Brands）。此时，我们可以猜想麦当劳公司已经注意到百胜集团了，因为此时的百胜集团在全球已经拥有 33 000 个餐厅，在快餐店的总数上已位居第一。此外，当麦当劳公司因我们称之为"争夺胃口份额现象"而感到左右为难的时候，百胜集团却在积极地让顾客自己进行选择。百胜集团的新战略是"多品牌组合"，即在同一个区域开设百胜集团旗下的数个品牌快餐店。目前，已经有近 3 000 个区域采用了这一策略，顾客也对此给予了很高赞誉。在现如今多种美味快餐云集的形势下，麦当劳公司却仍在一门心思地迎战来自汉堡王公司的威胁，这就是竞争近视的切实体现。

另外，麦当劳公司在利润微薄的汉堡产品上，也正经受着外围竞争者的痛击。麦当劳公司唯一真正获利较高的产品是其售卖的可口可乐。每份软饮料的总成本约为 5 美分，而公司的售价接近 1 美元（并且包括大量的冰块）。尽管软饮料的获利水平不能同酒水相提并论，但是它的薯条获利也是比较高的。这就是售货员尽力向顾客推荐"超值套餐"（Value Meals）的原因，因为其中包括了可口可乐和薯条。这与一次性相机的销售策略如出一辙，由于一次性相机已经预装了胶卷，并且其价格也不高，所以它才对消费者有如此大的吸引力，但是，消费者在随后使用相机的过程中就是在给厂家创造利润了。

同时，利基企业时刻关注着它们的主要产品的获利状况，比萨供应商在这一方面做得最好。一份售价 10 美元的比萨的总成本（包括原料和加工费）约为 1.5 美元。何况比萨供应商还有其他降低成本的手段。比如，一些比萨供应商只提供外卖，这样就不用花钱租场地摆放桌椅了，并把送外卖的活外包给那些开着私家车、靠赚取小费而不是薪水生活的年轻人。（当然，正是由于这些原因，那些开一家店铺独立销售比萨的商户——特别是在大学城中——会继续坚持做比萨生意。）

最后，当麦当劳公司将注意力放在以汉堡为主要产品的竞争对手身上时，顾客的口味已经发生了变化。油腻腻的牛肉饼夹在高热量的白面包片中间，这样的汉堡已经失宠，因为对健康有更加强烈意识的新一代，开始选择新鲜的色拉和烤鸡。就像我们在其他行业中看到的巨人般的企业一样，麦当劳公司对这一趋势反应也非常缓慢，这就给赛百味公司（Subway）和不断创新的温迪公司等利基企业提供了一个发展的大好机会。

毫无疑问，是麦当劳公司狭隘的竞争观导致了其 2000 年的业绩下滑。在连续 3 个季度业绩下滑后，公司宣布将在 2001 年进行一次重要的重组，包括削减 700 个公司职位和重组服务区域。但是，这些措施似乎并未见效。麦当劳公司又削减了 600 个职位，关闭了 174 个业绩不好的加盟店，并于 2002 年底宣布了其有史以来的第一次季度性亏损。

但有趣的是，在这场混乱的整个过程中，麦当劳公司一直都在执著地同传统竞争对手——汉堡王公司——进行激烈的价格战。2002 年初，汉堡王公司推出了包括 11 项内容的特价菜单，价格为 99 美分。麦当劳公司立即针锋相对地推出 1 美元菜单。各大商业媒体纷纷报道这一具有讽刺意味的价格战。"汉堡之战已经在美国打响，"《骑士论坛报》（*Knight Ridder Tribune*）报道说，"但是，最先遭受损失的是快餐连锁店自身。尽管价格战愈演愈烈，但是消费者似乎已经没有再吃汉堡王、麦当劳之类垃圾食品的胃口了。当年，两家公司的销售业绩都出现了下滑。"

无论如何，麦当劳公司最后似乎眼界有了提高，不再只关注汉堡和圆面包。麦当劳连锁店极力推出更加健康的食品来吸引顾客回头，这包括一系列的超值色拉，并承诺去除烹饪油中的反式脂肪酸。也许是受到了讽刺电影《超级汉堡王》（*Supersize Me*）的影响，超大薯条也开始上架了。麦当劳公司还开始试销浓咖啡饮品，计划重新推出麦咖啡（McCafe）概念，并着手准备首次在全美国推出超值咖啡。麦当劳公司稳扎稳打地应对市场变化及改变全牛肉产品理念的措施似乎取得了成效。2003年，公司的业绩开始回升；2004年，同一店铺的销售额激增14％。业绩上升的态势仍在继续。当麦当劳公司公布2005年第一季度的经营状况时，数据表明，同一店铺的销售额连续上升了24个月，这是麦当劳连锁店25年间从未取得过的成绩。公司2005年第四季度的收入上升了53％，公司全年的收益上升8％。

鉴于快餐业竞争激烈、竞争方式多样的行业现实，麦当劳公司能取得如此成绩也算是一个奇迹了。也许，麦当劳公司已经彻底摆脱了竞争近视的困扰。

## 相反的情形：行业第二角逐行业第一

也许，你位居行业第二并且不断发展壮大之日，正是你最容易产生竞争近视之时。如果你已经把业内排名第一的企业锁定为赶超的目标，而你又被视为唯一可能发起挑战的企业，那么，你很自然就会把你身上的所有能量全都集中在一起，用来与业内的领军企业进行竞争，而置其他所有企业于不顾。

### 更加努力

赫兹公司（Hertz）是汽车租赁行业当之无愧的先驱，并且长期以来一直是行业领跑者。赫兹公司于1918年创立。1926年，公司就已经推出了汽车租赁信用卡，并于1932年在芝加哥中途机场设立机场租车网点。翌年，赫兹公司首次推出"本地租车/异地还车"业务。30年之后，安飞士公司（Avis）加入汽车租赁行业，此时的安飞士公司除了"更加努力"之外，还能做什么呢？

40 年前，安飞士公司开展了以"更加努力，因为我们必须这么做"为口号（该口号对那些位居行业第二的企业来说，多少都会起到一些激励作用）的自强运动。该运动进行了 20 年后，安飞士公司的母公司——圣达特汽车租赁集团（Cendant Car Rental Group）——的现任 CEO 罗伯特·沙特诺（Robert Salerno）加入了安飞士公司。沙特诺说，他"仍然对这场打破书中一切规则的运动心存敬畏，也正是这场运动使公司在 1963 年一夜之间起死回生"。沙特诺说，这场运动之所以成功，是因为"我们是行业第二，我们承认这一点，我们的真诚与每一位曾经有过屈居人下感受的顾客和企业老板产生了共鸣"。

安飞士公司只顾努力地追赶行业领袖赫兹公司，两家公司又在乘飞机旅行的高级经理人市场上争得你死我活，都没太注意标捷公司（Budget）的到来。标捷公司没有一味追赶，而是选择了另辟蹊径。标捷公司发现了汽车租赁业的一个新市场：准备度假的家庭，或打算开车去往多个目的地的旅游者。为了开发这个市场，标捷公司提出一个新概念：无里程限制。乘飞机旅行的高级经理人不用担心里程数，他们从机场租车，开车去市区参加会议，会议结束后再把车还回去。但是，标捷公司相信，"游乐市场"（pleasure market），尤其是那些准备去佛罗里达州和加利福尼亚州这样的旅游热点度假的游客，其规模可能会比商务市场更大，所以标捷公司努力开拓了这个市场。

如今，在圣达特公司的支持下，标捷公司在全美的门店数量和年收入上均与安飞士公司差不多打了个平手。但是，令人惊奇的是：它们并不是并列的行业第二。更让人惊讶的是，赫兹公司已经不再是行业第一了。标捷公司成功地让其他大租赁公司认识到休闲市场的存在，但是仍然还有另外一个市场——迄今为止最大的市场——大家都没看到。正如《财富》杂志的评述，正当赫兹、安士飞和标捷三家公司"为了能在机场、商务和度假游客市场上争得少许份额而相互厮杀的时候，英特普莱斯公司（Enterprise）却采用一个完全不同的战略进入了看似没有市场的边远地区"。事实上，这一战略非常成功，使得英特普莱斯公司仅用了 40 年多点的时间就把汽车租赁行业中的其他竞争对手都甩在了身后。

这一战略具体是什么呢？为家庭提供备用汽车。如果你的汽车抛锚了，或者你发生了交通事故，需要把车送到汽车美体小铺维修几天，再或者你的车子正在经销商那里做常规保养，那么你就是英特普莱斯公司的客户。数十年前，你的配偶也许载着你到处观光。但是现在你的配偶也要上班，无法再当你的司机。这就是"我们去接你"广告宣传的关键点。赫兹公司、安飞士公司和标捷公司都把注意力集中到对方身上和传统市场上了，使得它们错失了这个绝好的商机。

最近，英特普莱斯公司也开始觊觎机场租赁市场，但是其主要创新之处在于，寻找其他公司尚未涉足的地方。公司没有把自己的车队集中到机场的主要区域，而是在机场附近的旅游用品购物中心开设便宜的店铺。公司创立者的儿子，现任 CEO 安迪·泰勒（Andy Taylor）经常这样炫耀："90％的美国人的住处离英特普莱斯公司的店铺仅有不超过 15 分钟的路程。"如果英特普莱斯公司的员工若不是坐在办公室的桌子旁，他们一定是外出与当地的汽车美体小铺老板、拖车司机或汽车代理商交朋友去了。结果，口碑生意成了公司成功的关键。泰勒相信，公司的业绩是不可能下滑的，因为越来越多的人都来租用英特普莱斯公司的车，即使他们的私家汽车行驶状况良好也是如此。这其中包括一些小企业主，他们需要一辆比自己的私家车更好的车去接客户，或者去接信不过私家车或者就是不想坐私家车的人。在这种情况下，泰勒说，英特普莱斯公司会租给他们"虚拟汽车"。

英特普莱斯公司的迅速发展令人震惊。到 2005 年，英特普莱斯公司拥有的汽车总数超过了 60 万辆，几乎是赫兹公司车辆数的两倍，并且公司全年的总收入也是遥遥领先。只要公司延续 2000 年以来的做法，保持每年新开 400 多个店铺，公司市场份额的增长就不会放缓。

至于安飞士公司，它或许已经更加努力了，但是它显然已经患上了竞争近视，这种竞争近视似乎对许多行业的领先企业都造成过伤害。行业领袖们再次被一个新进入者打败了，出现这一结局的原因在于，该新进入者没有狭隘地只关注竞争，而是把重点放在了采取全新的战略上。

## 竞争近视的征兆

企业如何判断自己是否患上了竞争近视？尽管竞争近视的习惯很容易养成，还是有几个特征可以事先察觉出来。这是不足为怪的。

### 听任小的利基企业在你身边发展

因为你关注的是大企业，所以你不会把利基企业视为威胁。这并不是傲慢或自欺欺人的问题，而是你并不认为那些利基企业会发起挑战。这些利基企业的规模太小了，它们缺少发起挑战所需要的实力或资源，它们甚至真的无法与你相提并论。此外，你还认为与利基企业共存对你有利，我们在西尔斯公司和淑女装公司（The Limited）的例子中就能看到类似情况。

西尔斯公司展望未来，看到了高速公路周边市场的发展前景。于是在其选定的那些高速公路两旁沿途修建购物中心，希望借此能打造这一市场。这是一个雄伟的发展蓝图，但是，即使是维系一个购物中心的基础设施的花费，也是十分高昂的。因此，西尔斯公司邀请一些专营零售商——像淑女装公司等——加盟，来共同承担这部分固定成本。西尔斯公司认为其竞争对手是其他大型百货公司，并未曾想淑女装公司会构成威胁。

现在，轮到淑女装公司展望其未来了。当莱斯利·维克尼（Leslie Wexner）1963 年在俄亥俄州首府哥伦比亚开设第一家淑女装门店时，其野心是有限的——其店名由此而来。他只希望能经营好一条产品线：为年轻女性提供价格适中的时装。到 1976 年，淑女装公司已经开设了 100 家分店（多数都开在郊区的购物中心里面），显然，考虑顾客的不同个人特点是维克尼的成功之道。他已经打入了一个正在快速壮大的顾客群体——年轻职业女性。而就在此时，西尔斯公司的女性服饰的目标市场——传统的中产阶级家庭主妇——却因为越来越多的女性外出工作而在不断地萎缩。西尔斯公司未能较早地认识到这一趋势。

"有限"这一经营理念取得了成功。淑女装公司的系列产品主要卖给 18 岁到 30 岁的女性——包括已经大学毕业或即将步入高校的女学生、需要穿着时装工作的职业女性，以及那些思想开通且不再固守"男人外出赚钱，女人在家做饭"传统观念的女士。淑女装公司雇用与目标客户群具有相似特点——年轻、时尚、职业——的女售货员，这一做法将"有限"的经营理念又向前推进了一步。它们甚至推出了有限尺码的服饰。

接下来，淑女装公司通过并购或创立新的品牌来扩大经营范围。为了满足十多岁女孩的需求，公司在 1980 年推出了新品牌 Express。考虑到体型较大女性的需求，公司在 1982 年收购了雷恩·布莱恩特公司（Lane Bryant）。为了迎合精打细算的年轻女性的购物特点，1985 年，公司收购了勒纳百货公司（The Lerner Stores）。1988 年，公司推出了少女服饰品牌 Limited Too。为了进入女性内衣这一细分市场，淑女装公司收购了维多利亚的秘密（Victoria's Secret）这一目录公司，并接手了其零售业务。此时，淑女装公司的影响力已经非常大，它可以随意要求购物中心将其不同的专卖店集中安放，店与店彼此不能远离。因此，女性消费者们再也没有理由去百货公司购买服饰了。正如芝加哥的一位购物中心高管接受《克瑞恩芝加哥商业》（*Crain's Chicago Business*）采访时所说：“创了一个又一个品牌，开了一家又一家店铺，莱斯利·维克尼正在重新定义着过去所谓的百货公司业务。”

到 20 世纪 90 年代中期，淑女装公司快速发展的步子已经放缓，公司的战略也从扩张转变为紧缩。公司剥离出一些品牌（维多利亚的秘密、Limited Too），出售了一些品牌（Abercrombie & Fitch、雷恩·布莱恩特、勒纳），也关闭了一些店铺。但是，这场专营零售革命已经结束了。在西尔斯公司看来，淑女装公司已经彻底搞垮了其女性服饰类业务。

另外，西尔斯公司允许那些利基企业进入其购物中心，也使该公司一些其他种类的产品受到了不利影响。一个特别有代表性的例子是鞋类产品，之所以说其特别，是因为这个案例故事中出现了一个具有讽刺意味的逆转。当西尔斯公司忙于建设城郊购物中心时，其老竞争对手伍尔沃思公司（Woolworth）倒闭了。西尔斯公司看到这个老牌廉价商品零售连锁超市关门大吉时一定会窃喜，因为这在一定程度上减缓了其店铺业绩的下滑。但是，伍尔沃思公司并未一蹶不振。它采纳了前面章节中所提供的建议，开发了自己在一个相关业务领域——专营零售店——的竞争力。伍尔沃思公司凭借其品牌获得了收入，然后将这些收入投资到鞋类产品业务上，先是收购了肯尼公司（Kinney），紧接着就出人意料地推出了自己的福特洛克（Foot Locker）牌运动鞋。这对当今巨大的运动鞋市场的出现起到了推动作用。

那么想象一下，此时的西尔斯公司却被其百货公司销售模式困住了。其店里面设有居家鞋类商品中心——一个多品种鞋类商品经销部，主要销售男鞋和女鞋、正装鞋和休闲鞋、凉鞋和运动鞋。其中，运动鞋仅占这项业务的一小部分，所以西尔斯公司并不担心福洛克品牌会抢了其生意。但是随后福洛克品牌推出了系列产品：福特洛克女鞋和福特洛克童鞋。与此同时，世界各地的人们纷纷开始购买运动型鞋作为其日常步行用鞋。没有人会去西尔斯公司的连锁店购买这类鞋。又一类商品被西尔斯公司这个专卖零售商给搞垮了。

当玩具反斗城公司（Toys R Us）进入西尔斯公司所属的商场而不是购物中心时，玩具类业务也遭遇了同样的命运，这家百货公司又失去了一类商品。如今，沃尔玛的战略——自己独占大型商场——保持着对其他商家的进入敏感，如果你与沃尔玛销售同类商品，你就无法打入它所在的商场。

### 供应商的忠诚被非传统的竞争对手赢得

供应商也可能变成竞争对手，认识不到这一点是竞争近视的另一个征兆。假设你重点是想与直接竞争对手进行较量，并且为了胜过对方而极力压低你的供应商的供货价格。你以为你能如愿以偿，因为你是一个大客户。你总是想当然地认为你的供应商会对你忠诚，但现在该供应商却说："稍等一下。我不能接受你所提出的要求。我决定为我的产品另找买家。"转眼之间，你的供应商成了你的竞争对手。〔迈克尔·波特（Michael Porter）在其代表作《竞争战略》（*Competitive Strategy*）一书中提出这样一个重要的观点：任何一个行业，都因受到五种"竞争作用力"的驱使而发展，主要竞争对手所带来的直接竞争压力只是其中一种。另外四种竞争作用力分别是：供应商的讨价还价能力、顾客的讨价还价能力、新进入者的威胁，以及替代产品或服务的威胁。〕

再强调一下，我们得到的教训是，我们必须具有一种视野开阔的竞争观。如果我们从事的是零售业，供应商就不可能在零售上和我们竞争。他们根本就不想做零售生意。但是，我们必须清楚，供应商处理其产品的方式是一种"竞争作用力"。作为例子，我们来看看宝洁公司与超市之间关系的变化情况，在这里，前者是供应商，后者是前者传统意义上的最大客户。

简而言之，宝洁公司同超市之间关系的变化缘于沃尔玛公司。超市从未考虑到沃尔玛公司会介入其中。超市认为沃尔玛公司仅仅是一个绸缎呢绒类商品经销商——销售纺织品、服饰和家居用品之类的产品——所以并未预见到沃尔玛公司会扩展其产品类别。它们也没有察觉到它们最信任的供应商同全球第一的零售商之间日益增长的联盟关系。超市想不通为什么"日用百货商"竟然能成为其竞争对手，但这种事情却发生了——而且来势汹汹。1990年，沃尔玛公司同宝洁公司之间的交易额为5亿美元，15年后，交易额已经高达每年100多亿美元，并且令人惊讶的是，宝洁公司18％的产品都会依靠这位来自阿肯色州本顿维尔市（Bentonville）的零售巨头进行销售。

早在1992年，超市就应该察觉到这种"竞争作用力"。宝洁公司把越来越多份额的产品运到沃尔玛公司销售，同时又大幅增加过去常用来说服连锁杂货店采购自己产品的折扣让利，这迫使宝洁公司的超市客户也不得不采取"天天低价"的策略。超市对此非常不满。宝洁公司产品的低价影响了超市更具盈利能力的自有品牌的销售，而宝洁公司折扣的加大又给了超市沉重一击。但是，它们还能怎么办呢？由于沃尔玛公司的参与，一些商店威胁停销宝洁产品的做法不灵了，而即使真要这样做的话它们也承受不起。根据当时的行业统计数据，宝洁公司向杂货商店供应44种不同类别的产品，在其中32个类别的商品中，宝洁公司品牌产品的销售情况都在前一二名。当然，具有讽刺意味的是，宝洁公司的"天天低价"策略是从沃尔玛公司学来的。沃尔玛无自有品牌要保护，也不需要供应商给予大的折扣优惠，相反，沃尔玛靠的是数量。

1997 年，宝洁公司取消了一项长期执行的政策——收回超市中受损或未售出的货物。取而代之，公司推行"不再返还"的政策，并开始执行季度整体结付方式，以弥补受损货物的成本。宝洁公司推行这一政策似乎是为了像沃尔玛那样提高预订—分销过程的效率。而采取这种结付方式的初衷则是让顺利执行公司政策的零售商获益；同时，打击那些不认真地执行预订—分销系统的商家。不管怎样，关键在于，作为一个强势供应商，宝洁公司能够将一些条款强加给超市。

我们还可能看到，超市不仅受到宝洁公司这样"具有讨价还价能力的供应商"从上面施加的打压，同时也受到了刚进入该行业的非传统竞争对手出其不意的突袭。2003 年初，沃尔玛公司宣布计划在加利福尼亚州开设其第一家杂货超级购物中心，并且 5 年内之内将在该州再增建 39 家这样的购物中心。劳尔夫（Ralphs）、旺斯（Vons）和加利福尼亚州最大的连锁杂货店艾佰森（Albertsons）并未对这一新闻感到震惊。毕竟，过去 10 年中，在沃尔玛公司的推波助澜下，已经有 12 家全国性连锁超市倒闭了。沃尔玛公司开始经营杂货业务后没几年的工夫，就凭借其神奇力量势不可挡地跃居行业第一，占据全国杂货销售额的 19％。如果沃尔玛公司坚持其 5 年计划，在全国建立 1 000 个新的杂货超级购物中心，那行业预测结果就是，沃尔玛公司拥有的国内食品行业的市场份额将会从 19％增长到 35％。

回顾一下，超市能够采取措施来维持宝洁公司对其的忠诚吗？它们可能已经采用很多方法来支持宝洁公司的品牌，但是，它们对自有品牌的巨大投资，可能让它们对宝洁公司品牌的支持难以完全实现。它们可能已经降低了应该收取的上架费，但是，沃尔玛公司这个饥肠辘辘的行业新入者，无疑会希望超市将该费用降得更低些。当超市完全看清楚竞争领域形势的时候，可以采取的有效应对措施已经所剩无几。这就是超市应该吸取的教训。

当家用电器制造商开始把他们的产品从西尔斯公司和 J. C. 彭尼公司（JCPenney）等百货公司转移到家得宝公司和劳氏公司（Lowe's）销售时，也出现了同样的现象。在百货公司狭隘的竞争观看来，像家得宝和劳氏这样的商场都是"用胶合板拼装而成的家伙"，是因行业的过度发展而出现的供应商店。因此，它们的进入没有引起注意——直到威胁变成了血淋淋的现实的时候，人们才幡然醒悟。

上述情形在零售行业最为常见，但是我们也会看到一些制造业的例子。例如，IBM 公司有两个最主要的供应商，即微软公司和英特尔公司。IBM 公司认为，当它与惠普公司和康柏公司等直接对手竞争时，这两大供应商会源源不断地为其提供产品。随后，年轻企业家迈克尔·戴尔（Michael Dell）不知从何处冒了出来。戴尔公司在计算机业务中创造了一种全新的经营模式，曾经像军火商一般忠诚的微软和英特尔公司，都开始把产品供应给戴尔公司。结果，戴尔公司成为行业第一。这再次表明，IBM 公司的真正竞争威胁是，其供应商可能会把产品供往他处。

### 客户（或渠道合作伙伴）的战略由购买转变为生产

这里，虽然我们所谈的竞争来自客户，而不是供应商，但这并不仅仅意味着是客户忠诚度发生了变化。正如我在这部分将要说明的，真正的危险发生在你的客户向上游发展并开始生产产品的时候。

这个经典案例是关于美国运通公司（American Express）的，该公司曾因其信用卡和旅行支票而享誉世界。（顺便介绍一下，美国运通公司的旅行支票业务对其整体业务的开展发挥了很大的作用。这样想想：你预先将钱给我，我给你提供一张本票凭证。这张本票你可以兑现，也可以不兑现。同时，我用你的钱去发放贷款。是贷款给你！所贷的款就存在你的信用卡里面。这就是被高度评价的协同业务。）

美国运通公司在打垮老牌的大来卡（Diner's Club）和全权委托卡（Carte Blanche）业务中表现不凡。首先，美国运通公司在大型主机技术上进行大规模投资，建立了一个庞大的数据库。通过这一措施，它就把这两个老竞争对手甩在了后面。随后，它又意识到，高端市场（所有早期信用卡公司的目标客户）不仅仅在餐饮上支出，而且在航空旅行和酒店住宿上也有开销，因此，公司根据这一市场特点推出专项业务。并且，似乎这些措施还不够用，运通公司又策划了一系列令人难忘且高效的广告推广活动（如："你了解我吗"、"出门别忘了带上它"）。

然而，我们应该看到的是，美国运通公司的真正顾客是银行。旅行支票是通过银行销售的，并且所有的办卡手续——从企业老板们申请办卡开始——均由银行完成。事实上，这些企业老板——经营着他们的中小型企业，如汽车特许经销店、餐馆和商店——构成了银行的一个大顾客群。

也许是上天的安排，银行最终决定介入信用卡业务。首先，在美国的西海岸，美国银行（Bank of American）联合其他银行推出了威士信用卡（Visa）。在美国的东海岸，花旗银行（Citibank）也联合其他银行推出了万事达信用卡（MasterCard）。不久，信用卡的使用领域迅速扩大，两个信用卡都几乎成了通用信用卡。今天，即使曾经享受过美国运通公司信用卡持有人特权和便利的高端客户，也有了其他很多诱人的选择。更何况这些客户不愿再向美国运通公司支付高额手续费。

就这样，美国运通公司以前的客户也发展到上游，并直接参与该业务领域的竞争。运通公司推出公司卡进行还击，但收效甚微。当然，推出公司卡的战略目的是让企业雇员人手一卡，而且，为了使该项业务更有吸引力，运通公司还承诺将监管所有交易款项并进行严格保密。这是一项货真价实的增值服务，而且公司的电脑系统可以为实现这些服务提供支持。紧接着，美国运通公司又推出资金管理——换句话说，公司将负责保管客户手中的所有现金。在这一点上，美国运通公司不仅提供信用卡服务，而且还提供银行服务，这显然是在还击竞争对手。如果银行能竞争信用卡业务，那美国运通公司就能以牙还牙。

威士信用卡和万事达信用卡降低了老板办卡的手续费，一举抓住了问题的关键。此项措施迅速扩大了客户群体——特别是中小型企业——它们一直不肯接受美国运通公司。这些企业老板们不愿向美国运通公司支付较高比例的手续费（这也正是威士卡一直很想通过其广告攻击它的地方）。除了降低手续费，威士信用卡和万事达信用卡还同时实行了用户偿还"每月最低额度"政策，不再要求用户一次性还清所有到期欠款——这也是美国运通公司曾经采取的措施。该政策不仅明显方便了用户，也让信用良好的中产阶级越来越流行使用信用卡，尽管利息收入已经成为信用卡公司的重要利润来源。为了保住竞争地位，美国运通公司在 1987 年推出了运显卡（Optima），这是第一个循环贷款信用卡。

由于激烈竞争使得信用卡业务的利润越来越少，美国运通公司通过自我调整和多元化来维持竞争地位。它完全变成了一家金融机构（甚至提供在线抵押借款和经纪服务），目前，美国运通公司同其他竞争对手的信用卡服务相差无几。令人啼笑皆非的是，花旗集团甚至也开始分销美国运通公司的信用卡。

最终，当昔日的客户变成了竞争对手时，美国运通公司以其人之道还治其人之身，畅快淋漓地进行了还击。

### 低估新进入者的实力，尤其是来自新兴经济领域的进入者

几乎每个行业都会面临新进入者带来的威胁。如果你不承认有这种威

胁，那么你显然已经染上了竞争近视。你会很自然地倾向于关注现有的竞争，而且如果你在行业中名列前茅，你可能还会表现得有点傲慢。无论如何，最让你担心的事应该是，出现了来自新兴国家的新进入者。

比如，索尼公司就面对着许多让其担心不已的直接竞争。索尼公司并不是老牌企业联盟（keiretsu）"受尊敬"企业中的一员，因此，它不得不首先同松下公司、日立公司和夏普公司等强大的日本国内竞争对手展开角逐。业务扩张到欧洲后，它又要迎战汤姆森公司和飞利浦公司等既定竞争对手。在美国，真利时公司和通用公司也等着它来呢。当索尼公司席卷全球市场并成为国际知名品牌之一时，它不曾回头望一眼羽翼未丰的韩国企业，这一疏忽也许是可以谅解的。

即使它回头张望了，恐怕也很难觉察到三星公司，因为三星公司是靠做碾米和干鱼生意起家的。1969 年，三星公司同样低调地进入了电子行业。它只是拆开西方公司设计的电视机、录像机和微波炉，研究如何才能低成本地生产这些产品。它甚至没有费心去打造自己的品牌，而是把产品销售给通用公司等西方生产商和西尔斯公司等零售商。但是，到了 20 世纪 90 年代中期，三星公司的社长、公司创始人之子李健熙（Lee Kun Hee）决定将三星公司从一个低端生产商转变成一个高端品牌，转眼之间，竞争就开始了。

"我们要打败索尼公司，"三星公司全球营销总监埃里克·金（Eric Kim）在 2001 年夸下海口："索尼公司目前拥有最高的品牌知名度，但是到 2005 年三星公司的品牌知名度将超过索尼公司。"三星公司的领导认为，数字化改革会给三星公司带来机遇。尽管三星公司生产的动态随机存储芯片（DRAM）（具有讽刺意味的是，包括用于索尼公司 PlayStation 2 上的芯片）已经处于全球领先地位，它仍要斥巨资把自己打造成为"数字世界"——引领数字创新革命的、众望所归的、价格低廉的电子产品生产商。虽然三星公司仍旧是一个技术引进型企业，但是该公司开始强调产品的设计与开发。截至2001年，三星公司的MP3播放器、数码相机和平板显示器已经赢得了消费者的赞誉。

埃里克·金的梦想提前一年实现了。尽管三星或许仍然算不上高知名度品牌，但是到2004年末，三星公司已经在全球彩色电视、录像机、液晶显示器和数码存储设备市场上占据了主导地位，成为全球盈利最高的消费电子产品公司。三星公司的手机销量仅次于诺基亚公司，DVD的销售也在快速逼近索尼公司。除了最前沿的设计外，三星公司的数字化时代战略的另一个重要因素是：速度。三星公司的生产理念是：快速研发新技术，立即加以改进，并赶在其他对手之前推出更多产品。"再贵的鱼一两天之后也会降价，"三星公司的CEO尹钟龙（Yun Jong）接受《新闻周刊》（*hlews week*）采访时说道，"所以无论是生鱼片商店，还是数字化行业，保守都会造成伤害，速度意味着一切。"比如，尽管三星公司并非手机的创始者，但是它每年推出100款新型手机，而诺基亚公司仅仅新推出24款。索尼的商业模式适合更早些的年代，当时它每隔几年就能推出一款风行一时的产品，如随身听，然后随着市场的不断扩大逐渐降低其价格。正如《新闻周刊》所言，三星公司是新时代的主人，"在这个时代，公司需要不断地向市场推出新产品，并立即以相对低价批量销售产品，（随后）迅速推出一代又一代的替代产品"。

2004年，三星公司的收入创纪录地达到120亿美元，其全部股票市值令主要竞争对手黯然无光。索尼公司不得不承认"韩国制造"已经有了全新的含义。

另一个国际巨头是法国的拉法基公司（Lafarge S. A.），它虽然是国际最大的水泥生产商，但也面临着来自新兴经济竞争对手出其不意的攻击。这并不是说这个有着170年历史的老牌公司已经老得站不稳脚跟。相反，自

1970 年以来，拉法基公司一直在稳定地扩张。在北美，拉法基公司并购了加拿大水泥公司（Canada Cement）和波特兰通用公司（General Portland），从而形成了令人瞠目结舌的业务组合。并且在过去的 15 年中，拉法基公司的业务经营范围从 12 个国家扩展到 70 个国家。同时，1999 年，它又收购了总部设在印度的塔塔水泥厂（Tisco's cement plants），并于 2003 年通过投资重庆水泥厂（Chongqing Cement）进军中国市场。

但是，当它在印度尼西亚的大型工厂 2004 年遭到海啸重创的时候，哪家企业能快速用船运去产品并获取市场份额呢？不是拉法基公司传统的欧洲竞争对手，比如德国的海德尔堡公司（HeidelbergCement）和瑞士的霍尔希姆公司（Holcim），而是由墨西哥的西迈克斯公司（CEMEX）抢得先机。到 1976 年，西迈克斯公司已经成为墨西哥最大的水泥制造商，但是直到 1985 年，公司创始人的孙子洛伦佐·赞布拉诺（Lorenzo Zambrano）接管公司，才使得公司在国际舞台上崭露头角。赞布拉诺通过不断并购美国南部和中部的公司来扩大公司现有规模。1996 年，西迈克斯公司已经成为世界第三大水泥公司。2000 年，它花费 28 亿美元收购了美国大型生产商萨斯顿公司（Southdown），不过公司最大胆的行动还在后面。2005 年，公司又斥资 58 亿美元收购了英国巨人 RMC 集团，在世人的惊叹声中阔步进入欧洲市场。通过这一收购，西迈克斯公司成为世界第二大水泥制造商，并以夺取欧洲水泥市场老大为目标开始向拉法基公司发起挑战。

## 面对替代性技术束手无策

替代性技术的威胁可谓无处不在。我们必须或者及时识别出这一威胁，或者去适应这种形势，或者改变战略，或者推出新一代技术。但是，如果患上了竞争近视，那就只有举起手来缴械投降的份了。

上一章讨论了柯达公司如何奋起直追，试图在一个自己曾经称雄的行业发生了巨大变化之后重新崛起。柯达公司投身于数字化改革之前是否耽误了太长的时间？它所进行的大量资金和工艺技术投入，很及时地发挥了应有的作用。无论如何，这都是一个整个行业都被新的或"替代性"的技术弄得焦头烂额的绝佳案例！

或许，一个更有代表性的例子是电信行业发生的变化。当监管部门批准小贝尔公司进入玛贝尔公司专营的长途电话业务时，小贝尔公司一定以为其兴盛发达的日子已经来到。但随后手机出现了，由于手机的通话费取决于用户的实际通话情况，所以手机的本地和长途业务并无差别。我们用奎斯特公司（Qwest）的最新数据举例说明一下。2005 年的第二季度，该公司报告净亏损 1.64 亿美元，对它而言，唯一的好消息是这个数字远远低于一年前亏损的 7.76 亿美元。接连的亏损并不难理解。人们正逐渐放弃使用他们的固定电话——这一趋势由美国通信委员会最近颁布的两条规定引发。第一条是，准许用户更换无线服务提供商，而无须变更电话号码。第二条是，允许固定电话用户改成无线电话，并仍可保留其原号码，这条规定给传统的电信行业更加沉重的一击。如今，小贝尔公司正在疯狂地争夺手机业务——通常采取的是收购或合并现有服务提供商的方式。

但是，即使小贝尔公司的手机业务发展起来了，并且也正常运转，电话公司的问题还是没有彻底解决。现在，又出现了宽带电话。它是目前最便宜的沟通平台，并且新公司又会以低于固定电话标准费用 30% 的价格提供服务。它还大大减少了服务提供商的员工规模。位于新泽西州的沃尼奇公司（Vonage），向 70 000 个用户提供宽带电话业务，每个用户每月缴纳 24.99美元服务费，但公司完成这些工作仅需要 220 个员工。

现在，所有的小贝尔公司又在争夺市场了。奎斯特公司、韦里孙公司

(Verizon)、西南贝尔公司和南方贝尔公司均宣称计划提供网络电话服务。正如《华尔街日报》的一位电信分析人员所说的："大型的电话公司不至于愚蠢到不去推行此项业务。"

《华尔街日报》评论道，这是"新技术快速重塑一个行业的最新案例。"确实，这一变化似乎一眨眼的工夫就发生了。如果你还在从事有线业务，很可能突然之间你就被淘汰出局了。

## 如何改掉竞争近视的习惯

竞争近视的征兆就是上面所提及的那些情形。你只关注自己的直接竞争对手，因而忽略了外围竞争者，并且更重要的是，你忽略了整个行业。你已经患上了竞争近视，你目前正在失去市场份额。你不承认也不去适应一系列影响你所处的行业的未来走势的竞争因素。那你将如何看清行业的整体情形呢？以下是几点建议。

### 重新界定竞争态势

你也许在突然丧失了市场地位之后，才终于意识到你需要拓宽对竞争的定义。你需要全面审视周边的竞争环境，并明确你的劣势所在。在这方面，IBM 公司就是一个很好的案例。

正如我们所看到的，"蓝色巨人"聪明地向下游发展，并将自己重新塑造成一家服务公司。但是这一战略定位带来了一个新的问题：公司的竞争形势发生了改变。由于 IBM 公司是一个"大盒子型"公司，其竞争对手一直是国内的制造商。而其他制造商要想参与竞争需要投入大量资金，因此 IBM 公司不必担心来自新兴国家的竞争威胁。但是在服务行业，情况就非常不同了。来自印度的巨大挑战已迫在眉睫，IBM 公司必须重新定位。例如，印孚瑟斯公司（Infosys）是一家技术咨询公司，它目前已在包括北美在内的 15 个国家开展业务，这些业务的销售额占其总销售额的 65%。塔塔咨询服务公司（Tata Consultancy Services，塔塔集团的一部分）是另一家快速成长的公司，目前已在 30 个国家开展业务，并通过收购来继续扩张其业务范围。还有威普罗信息科技公司（Wipro Technologies），它是威普罗公司的咨询事业部，已经在 35 个国家建立了办事处。威普罗信息科技公司正在同那些希望通过外包来降低成本的美国公司进行积极的业务合作。这些及其他一些公司已经走在了行业的前列，在它们自己的优势业务领域内向 IBM 公司发起了挑战。

值得称赞的是，IBM 不仅坦率地承认了这种威胁，而且决定强势进入印度市场，来进行反击。IBM 公司战略的一个部分是，吸引印度公司的高层管理人员加盟 IBM 公司，从而削弱这些公司的领导力。"蓝色巨人"也开始在印度招聘应届高校毕业生、初级技术人员和工程师，并向他们提供较高的薪酬待遇。公司将这些新员工安排在印度的办事处工作，他们的工资水平低于美国同等职位人员，但是高于印度公司的标准工资水平。通过这种方式，IBM 公司挤压了印度竞争对手的获利空间，因为这些印度公司被迫也要提高薪酬水平。最后，IBM 公司开始争取印度当地的客户。同其他地方一样，印度政府部门通常也是最大的客户，所以 IBM 公司目前正在积极地竞标印度政府的合同。当 IBM 公司重新认识其竞争态势的时候，该行业的其他美国大公司——美国电子数据系统公司（EDS）、埃森哲公司、甲骨文公司（Oracle）等等——都开始效仿 IBM 公司，也在重新界定各自的竞争态势。

当然，并非所有的非传统竞争者均来自新兴经济。家得宝公司越来越关注沃尔玛公司的策略变化，赫兹公司对恩特租车公司有了新的认识，凯迪拉克公司承认德国和日本高档轿车对其的冲击——所有这一切都说明了重新界定竞争态势的必要性。

### 拓宽生产或市场领域

如果你在现有市场上继续销售现有产品，那么你的基本战略就是紧缩战略。但是，要想击败竞争对手，需要一个更加进取的战略才行。你可以拓展市场来销售现有产品，或者相反，也可以针对目前市场扩大自己的生产线。但最终的选择将是多元化——向你过去未曾涉足的市场推出你过去从未销售过的新产品。

汇丰银行（Hong Kong & Shanghai Banking Corporation，HSBC）的例子展示了如何通过扩展产品和拓宽市场来开阔你的竞争视野。汇丰银行创立于 1865 年，为的是给大英帝国和亚洲之间日益增长的鸦片、丝绸和茶叶交易提供资金支持，一直到最近，它的业务重点都放在进出口贸易上。在过去 20 年里，一些巨大的变化——解除管制、全球化和大规模合并——不仅使得整个银行业为之战栗，也让汇丰银行深信只有不断地发展和扩张才能生存。它必须成为一个"全球化的"银行，而不仅仅是为国际贸易服务。

它的第一个大动作是在 1992 年并购了米德兰银行（Midland），这是英国的第三大银行。此次兼并将汇丰银行的业务扩展到公司和个人银行领域。第二步是进军消费金融业务，并于 2003 年斥资 148 亿美元接管了家庭国际公司（Household International）——家庭理财公司（Household Finance）的前身。这一举措在极大地拓展汇丰银行美国业务的同时，也推动其自身开展了用户群体最大的消费信用卡业务。一年后，它购买了中国交通银行 20% 的股份，这是迄今为止中国内地银行所接受的最大外资注入。同年，即

2004 年，它计划收购伊拉克的投资银行 Dar es Salaam，希望能成为自萨达姆·侯赛因（Saddam Hussein）35 年前驱逐所有外国金融机构以来首个进入伊拉克的外资银行。在所有的银行业务服务中，汇丰银行的投资银行业务最弱，但是公司正在采取措施支持这个领域。到 2004 年，它雇用了 700 名投资分析专家，业内也盛传汇丰银行正计划收购像摩根士丹利公司（Morgan Stanley）这样的大型美国玩家。

无论从哪个方面讲，汇丰银行由一家稳重沉着的交易银行转变为一个勇猛果敢的全球银行大亨，其发展是有目共睹的。如今，它在全球 80 个国家建立了 9 800 个办事处，除了不断增长的投资银行业务外，还提供消费和金融业务、信用卡服务、资产管理、私人银行业务、证券交易和保险业务。因此，2004 年，汇丰银行连续第三年当选《银行家》（*The Banker*）评出的"年度环球银行"，并被《欧洲货币》（*Euromoney*）评为"世界最佳银行"，也就不足为奇了。

### 通过整合治理产能过剩

这是航空行业的主要战略，尤其适用于欧洲的航空公司。法国航空公司（Air France）在 2004 年收购荷兰皇家航空公司（KLM）就是一个典型案例。此次收购使法国航空公司获得两方面的益处。首先，这次并购使其超过了英国航空公司（British Airways）并成为欧洲最大的航空公司。或许更重要的是，法航抑制了航空行业的过剩产能。过多的产能会导致买方讨价还价能力的提升，其本身就变成了激化竞争的因素。如果同一航线安排的航班太多，空出的座位太多，就会迫使航空公司竞相降价，并使竞争加剧。整合会降低产能。法国航空公司和荷兰皇家航空公司两家之间，每天在巴黎和阿姆斯特丹这个航线上可能有 20 个航班。显然，合并后的公司能够削减航班的数量，同时增加每趟航班的乘客人数。法国航空公司还收购了海神航空公司（Proteus Airlines）和弗朗德尔航空公司（Flandre Air）等地区性航空公司，以此来整合国内航空市场。

2005年初，德国汉莎航空公司（Lufthansa）收购了瑞士航空公司（SwissAir），也通过整合降低了产能。这家德国航空公司不仅强化了其在欧洲市场上第三的地位，还同时再次降低了竞争激烈的航空行业的产能。一旦两家航空公司的整合结束（据预计在2007年），汉莎航空公司每年就能运送约6 000万名乘客，而法国航空公司每年运送6 500万名乘客，其竞争激烈程度可见一斑。与此同时，据说英国航空公司也在寻找欧洲的合作伙伴，并且已经同西班牙的伊比利亚航空公司（Iberia）进行了洽谈。

### 反击非传统的竞争对手

你已经了解了IBM公司如何在印度实施这一战略，但家用电器行业又给我们提供了另一个案例。美国家用电器业的三强依次为惠而浦公司、通用电气公司和怀特联合工业公司（White Consolidated），它们主导着行业的发展，这也进一步证实了"三强鼎立法则"。20世纪六七十年代，在惠而浦公司和通用电气公司争抢市场份额的时候，那些败下阵来的家用电器制造商凑在一起成立了怀特联合工业公司。怀特缝纫机公司（White Sewing Machine Co.）的CEO爱德华·雷迪格（Edward Reddig）买下吉布森公司（Gibson）、凯文纳特公司（Kelvinator）、西屋公司（Westinghouse）的家电部、富及第公司（Frigidaire）等等，并将这些"大型家用电器"品牌"整合"成了美国第三大家用电器制造商。

这就是1986年美国家电行业的状况，也是在这一年，举世闻名的真空吸尘器公司——伊莱克斯公司（Electrolux），从瑞典进入大西洋彼岸的市场。凭借始于 20 世纪 70 年代的一系列并购活动，伊莱克斯公司已经从真空吸尘器扩展到整套家用电器的生产商，并成为欧洲家用电器业最大的制造商。如今，伊莱克斯公司希望能走向世界，再具体点讲，它希望能通过一次重要并购大举进军美国市场。对怀特联合工业公司的成功收购，让这一带有北欧海盗特点的"劫掠"得到完美展现。突然之间，伊莱克斯公司不仅仅位居欧洲市场的领导地位，而且成为全球最大的家用电器生产商。怀特联合工业公司一直是惠而浦公司和通用电气公司相对较弱的挑战者，而伊莱克斯公司的明确目标就是获取美国市场份额。

面对始料未及的欧洲竞争对手的进攻，惠而浦公司唯有进行还击。惠而浦公司以牙还牙，杀过大西洋，并于 1989 年同飞利浦电气公司合资组建惠而浦（欧洲）公司（Whirlpool Europe）。到 1991 年，惠而浦公司买断惠而浦（欧洲）公司的全部股权，一下子成为欧洲第二大家用电器制造商（强于伊莱克斯公司在美国第三大制造商的地位）。现在，惠而浦公司和伊莱克斯公司均为家电行业的全球领先企业，而且，更重要的是，惠尔浦公司有效地反击了伊莱克斯全球进攻的挑战。

### 重新聚焦核心业务

这种"紧缩"战略可能听起来有悖常理，但却非常有效。当公司采取多元化战略时，经常会出现管理滞后，它们有时会搞不清楚竞争领域，甚至丧失竞争的重点。贝萃斯食品公司是这样一个典型案例，就像雷金纳德·琼斯领导下的通用电气公司一样。

印度的一些大型企业集团，在经历了几十年的多元化经营后，现在也逐渐紧缩业务。阿迪亚波拉纺织集团（Aditya Birla Group，ABG）目前正在回归纺织纤维、炭黑和水泥这些基本业务。例如，它的印度人造纤维公司

（Indian Rayon）售出了其所持有的印度湾公司（Indo Gulf Fertilizers）的股份后，就出现了利润的增加和运营状况的改善。马恒达集团（Mahindra & Mahindra）正在重新聚焦自己的核心业务，并宣称计划到 2005 年底成为世界最大的拖拉机生产商。但是，最佳案例当数印度最大的企业集团——塔塔集团。为了落实全部剥离非核心业务的战略，塔塔集团剥离了美容化妆品、水泥、原油、药物和涂料业务，并将塔塔霍尼韦尔公司（Tata Honeywell）的股份出让给霍尼韦尔国际公司（Honeywell International）。与杰克·韦尔奇在通用电气公司采取的战略非常相似，塔塔集团的现任掌舵人拉丹·塔塔（Ratan Tata）正致力于重新聚焦于公司的优势领域——如茶、钢铁、汽车、电信、能源和信息技术等。

\* \* \* \* \*

总而言之，如果你的问题是竞争近视，那么解决的办法就是拓宽竞争视野。正如上面这些案例所阐明的，仅仅关注一两个最强的、最直接的竞争对手——就像其他自我毁灭的习惯一样——具有很强的诱惑力。同样，严格按照行业的大标杆执行，其结果就会是令人满意、令人放心的，这也会使你感觉良好。但是，如果你不能持续关注外围状况，那就会有潜在的危险。

你需要弄清楚的——不仅仅是你的直接竞争对手，还有其他全部的竞争力量——你的供应商的生产能力、客户向上游发展的可能性、新的或非传统的竞争者所带来的威胁，以及新技术可能会使你落后的持续威胁。

全面了解竞争领域内的各种情况，是医治竞争近视的最有效方法。因此，请时时刻刻关注你所处行业的整体情况。

**竞争近视**

**导致竞争近视的因素：**

- 行业的自然演变。

- 群集现象。

- 行业第一与行业先驱。

- 相反的情形：行业第二角逐行业第一。

**竞争近视的征兆：**

- 听任小的利基企业在你身边发展：你仅关注大企业的状况，而没把利基企业也视为一种威胁。

- 供应商的忠诚被非传统的竞争对手赢得：你未能察觉你的供应商会成为你的竞争对手。

- 客户（或渠道合作伙伴）的战略由购买转变为生产：真正的危险发生在你的客户向上游发展并开始生产产品的时候。

- 低估新进入者的实力，尤其是来自新兴经济领域的进入者：你不承认新进入者所带来的威胁。

- 面对替代性技术束手无策：这种威胁始终存在，但是企业没有及时采取行动而面临被动局面。

**如何改掉竞争近视的习惯：**

- 重新界定竞争态势：你应该分析整个竞争环境，以明确公司的薄弱环节。

- 拓宽生产或市场领域：拓展市场销售现有产品，或者针对现有市场扩大生产线，从而实现多元化。

- 通过整合治理产能过剩：削减行业中的过剩产能，从而降低客户讨价还价的能力。

- 反击非传统的竞争对手：向独特竞争对手发起反击，直取老巢。

- 重新聚焦核心业务：这个"紧缩"战略也许有悖常理，但是能让企业将有限的资源用于企业最成功的领域。

# 第 7 章

## 数量沉迷

### 成本增加和利润减少

　　为了获取收益，你支付了过高的成本，或者简单地说，你花费太多的钱去赚钱。在非垄断的市场中，激烈的竞争或行业产能的过剩，都会导致价格迅速下降，而此时如果成本维持不变，成本无效率就会随之产生。

　　无论大企业还是小企业，迟早都要面对这一问题。为什么会这样？为什么公司的成本结构会出现问题？

或许，"成本无效率"（cost inefficiency）是用来表述这一自我毁灭的习惯的一个更加商业化的术语。也就是说：为了获取收益，你支付了过高的成本，或者简单地说，你花费太多的钱去赚钱。在非垄断的市场中，激烈的竞争或行业产能的过剩，都会导致价格迅速下降，而此时如果成本维持不变，成本无效率就会随之产生。

与大多数自我毁灭的习惯一样，这一习惯通常似乎也是企业成长的副产品。该习惯在人身上可能表现为：当经历了"快速成长"阶段之后，便无法继续有效地消耗体内的卡路里，多余的脂肪最终就会在体内堆积起来。究其原因是，这个人一直在以较低的效率来消耗体内的能量。运动员在这方面表现得尤为明显。运动员在其运动生涯阶段，是健康的典范。他们虽然摄入了大量的卡路里，但却能在高效地消耗这些热量的过程中达到最佳的竞技状态。然而，等到运动员退役的时候，他们仍然经常摄入过多的卡路里，但却不能将其消耗掉。曾经是高效循环体系中必备要素的卡路里摄入，如今却成了不良习惯——有时又是一种危险习惯，因为有些运动员退役后身体状况会迅速变差。总之，无论是处于成熟阶段的公司，还是上了年岁的人的身体，情况都是一样的：吸收的太多，产出的太少。

充斥着商业期刊的不计其数的"组织重构"表明，成本—收益之间的病态失衡是一个普遍性的问题——无论大企业还是小企业，迟早都要面对这一问题。为什么会这样？为什么公司的成本结构会出现问题？我们来看几个典型案例，这些公司的成本—收益比率都已到了难以调和的危险境地。

## 高利润的先驱

如上所述，德国人热衷于科技和发明的特质，影响了美国国内的商业和工业。我们的商业巨人，我们的偶像，是那些进行发明创造并催生了新兴行业的人，比如亚历山大·格雷厄姆·贝尔（Alexander Graham Bell），或者是那些实行了新工序（如亨利·福特和他的生产流水线）或开发了新产品［如约翰·彭伯顿（John Pemberton），第一个配制出可口可乐的人）、从而永久地改变了商业景观的人。那些开发了新行业或新产品种类（不管是软饮料还是个人电脑）的先驱们，都会分享这些新产品的专利税，并因这一尊贵身份而获得某种额外收益。

如你所料，我这里指的额外收益就是定高价的特权。实际上，你是一个垄断者，你拥有独一无二的产品。你没有竞争对手，价格战也就无从谈起。你的产品在某种程度上能够满足其他产品过去从未满足过的一种需求（或一种愿望），因此，你可以随心所欲地定价。所以，你的成本结构是建立在高收益业务的基础上的。

但无论如何，你的成本将是高昂的。你需要进行基础建设，需要雇用人员，需要准备所有的一切。这就如同建造你自己的房子一样，似乎从未停止过签支票。同时，你刚开始的产能也会很有限，因此单位产出成本会异乎寻常地高。但是，所有这一切都不足为惧，因为利润相对而言会更高。

接下来会发生什么呢？随着你所开创的行业趋于成熟，竞争逐渐产生，对手的产品价格比你的低。你被迫降低自己产品的价格，并以增加销量来弥补降价带来的损失。你扩张自己的产能（实际上，与此同时你也成为了自己的竞争对手，因为产能决定价格）。但是扩张本身是一个高成本的过程，而且你会发现你的成本下降速度与市场上产品价格的下降速度并不一样。由于你的成本结构继续维持相对较高的水平，所以利润会迅速缩水。

最终，你不得不面对一个新的现实：你所从事的已经不再是高利润行业了。起初，当你是行业先驱、是垄断者的时候，你的成本结构是有利的。但是当周围的同行都成长起来了，竞争压力便开始加剧。这通常是行业先驱者的命运。实践再次证明，成功之中蕴含着失败。这是一个要面对的严峻形势。你是缔造者，你想要维护你的一些特权。对于你来说承认不再拥有这些特权并不是一件容易的事。为了更好地阐述这一情况，让我们来看看 IBM 公司的个人电脑业务。

## IBM 公司与联想公司

当 IBM 公司 1981 年推出其首款"个人电脑"的时候，该款电脑给个人电脑领域带来了一场革命。由于其一直致力于实现性能、特色和低价位的完美结合，因而在电脑行业大获成功。IBM 公司的这款个人电脑在最初的两年中，销售了 50 万台，获利颇丰，成了公司的一棵摇钱树。当然，从那以后，个人电脑的利润开始暴跌。IBM 公司在全球范围内授权使用个人电脑的体系结构（与 IBM 电脑兼容），吸引来了一些可以选择的制造商。有意思的是，尽管扩大了产能并实现了预期的经济规模，但成本并未显著下降。波士顿咨询集团（Boston Consulting Group）的一份研究报告指明了其中的原因。原来，在三大行业领先企业——IBM、康柏和戴尔——的运营过程中，工厂生产环节的全部增值部分仅占 11%，成本部分占 89%，而且全部源于采购，并且这些成本中有 79% 流向了两大供应商——英特尔公司和微软公司。拿区区 11% 的增值来创造足以支撑公司业务的利润，是不现实的。这远远低于企业生存的底线。

在组装或制造业中，有这样一种假设：你越是处在行业的下游，你增加的价值越多，你创造的利润也就越多。但在这个案例中，微软公司和英特尔公司是一路笑着去银行存钱的，IBM 的案例证明这一假设是错误的。现在，我们总算明白 IBM 公司作为行业先驱最终缴械投降的原因了。

事实上，当 IBM 公司最终在 2005 年初以 17.5 亿美元价格将其个人电脑业务卖给中国联想公司的时候，一个令人震惊的真相才大白于世。IBM 公司个人电脑业务至少从 2001 年就一直亏损，出售前的 3 年中共亏损 9.65 亿美元。看吧，这就是行业的先驱，一个曾经成功地开创个人电脑市场的公司。因此，当你的高利润业务盈利暴跌时，你就被淘汰出局了。

这里的问题并非是 IBM 公司为何出售个人电脑业务，而联想公司为何有兴趣收购这一亏损的业务。答案可以说是想借用 IBM 的品牌声望（为期 5 年），也可以说是为了拥有 IBM 公司的客户群，并借此令自己快速取代 IBM 公司成为世界第三大个人电脑制造商，还可以说是联想意欲获得全球个人电脑玩家的通行证。但是仍有一个棘手的问题摆在面前：如果 IBM 公司不能从个人电脑业务中获利，凭什么联想公司就能盈利？联想的投资者心中显然有此疑虑。由于担心收购 IBM 公司的个人电脑业务可能会使其业绩下滑，所以在收购案宣布之后的两个月内，联想公司的投资者们出让了一些股份，使得联想公司的股价下跌了 24%。

答案其实很简单：联想公司不会背负着 IBM 公司膨胀的成本结构经营个人电脑业务。

同样，为了摆脱微软公司的压制，联想公司可能会转而使用非专利的免费 Linux 软件。在联想公司所服务的新兴市场中，制胜的关键因素是支付能力而非品牌。使用免费的 Linux 平台，将是联想公司降低大量成本的另一个重要措施。

第三个原因或许是东西方观念存在差异。亚洲公司有其贸易文化渊源，其利润——以及成本——历史上一直较低。在东方，发明者阶层尚未出现，追求高利润的思维倾向也不明显。西方人低得无法接受的利润，在亚洲商人们看来或许还不错。还有，中国的餐馆就是依赖庞大的业务量和辛苦的工作，使自己在微利行业中成功经营的。

我并未说事情处理起来会很轻松。联想公司将面临许多挑战。中国科学院的研究人员1984年创立的联想公司，仍是一家国有控股企业。这个年轻公司已经遇到了几个小麻烦。但是，当联想公司设计出能使IBM公司的个人电脑上运行中文字符的线路板——联想汉卡时，这些小麻烦都解决掉了。而且，截止到1990年，联想公司组装的电脑均使用自己的Legend商标。（由于Legend商标与美国的Acura Legend商标相冲突，联想公司无法向美国出口Legend商标产品，所以在2004年将商标更改为Lenovo）。联想公司的业务模式——生产适合于亚洲市场的产品，持续创新并降低成本——似乎取得了成功。在收购IBM公司个人电脑业务之前，联想公司已成为中国最大的个人电脑供应商，并且在非常不利的环境下，仍然持续盈利。

联想公司能够充分利用IBM公司的资产并摆脱其负债的困扰吗？我认为它能做到。事实上，我认为联想公司的成本结构非常有利，其经营理念的适应性也很强，联想公司不仅目前会盈利，而且随着时间的推移会切实地提高其利润水平。

IBM公司的故事绝非是一个特例。想一下消费类电子行业或者纺织业。这两个行业中，美国公司同样是先驱者——拥有相应的高成本结构并获得高利润。但是，这两个行业的高利润都最终消失了（主要是因国外的竞争压力所致），而成本依旧很高。如今，这两个行业都已风光不再。总的来说，当你是行业的先驱者时，你会渴望支配一个高利润的业务。你的成本结构需要建立在你的业务会一直保持着高利润率这一假设的基础上。但随着你的行业的成熟，利润降低的速度会超过成本减少的速度，这样你就会陷入困境。

## 快速成长的优秀公司

由于新成立公司的倒闭率非常高，那些能幸存下来的公司开始自我感觉良好，也就不足为怪了。现在，是走向世界的时候了，应该快速发展了。它们这样想虽然源自过度自信，但也有一定的逻辑合理性。处于这一发展阶段的公司也许担心那些被自己甩在后面的公司会追上来，甚至超过它们。或者（相信"三强鼎立法则"），这些公司可能认为为了确保自己在该行业中能够生存下来，就必须通过收购和兼并更小的公司来赶超其前面的公司。

不管怎样，快速扩张和扩大产能都是公司发展中的首要任务。扩张可能是地理性的扩张，如建设新的生产设施、将公司产品推向国内外的新市场。也有公司通过赢得新的顾客细分市场来扩张业务。例如，计算机行业将其顾客群从政府层面延伸到公司层面，最后扩展到个人层面。而且，该行业的显著特点是，其做法是从利润率最高的客户扩张到利润率最低的客户。这恰恰是向新客户市场扩张过程中容易出现险情的时候——特别是在这种扩张失控的时候。变革的机遇几乎总是出现在利润较低的领域，但是若公司未能成功应对利润较低的困境，就可能在困境中倒闭。

新生产线创造的利润也常常比较低，计算机行业再次证明了这一点。随着企业尝试生产越来越多的客户买得起的产品，计算机产品就从大型主机发展到小型机，再从小型机发展到个人电脑。这是合乎逻辑的，也没有什么不对，但是你已经看到 IBM 公司的个人电脑业务的遭遇了。快速增长的公司尤其需要关注它们逐渐减少的利润。扩张业务确实能够保证获得较高的收入，但是这也是公司可以使用的最后一招。

还要提醒注意的是，扩张是需要资金的——快速扩张需要更多的资金。

为了在短期内筹集到资金，公司决定首次对外公开股票。一旦通过首次公开募股（IPO）"出售"了自己，那你无论如何都不会再是你命运的主宰者了。此时，你会受到华尔街的苛刻驱使。犹如一只奔跑的狐狸，你会受到分析师和投资者的追逐，他们大声叫嚷："让我看看你的经营状况，否则我就让你的股价下跌。"如今，你背负着快速发展的巨大压力。很多情况下都是如此，当无计可施之时，公司领导层就会决定，赢取更多时间的唯一方式就是开始欺瞒相关人员。

KK 甜甜圈公司（Krispy Kreme）的沉浮，很好地说明了这一令人不悦、但却可预见的发展轨迹。

## 利令智昏

凭借自己手中握有的几美元和一位法国厨师卖给他叔叔的酵母秘方，弗农·鲁道夫（Vernon Rudolph）1937 年在北卡罗来纳州的温斯顿·塞勒姆（Winston-Salem）创立了 KK 甜甜圈工厂。起初，工厂经营批发业务，由鲁道夫将自己做的甜甜圈批发给当地的杂货店售卖。但是——根据公司的传奇故事——途经原艾维大街（Ivy Avenue）工厂的人们，闻到了甜甜圈的香味后，情不自禁地去敲门并要求直接购买新鲜出炉的甜甜圈。看到自己的产品如此受欢迎，鲁道夫便在工厂面街的围墙上凿开一个洞作为售卖窗口，转眼之间，鲁道夫便做起了甜甜圈零售。

后来鲁道夫开始扩大经营规模，但进行得比较缓慢。每个店铺都用艾维大街工厂提供的 50 磅袋装的特殊混合原料，各自制作新鲜的甜甜圈。用经过发酵的配料并挂层糖衣的方法炸制出来的甜甜圈的名气越来越大。毕竟，甜甜圈美味可口，顾客愿意购买。不过，当鲁道夫 1973 年去世的时候，所开设的店铺仍然不到 50 家，而且绝大多数都分布在美国的东南部。但是，3

年后的 1976 年，贝翠斯食品公司收购了这家小连锁店，并着手扩大其经营规模。贝翠斯食品公司还尝试改变其经营范围——在中午，当困顿的顾客要喝咖啡的时候，店里却卖起了汤和三明治，后来为了削减成本，又用较便宜的原料生产甜甜圈。两种做法都惨遭失败。1982 年，KK 甜甜圈公司早期的一群特许经营者斥资 2 200 万美元将公司购回。公司迅速恢复了原始的制作秘方，关闭了贝翠斯食品公司开设的一些店铺，但是，因为融资收购公司背负了债务，扩张计划被无限期搁置。

经过努力，公司重新正常运转，随后，公司设计出的两个营销理念，提升了公司的品牌形象，并打造了公司的口碑。首先，公司 CEO 麦克·麦卡利尔（Mack McAleer）——曾参与公司融资收购的一位特许经营者的儿子——提出了"甜甜圈剧场"的概念。在所谓的"工厂店"中，顾客可以看到甜甜圈的全部生产过程：在 365 度的植物油中炸制 115 秒，浇淋糖浆，随即美味的甜甜圈被直接传送到服务台。只要甜甜圈的温度降至能用手拿，在服务台边等候的顾客便可开始尽情享用。顾客明显偏爱吃热乎乎的甜甜圈，这带动了公司的第二个创新：当标有"HOT DOUGHNUTS NOW"的招牌灯亮起时，表示新鲜的甜甜圈出炉了。1980 年初，查塔努加（Chattanooga）的一家商店开始采用这种招牌（结果销量大增），后来该招牌迅速在全公司范围内推广使用。

KK 甜甜圈公司 1989 年摆脱债务困扰后，开始追求更高的发展目标。公司在 20 世纪 90 年代初期的扩张进程缓慢而稳定，但到了 1995 年，却开始大张旗鼓地授权特许经营。公司在美国中西部和西南部开设店铺，使得位于西南部的店铺数从约 60 家（大部分归公司所有），迅速发展到 120 多家。随后在 1998 年，公司宣布大举进军加利福尼亚州市场，并计划在接下来的几年中于该州再开 80 家特许经营店。

斯科特·莱文古德（Scott Livengood）已经在 KK 甜甜圈公司工作了 25 年，凭借自己的努力工作而不断得到晋升，最后荣任公司 CEO。2000 年，在他的领导下，KK 甜甜圈公司公开上市。公司在遵从既定的运营模式的同时，又宣布计划在未来 4 年内开设 500 家新店铺，并向加拿大市场大规模扩张。时机看起来非常合适。随着互联网泡沫的破灭，这家小规模的甜甜圈公司的业绩飞速上升。当股市在随后两年进入熊市的时候，KK 甜甜圈公司却让素有偏见的华尔街另眼相看。

1993 年 7 月，《财富》杂志的封面刊登了 KK 甜甜圈公司的照片，并对公司取得了看似不可能的成就给予了充分肯定。截至当时，公司规模已经扩大到拥有 292 家店铺，这些店铺 2002 年的销售额为 4.92 亿美元，实现利润 3 300 万美元。自 2000 年首次公开募股以来，公司的股价翻了两番［从 9 美元升至 37 美元（拆股调整后的价格）］。同一店铺的销售额年均增长 11%。公司预期 2003 年的全部收益（包括特许经销商的销售收入）将高达 10 亿美元。

公司在生产运营上也表现得相当不错。2002 年，原艾维大街工厂以 110% 的生产能力全天候不间断地工作，在这里，每 7 秒钟可完成一袋 50 磅袋装混合原料的装袋过程。但是，当伊利诺伊州的新工厂投产以后，每袋的装袋过程仅需 3 秒钟就可以完成，这样艾维大街工厂的生产时间就可以减回到每天 18 个小时了。

公司 CEO 莱文古德对这一成绩的取得非常淡然。"管理一个有如此发展势头的上市公司——并没有什么了不起的，"他接受《财富》杂志采访时说，"我是自得其乐。"近期加入公司董事会的厄斯金·鲍尔斯（Erskine Bowles），曾是北卡罗来纳州的银行家，同时也是前总统克林顿政府的陆军参谋长，他非常兴奋地说："我必须得告诉你，我从来没有见过第二家像这样的公司。信誉良好，行事审慎，而且我对公司的利润感到满意。"

《财富》杂志承认，KK 甜甜圈公司曾经出现过一些失误、不良的资产负债表（与伊利诺伊州的新工厂有关）和监管问题——所有这些问题都已经得到解决。此外也有一些人对公司拥有奇高的市盈率表示惊讶。但《财富》杂志并不赞同这些人的质疑，声称除非"这片土地上到处都有胖警察搜寻迹证，否则 KK 甜甜圈公司就有其发展的空间"。KK 甜甜圈公司有着 66 年的历史，并且销售顾客钟爱和熟悉的产品。《财富》杂志曾问："KK 甜甜圈公司还依旧拥有美国梦吗？该公司会实现其梦想吗？"然后又自信满满地回答自己提出的问题："对 KK 甜甜圈公司不应有任何怀疑。"

这种乐观在大约一个月后就显得有些不合时宜了。2003 年 8 月，KK 甜甜圈公司的股价上升到空前的每股 49.74 美元。任何一个以当时的股价，或者以每股 37 美元，甚至是以每股 27 美元抛售 KK 甜甜圈公司股票的人，如今都应该自我表扬一番。公司 2003 年第四季度的数据却预示出令人不寒而栗的潜在不确定性。利润依旧在增加，销售额在增大，公司声称将继续强势扩张。2003 年，公司新增 100 家店铺，计划 2004 年再开 120 家，并打算到 2010 年底达到 1 000 家店铺（包括设在加拿大、墨西哥和英国的店铺）。但是，同一店铺的每周平均销售额却下降了近 10%。这一消息使公司的股价大幅下跌了 4 美元。

好戏就要收场了。2004 年 7 月，《华盛顿邮报》报道说，KK 甜甜圈公司成了美国证券交易委员会非正式调查的对象。根据 KK 甜甜圈公司的说法，该委员会正在调查其回购特许经营权，以及在 5 月份宣布大幅削减利润预算的事情。同时还透露出这样一个信息：KK 甜甜圈公司自上市以来首次出现了亏损——这一消息使公司的股价暴跌 29%。有关受到调查的报道又让公司的股价下跌 16%。KK 甜甜圈公司的股票从最高价跌起，在不到一年的时间里，每股的交易价就跌至 16 美元以下，急剧下跌了 70%。

投资者们的撤离和美国证券交易委员会的调查，引起分析师们做出这样的推测，该公司"如此身陷麻烦，也许是因过快扩张所滋生的问题所致"。

在寻找新市场和提升市场份额的过程中，KK 甜甜圈公司并非仅仅是开设新店铺。由于不满足于仅仅做热甜甜圈的第一大供应商，公司不惜分身将业务推向超级市场连锁店、便利店以及像沃尔玛公司和好市多公司（Costco）这样的零售巨头，并因此损害了 KK 甜甜圈品牌。其次，销售额是上升了，但是，其代价是增加了许多额外成本（卡车、设施、后勤和人力）。再者，所有这些零售商自己都必须有钱挣。换句话说，它们给 KK 甜甜圈公司剩下的利润并不多。在向投资者解释公司 2004 年第二季度收入为什么持续不景气（以及克罗格商店将 KK 甜甜圈公司从生产线中剔除的原因）时，公司 CEO 莱文古德似乎承认其经营策略是短视的："我们关注的焦点一直是销量和扩张，而较少留意每天的利润状况。我们所采取的措施，并没能守住销售额的底线。"

就在惨淡经营的 2004 年即将结束之际，一起股东诉讼案直指公司虚假的销售数据，KK 甜甜圈公司不得不重新申报 2004 年的财务收入。同时，公司提醒投资者，公司也许不得不拖欠最高为 1.5 亿美元的信用贷款。2005年 1 月，公司股价创新低，仅为每股 8.72 美元。命运之轮发生了戏剧性的转变，莱文古德——这位昔日的华尔街宠儿——不仅被开除出董事会，而且还被《商业周刊》评为 2004 年度最差管理者之一。

一个听起来如此美好的故事，为何这么快就变成了一场噩梦？显然，是因为该公司规模扩张得太大了，发展得太快了，还有，首次公开募股后来自华尔街的压力无疑也造成了不利影响。两名独立董事对公司财务的不规范运作进行了内部调查，结果显示莱文古德和首席运营官约翰·塔塔（John Tata）应负直接责任。他们创建了短视的企业文化，"只关注每季度赚些几分几文的小钱，并希望凭借这一狭隘做法，实现超越预计收益的目标"。

最后，我们应该注意，导致 KK 甜甜圈公司失败的一个主要原因是，公司试图以特许经营的方式来实现其快速增长。这种方式是有诱惑力的。你要求你的特许经营者投入所有的人力资本和部分资金，瞧！那就是——你在以一种低廉的方式扩张店铺。但是这种方式也具有风险，KK 甜甜圈公司的部分问题就是因不得不收回经营不善的特许经营店而起。相比之下，星巴克公司（Starbucks）直到 2003 年收购了西雅图贝斯特咖啡（Seattle's Best Coffee），才开始引入特许经营商。即使在今天，"魔术师"约翰逊也依然是星巴克品牌店的唯一美国特许经营商。正如我们前面谈到的那样，麦当劳公司也总是以极其谨慎的态度实施特许经营，仔细筛选有潜力的特许经营商，并严格限制每一个特许经营商开设店铺的数量。

KK 甜甜圈公司也许能重整旗鼓，再造辉煌。与此同时，在首次公开募股和毫无节制的特许经营的推波助澜下，其过快的扩展已经让人们至少暂时不会再把 KK 甜甜圈视为红极一时的小吃食品了。

## 规模的悖论

我们都喜欢谈论规模经济，但是这一概念并非像听起来那么简单。我们知道，在我们的行业中，即使我们是行业的先驱者，价格最终也会因竞争而下降，所以我们打算通过实行规模生产来降低成本，从而抵消利润的下降。遗憾的是，这些成本不可能节约。正如经济学家们所说的，规模具有的只是"阶跃"功能。

打个比方来说，你打算经营吊扇业务。你已经分析了行业的发展趋势

——节约能源——并确信吊扇需求量会激增，因此，你决定建立一个制造工厂。你需要投入大量的启动资金——建设厂房和后台管理基础设施、形成供应链、雇用与培训员工等等。是的，随着时间的推移，这些成本确实会下降，因为原先工厂规模下的运营效率会越来越高，这样你就可以生产越来越多的吊扇，你的单位产品成本降低了，你开始享受到规模经济带来的好处。

然而，当你决定通过大规模提高产量来真正实现规模经济时，你就会在突然之间增加这些成本。为什么呢？因为你又要从头做起：新厂房、新基础设施、新的信息技术，以及新的人员。不仅如此，你需要各种新人：秘书、行政人员、质量与安全稽查员和维护人员。而且如果你是向海外扩张，那么你可能就要组织一个小型的全权代表团队——一些管理人员，他们也需要拥有自己可以差遣的下属。这些保障费用并不会随产量的提高而下降，所以你的成本会再次突然升高，即使在你的产量提高的时候也会如此。每一次新的扩张，都会带来这些同样高的最初成本。这就是阶跃功能：当你开展新业务或建成新工厂并投产时，你的成本会逐渐下降，但是伴随着你的每一次扩张，这些成本又会猛涨。与此同时，价格也随着产能的进一步提升而不断下降，因此，如果你没有详细计划并有效地运营，你扩张的结果就是把自己从生意场上淘汰出局。

当我们从需求角度来考察规模的阶跃功能时，这个问题甚至会显得更加尖锐。我们的吊扇工厂满负荷地生产，但是正如我们所预期的那样，需求只是缓慢地、稳定地（线性地）增长。如果现有工厂的产量供不应求，我们就会建立新工厂，并且，随着成本的增加，产量也大幅地直线上升。结果，市场供给过剩，此时，我们还面临着存货管理和仓储等额外费用的增加。由于产能以阶跃的形式提高，而需求却直线式上升，因此供需之间总会有差距。我们可能并未预料到减少这一差距的成本。

这种情况常见于传统的"重型"制造业，如造纸业、开采业和钢铁制造业。在这些行业中，扩大产量并非一件小事。扩张的成本是巨大的，新增的产能将是巨大的，而且新增供给和需求之间的差距（至少短期存在）也将是巨大的。顺便说一下，这种情形会形成一个现货市场，你可以借此将你的过剩产能出售给你的竞争者。

一个更具时代性——更加戏剧化的——例子是半导体行业，该行业有像英特尔公司和摩托罗拉公司这样的大型企业。该例子中的戏剧性起因于摩尔定律。该定律预测：每隔 18 个月，微芯片上的晶体管数目就会翻倍。[英特尔的共同创始人戈登·摩尔（Gordon Moore）申明，他最初预测每隔两年晶体管数目会加倍，而非 18 个月，所以该定律显然已不是其个人意愿的体现了。]对于芯片生产商来说，他们的产品一下生产线就差不多过时了，在任何情况下该观点都是对的。这意味着芯片生产商几乎需要持续不断地再设计、更换或建造新的生产设施。一个新的半导体工厂的建设费高达 30 亿美元，而且这仅仅是资金支出。接下来，你需要增加运营成本——维护、人员——你会发现不得不花许多钱。与此同时，你的所有顾客却仍旧在使用旧芯片（例如用奔腾 3 而不是奔腾 4），所以你拥有大量的过剩产能。等到你的所有顾客开始使用新芯片的时候，你又需要建立新工厂来生产更先进的芯片——或者你的竞争者将捷足先登，向你的顾客提供更先进的产品。此时你就会理解为什么半导体行业被称为时贫时富的行业了：供需之间总是呈现一种失衡状态。事实上，公司通常不得不同竞争对手合资建设这些设施。

## 意外责任的拖累

当市场环境良好、公司利润丰厚时，我们常常很难预测今天所承担的责任将如何影响公司发展历程中 50 年后的成本结构。所有成功的公司几乎都会——与他们的雇员和社区一起——承担这样的责任，但结果是这些责任往往很难履行。

我们来看看制造企业关心选址建新厂的情形。国家和当地各级政府将会给企业提供许多诱人的优惠政策——税收减免、文娱场所、使用自然资源的权利和污染补贴。公司十有八九会选择能获得最优政策的地点来建造新工厂（正如戴尔公司的做法，选择在北卡罗来纳州的罗利建造新工厂，从而获得了高达 3.18 亿美元的优惠补助）。但是，这些"免费赠送"并非真的免费。当公司业务开始有起色的时候，社区工作人员就会找上门来。他们希望公司能够支持社区的活动——也就是说，为当地慈善机构或其他有意义的事业进行捐赠，从而"回报社会"。不仅如此，公司高层管理人员还会被邀请去担任当地联合劝募协会、体育场馆管理委员会或博物馆基金会的主席。履行这样的义务需要时间（有时是一年或更长），而时间——特别是公司高层管理人员的时间——就是金钱。成功的公司被邀请参加的此类与业务无关的活动会越来越多，这都是难以事先预测的隐性成本。

事情到此并未结束。15 年或 20 年后，你可能会遇到进一步的发展问题。原来的工厂在技术上已经落伍，不再具有成本效率或竞争力，所以，此时需要建立新的工厂——可能在东欧。但事情并非那么简单。尽管你对社区已尽到义务，但会发现你仍要履行许多责任。你面临着退出难题。你的工厂已污染了河流，只要你还在雇用着该市一半的市民，此事就会无人问津，可是一旦你决定撤离并解雇这些人时，那麻烦便会来了。你所兴建的庞大工厂以及周围因污染而变得糟糕的环境——你该如何处理这些事情？你也许会被要求清理已污染的河流，你也许会不得不把破败不堪的厂房改造成一个高级零售中心。换句话说，你的退出是需要成本的——这一成本的支出会令你特别痛苦，因为你的利润已经今非昔比。

即使需要支付的这笔款项的数额很大，但与你需要为退休人员所做的事情相比，这也是微不足道的。谁能预见未来？你的工厂采用了自动化技术并进行业务整合，谁能预见到工厂现在只需雇用越来越少的雇员，并依靠他们来支撑不断扩大的退休人员队伍的各种费用？当你的精算师精打细算的时候，有谁能预知现在的人会比 40 年前的人长寿 10 年？谁能预测出生率会像过去那样下降？50 年前，没有人谈论"人口老龄化"。结果是，你在一系列假设条件下承担起了责任，到头来却发现这些假设条件已经不再成立。

此外，通过采用自动化和整合措施能慢慢削减现有雇员人数，外包也同样可以实现这一目标。外包绝对是有必要的——无论我们谈论的是班加罗尔的呼叫中心，还是伊利诺伊州皮奥里亚（Peoria）的数据处理中心。如果让别人来完成某项任务能花费更少的话，那就让别人来完成该任务吧。你这是在降低成本，而且你也应该这么做。但是你却在不知不觉中增加了另一项成本，因为你公司的员工已经所剩无几，而你要靠这些员工的努力工作来支撑公司的退休系统，这样的问题常常会困扰你。

一个问题的解决会激化另一个问题，这是多么令人匪夷所思。当你的利润下滑时，控制成本的一种方式是打破公司纵向一体化，剥离你所察觉到的那些效率低下或不盈利的业务单元。当然，我还会在本章介绍这一战略，并会拿通用汽车公司剥离德尔菲（Delphi）来作为实施该战略的一个例子。但是，这里需要提醒大家，特别是告诫像通用汽车公司这样的公司：一旦你再次裁减现有员工的人数，你就会因此而减少公司在养老基金上的投入。

当假设的一系列条件存在时，我们会心甘情愿地承担这些无法预见的责任，但是现在，在环境已经发生了剧烈变化的条件下，这些无法预见的责任就成了具有潜在破坏性的因素。

## 山姆大叔的成本削减

迄今为止，我们所看到的这类成本——无论是运营成本还是非运营成本，也无论是现在支出还是未来支出——都是我们为了提升公司的业务以及保证公司在一个正确的方向上运行而产生的，因而这些成本都是我们或多或少愿意接受的。现在我们来看看来自公司外部的成本，这些成本是由当地、州，甚至是联邦政府强加给的。是的，这些成本并非我们自己数量沉迷的结果，但它们仍然是成本，这些成本有时是隐性的或是出乎预料的，但都必须要考虑到。绝对不能忽视这些成本。

当地的税收、营业执照和经营许可证均是这类成本的所在。很快，我们就进入了政府各项规章制度的巨大网络：美国职业安全卫生管理局（OHSA）的指导方针、员工雇佣和解雇条例（如反优先雇佣行动）、无障碍建筑设计手册，以及其他许多规则。你的规模越大，政府似乎对你就越感兴趣，那么这些业务运作的隐性成本就会持续上升。

政府条例是不断变化的，该事实使得隐性成本增加这一问题更加复杂。美国国会动动笔就能让你付出数百万美元的代价。美国环境保护署（EPA）就是典型的例子。今天，没有人会不响应联邦政府的号召而拒绝承担起保护环境的义务。事实上，许多人希望美国环境保护署能采取更加有效的措施。但是 50 年前，无论是公司、政府，还是社会，全都没有充分认识到污染的危害性。因此公司在运作过程没有表现出强烈的环保意识，也就不足为奇了。

如果再世俗点讲，更为高昂的就是政府强加的传统性非运营成本：利率（或称之为资本成本）和公司税。正是通用电气公司的雷金纳德·琼斯，也许就是他一个人，唤起了人们注意这样一个事实：这些成本导致美国企业在全球范围内丧失竞争力。琼斯执掌下的通用电气公司拥有约 60 个业务单元，其战略计划委员会的高管人员大约有 150 人，公司的成本支出无论如何都太高了。但是，当公司战略计划委员会调研美国公司落后于其全球竞争对手的原因时，琼斯却执著于寻找降低美国政府强加的过多成本的途径。

1981 年，罗纳德·里根继任美国总统，此时美国公司的税率高达 46%。单从表面上就不难看出，这一税率绝对会产生不良后果。公司不是按合理的利率向政府纳税，然后从政府那里获取对业务的税收减免，而是费尽心机地制造骗局、开设虚拟公司以及采取其他一些避税花招，或者设计自己旗下的公司如何才能亏钱，并把这些公司的账面价值降至零。由于通用电气公司和其他一些公司的游说，里根总统将税率降至 34%。但是通用电气公司认为任何高于 10% 的税率，都将束缚美国公司的发展。毕竟，像日本的松下公司和法国的斯奈克玛公司（Snecma）（一家喷气式发动机制造商）都是全免税的。

那么，在这种情况下，即使我们有效地运营我们的公司，政府强加给我们的高成本，也可能会给我们带来不利的影响——特别是当我们面对全球化竞争对手的时候。鉴于政府的低额补贴，雷金纳德·琼斯计划对通用电气公司的业务进行大面积的重组，从而控制公司成本。公司的"中子弹"杰克·韦尔奇和现任 CEO 杰夫·伊梅尔特延续了重组过程，并已经取得巨大的成功，使得公司的业务单元由先前的 60 个削减到大约 6 个。当然，并不是所有的公司都同时拥有智慧和意志采取这样的果断措施的。

顺便提一下，控制非运营成本的争论，引出了获取股东价值新途径，可称之为"经济附加值"。财务分析师现在给出的建议是，除非项目运营支出所带来的利润或收益足以弥补其非运营成本，否则不要对该项目进行投资。

换句话说，你的非运营成本，包括税收、股息和资本成本，目前是你向部门或业务单元分配资源的准则。

## 数量沉迷的征兆

就像贪吃一样，数量沉迷的后果也会不断恶化。一旦我们变胖，我们就会意识到自己胖了。我们不需要别人来告诉我们这一事实（而且，别人说我们胖时，我们还常常会生气）。但是导致肥胖的贪吃过程——这里吃一个甜甜圈，那里再吃一个甜甜圈——一定程度上更容易被忽视。减肥的成本，犹如获得自由的代价一样，应该时刻予以警惕。这里将给出我们需要关注的要点。

### 不讲原则，随意支出

这里的问题是，你从未真正考虑过控制成本这一问题——无论这些问题涉及的是运营费用、采购价格、交通、资本支出，还是其他方面的费用。这种情况可能并非你想象的那样极为少见或不足为信。毕竟，在高利润和快速增长的初期发展阶段，未经预算而动用资本的情况太容易出现了。你需要思考其他事情——更有趣、更具有挑战性的事情，所以你绝不会按照支出准则来花钱。基本上，你全靠自己摸索着支付各种费用，当涉及成本问题时，则由你的"临时委员会"负责处理。

无原则支出的另一种表现是极其慷慨大方。你没有赋予临时委员会监管成本的职责，因而你的支出也是没有上限的。你发现了花钱的乐趣，并且挥霍无度。一个形象而贴切的比喻是，当其他所有人都还在乘坐长途汽车时，你乘坐的已经是飞机的头等舱了。看看你会议室里的设施，桃花芯木会议桌、真皮椅子，当然，最惹人眼球的奢侈品要数公司的喷气式飞机。雷诺烟草公司（RJ Reynolds）将自己的喷气式飞机终点站设在了亚特兰大的查理·布朗（Charlie Brown）机场，但随后不久公司便以融资合并的方式被接管了。其他许多公司也几乎同样恣意挥霍金钱。根据统计数据，公司的喷气式飞机仅有10％的时间在天空中飞行，而其他90％的时间却闲置在机场停机坪上。如果你像一个酗酒的水手一样挥霍钱财的话，你绝对很难经营好你的业务。

离开了支出准则的适当指导，你的预算很可能就会失去重点，并被随意地使用。换句话说，这样就不会只有你一人在大把大把地花钱。你授权的所有业务单元的经理们也可以挥霍钱财。这是不负责任的授权，这会导致权力的滥用，对此你不用有任何怀疑。

### 出现职能层面的成本中心

从一开始，公司层面的损益表就已经计算了出来。因此你的成本同收益一样，都是合在一起计算的。结果，除了销售以外的所有职能，仍被归为成本中心。尽管成本结构也许不再有效，甚至不再合理，但是你尚未重新审查这一结构。这就有可能把这些成本中心的其中一部分当成收入中心（稍后我将对此进行介绍）。

当你是一个垄断者的时候，就像老贝尔公司的系统一样，由政府为你设定利润率的上限，比如说，是14％，那么以成本为中心的结构是合理的。贝尔公司按照投资后的回报（ROI）来协调公司的运作。投资回报率的计算公式是"收入减去成本，然后除以资产"。因此，用来说服政府应该提高利润率上限的方式便是增大分母，即投钱增加资产。

为了达到此目的，你把所有职能都控制在公司内部完成，使得这些职能的实现成本极其高昂。你建造豪华的培训中心大厦、购置最先进的研发设备。你公司的一切都金碧辉煌。在这种情况下，你不是想要让你的职能系统带来收益，你是想让它们成为你所投资的昂贵"资产"。随后，为了获得必要的"投资回报"，你向政府解释说你必须通过产品涨价来增加利润。当然，这种整体战略在垄断市场上是适用的。如今，垄断市场已经不复存在，问题就转变为如何降低这些成本。

不过，更为典型的是，这种成本中心的思维方式根本不是战略问题，而是良好但已过时的标准运行程序问题。正如本部分开头所介绍的那样，公司趋向于以这种方式来进行自身的组织管理，即通过销售来增加收入，又通过向其他不同职能领域提供经费预算来支持销售。按照这一逻辑，其他所有的职能——研发、生产、物流、营销和客户服务——都变成了成本中心，而不是收入中心。一旦建立起来这种成本结构，出于人性（或经营的本质）便希望该结构永远不变。各个职能部门的经理明年花掉的钱肯定会比今年的更多。因为他们都希望他们的职能能够扩大，他们需要更多的经费预算，也需要手下有更多的员工。毕竟，他们的绩效很可能就是如此评价出来的。当这些职能部门的费用支出随着时间的推移而上涨的时候，却很少考虑到效率的提升。公司因此越来越臃肿。

### 形成了交叉补贴的企业文化

第4章介绍过交叉补贴问题，但还有必要在这里对其进行更深层次的分析。如果你允许用一个业务单元的成功来掩盖另一个业务单元的失败，那么你的公司就不能有效地运营。正如图7—1所示，公司的利润常常由公司所经营的10％的业务创造，并且这10％的业务也常常有效地补贴了其他90％的业务。

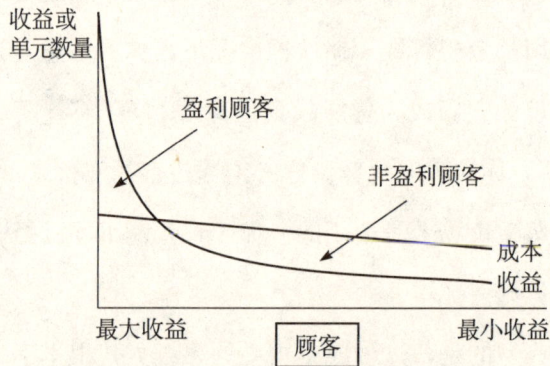

图 7—1　交叉补贴收益

再以贝尔公司的系统为例。我们知道，在政府的管制下有时会出现交叉补贴的情况。政府部门要求当地的服务收费应该相对低廉，并且还应该免费进行安装和维护。对长途电话业务市场的垄断创造了巨大的利润，因此弥补了这些成本。事实上，长途电话业务补贴了当地电话服务，大客户补贴了小客户。正如我们所看到的，失去了对长途电话市场的垄断，玛贝尔公司便走上了穷途末路。

同样，当宝洁公司详细检查其运营情况时，发现大约 1 500 个客户中仅有 90 个可以为其带来盈利。通过进行以客户为中心的重组，宝洁公司解决了这一个问题。安永公司（Ernst & Young）用为 200 个盈利客户提供服务获取的收益，来补贴服务其他 3 800 个客户所产生的成本。但是直到公司从顾客的角度来看待这一状况，才意识到其中的问题。交叉补贴的企业文化助长了这类无知、混淆和无效率的表现。

## 相信数据就是真理

该预兆的一个明确特征是，你的内部和外部审计人员告诉你，你为了赚钱投入的成本太多了。当你踏上医生办公室里的健康秤，并发现自从上次测量后你的体重又增加了五磅的时候，你才意识到只靠口头说说并不能减轻体重。对于你的审计人员来说，情况也是如此。你可能会说，"是的，但是……"并为你想要的一切寻找借口。如果你的成本在增加，而利润却下降了，事实就是你花费了太多的钱来赚钱。

你公司的股价以及行业分析人员的意见，也是公司健康和可靠运行的晴雨表。你公司的内部人员（包括你的财务总监和内部审计人员）或许有对公司状况进行分析的日程安排，但是外部分析人员更有可能对公司的运行状况进行客观分析。当他们分析的结果对你的公司不利时，对你而言肯定会表现出另一种运行不善的征兆：投资者们将会离你而去。例如，戴尔公司虚心听从行业专家的成本分析，并已经从中获利。

最后，要注意参照标准的变化。当发生参照标准与所有其他指标反应的情况背道而驰的情况时，你也许会自欺欺人地认为，公司的运行情况良好，因为根据你长期以来都在遵循的参照标准，你是成功的。现在已经到该摒弃这些参照标准的时候了。即使你的胆固醇大大超标，这在以前也许无关紧要。现在，同样是这样高的胆固醇含量，你就要服用降胆固醇药斯伐他汀了。目前要关注全球竞争。当务之急是，美国软件和信息技术公司的业绩应同印度的相应公司作比较，我们的制造公司应采用中国建立的新的参照体系，来检测自己的发展状况。全球商业领域的时髦新词语——"中国价格"，就反映了这一趋势。

## 如何改掉数量沉迷的习惯

要想改掉数量沉迷的习惯，必须具有战略眼光，需要投入时间制订计划并采取实际行动。当整治方案涉及裁员时，改掉数量沉迷的习惯也可能是一个痛苦的过程。然而，鉴于数量沉迷会给公司的财务良好运行带来直接的消极影响，我们必须采取措施来改掉它。

## 识别成本所在领域

虽然这一措施听起来不证自明，但许多公司仍未明白如何形成合理的收支比率。就像前面章节提到的宝洁公司一样，由于它的运营围绕产品进行组织，所以没有意识到沃尔玛公司已成为其最大的客户。等到宝洁公司意识到不得不重组的时候，它花费了3年时间才从顾客方面弄清楚其成本结构。公司称之为"基于活动的成本核算"，现在公司内部人员都喜欢戏称他们的成本计算公式比可口可乐的配方更加神秘。

如果收益来源不均衡，如果20％的顾客创造了80％的收益，那么盈利能力可能更加不均衡。也许你的顾客中实际上只有10％是可盈利的，其余90％的顾客则享受补贴。越来越多的公司意识到，如果顾客是收益的创造者，那么顾客消耗的成本应该与创造的收益相匹配。这一新的平台有时被称为客户关系管理，其核心是"顾客盈利能力分析"——对每一位顾客进行成本和收益核算。

这时你也许会问，如果顾客是从我们这里购买产品或服务的人，那么为什么这些顾客不能给我们带来收益？答案很简单。首先，顾客有时是那些可能购买公司产品或服务的人，比如成千上万享受免费查询的银行顾客。银行提供这类服务（并承担其成本），以期从这些顾客享受的其他服务中获益，如储蓄存款、信用逾期违约、抵押贷款和其他贷款业务。其次，顾客虽然购买了产品或服务，但是激烈的竞争压低了产品或服务的价格，以至于销售带来的是损失而非收益。如果我从亚特兰大坐飞机到华盛顿，只需支付49美元，连我自己都会怀疑是否给航空公司带来了收益。

美国电话电报公司的长途电话业务是最具有说服力的例子。公司有
6 000万个账户，但是其中的 1/3 从来没有拨打过电话。它们仍是公司一项
费用支出，因为它们是公司账户系统中的一员，收到它们的账目单，是账户
管理部门的部分工作量。事实上，服务这些客户的平均成本，经计算大约是
每月 6 美元，全年 72 美元，乘以 2 000 万客户，则费用总额是每年 14.4 亿
美元。以前，美国电话电报公司处于一种垄断地位，仍然可以从长途电话业
务中获取利润，但如今，在激烈的竞争中，价格已经急剧下降。价格下降带
来的损失需要由上升的顾客数量来弥补，但由于移动电话的出现，用户数量
也面临着下跌的命运。最终，收入大幅下跌，利润也随之消失。

### 将成本中心变成收益或利润中心

正如前面所介绍的，将销售部门视为创造收益的职能部门，而将其他职
能确定为支持销售部门的成本中心，这对一些公司来说是司空见惯的事。其
实没有必要这样做。现有的新方法有时甚至能够将公司的战略职能从成本中
心转化为收益或利润中心。

例如，宝洁公司的 CEO 艾伦·雷富礼（Alan Lafley）调研公司的研发
部门时发现，公司员工队伍中有 150 位取得博士学位的科研人员。他知道公
司并不需要这么多高学历的员工，实际上，公司存在闲置的产能。这些都是
热爱自己工作的高智商人员，但是宝洁公司并不能给他们提供充分的机会，
使他们开心地、有效地工作。尽管如此，雷富礼还是不愿意解雇这些忠诚
的、高智商的员工。他的解决办法是：将其研发部门承包给其他公司。仅仅
凭借这么一个简单的做法，宝洁公司的成本中心就变成了收益中心。这是一
个三赢的选择：既有利于宝洁公司，也有利于公司的科研人员和承包的公
司。同样，合作经营部——或者更为一般地讲，服务/维修职能部门——也

正由成本中心转变成利润中心。在许多消耗产品种类中，提供免费维修或保证期内的维修服务，公司似乎已习惯性地将这些职能归为成本中心，但是如今，顾客发现自己正在购买延长的保证服务，以获取"免费"维修。随着产品质量的提升，延长的保证服务已经成为百思买公司（Best Buy）这类零售商的巨大利润中心。在西尔斯公司，销售部门发现公司在20世纪80年代获得的全部利润为240亿美元，其中64％的利润来自两方面：34％来自信用卡理财业务，另外的30％来自延长的保证服务。当然，延长的保证服务仅仅是一种保险性质的服务，产品本身质量越高，延长的保证服务的获利性越高。

在更大的范围内，当像通用电气公司这类制造商建造工厂时，免费支持——从安装到维护到维修——一直是一项成本。但看看现在的情况，无论大公司还是小公司，都围绕着"服务"职能开始重组，服务已经成为关键的收益中心。除了通用电气公司，像IBM公司、施乐公司、朗讯科技公司和其他许多进行B2B业务的大公司，都很好地证明了这一点。IBM公司售出主机业务之后，一直向顾客提供免费的服务支持。这样做的好处在于可以借此稳固顾客关系，并能刺激顾客购买下一代产品。但是这些售后服务导致巨大的成本支出。最终，IBM公司发现，它正在错失一个巨大的商机，于是创建了一个新的部门：IBM全球服务部。现在，该部门获得的收益与产品业务获得的收益一样多。

注意，在将服务职能从成本中心转变为收益中心的过程中，IBM公司——以及其他一些公司——并没有将自己局限在只对以前获取免费服务的顾客收取服务费。IBM公司所采取的措施是向除这些顾客以外的其他对象提供其服务——也就说，公司创建一个新的业务单元，该单元有自己的成本支出，但却伴随着巨额收益。

数据服务公司——电子资讯系统公司（EDS），则提供了另一个案例。当通用汽车公司决定外包其主机计算业务时，罗斯·佩罗特（Ross Perot）执掌的电子资讯系统公司签下了该合同——给该业务的报价接近10亿美元。通用汽车公司的一些精明的财务人员重新核查后，说道："嗨，我们应该买下这家公司而不是只把业务外包给它。"1984年，佩罗特同意以25亿美元的价格出售电子资讯系统公司。为了一个仅仅能够整合和运行所有的数据程序系统的业务，通用汽车公司需要支付这么多的钱，价格实在太高了，所以公司最终决定在满足自身需求的同时也向电缆和电信等其他行业出售电子资讯系统服务。通用汽车公司将一个成本中心——内部数据处理——转变为利润中心。

但不可否认，这是这家美国公司历史上光辉灿烂景象中的一道阴影。评论家们认为，在并购电子资讯系统公司中，通用汽车公司希望获得的不仅是数据处理系统，而且希望拥有富有远见的企业家佩罗特本人。公司同意佩罗特加入通用汽车公司董事会，并主要负责通用旗下的电子资讯系统公司的运营管理。当然，佩罗特和通用的保守派罗杰·史密斯的组合，可谓水火不容。佩罗特利用其在公司董事会中的职务，致力于纠正通用汽车公司显而易见的失败举措。当通用汽车公司向佩罗特支付了7亿美元（相当于佩罗特所持有的股票价值的两倍）让其"闭嘴并离开"时，佩罗特选择了走人。1995年，通用汽车公司将电子资讯系统公司分离出去，尽管这实际上是为了回归到核心业务上去，但这一举措归根结底对通用汽车公司来说是有利的。1990—1995年间，电子资讯系统公司的收入翻倍，已超过100亿美元。

重申一下，事实上任何职能——研发、生产、物流（如运输）、客户支持服务——均可以转化为收益中心。在有些超市中，无论什么品牌的奶酪，几乎均由卡夫公司（Kraft）提供存货供应，这就像几乎所有的香烟展架全都归雷诺烟草公司所有和经营一样。这种情况下，这两家大公司已经将存货管理转变成一个收益创造过程。通过出售过剩的配送能力，运输公司（无论陆运还是空运）把物流职能打造成了收益中心。在电话客户服务中心拥有过剩产能的公司，可以向其他公司提供电话服务业务，从而使公司从客户支持服务中获取收益。

现在，当我们看到公司已经进行重组，并使独立的职能更加具有"企业特点"，我们应该知道如何解读：公司正在将成本中心转变成赚钱机器。

## 将损益分散到更多、更小的业务单元

如果将损益集中在公司上级部门，你也许会疏于监管你的独立业务单元的运营情况。一种更正措施是应用前面描述的经济附加值（EVA）原理：授权每个业务单元负责证明自己的成本的合理性，包括非运营成本或隐性成本。公司要求各业务单元费用自理，甚至支付股息、所得税以及资本成本——这些成本原本应该提升至公司层面来完成。应该让业务经理们知道，只有他们能创造足够多的收益来支付这些成本，公司才会支持他们的发展；否则，他们将被免职。

银行和电话公司实施该战略时，将庞大的客户群细分成独立的业务单元——行业、小企业和消费者，等等。向这些较小的顾客群分散公司损益，能够获得因阻止交叉补贴而带来的附加收益——当然，业务单元或事业部内部发生的交叉补贴除外。

## 从纵向一体化到"虚拟一体化"

整个 20 世纪，纵向一体化已经成为了一种模式。福特公司确立了纵向一体化的标准做法：自己生产钢材、轮胎和其他零部件；自己组装车辆；然后通过自己的经销商将汽车卖给消费者。通用汽车公司仿效这一模式，IBM公司和几乎每一个大型公司也都采用了这一模式，它们希望能够控制从原材料到最终的销售环节的所有业务。

目前，这一模式不再像过去那样行之有效，主要有两方面的原因。第一，我们很难充分地进行监管，不能确保纵向一体化中的每一个业务单元都在充分有效地运营。事实上，该系统可能表现出一些成本无效率，因为买方基本上是你自己，市场机制在此不起作用。（比如，彼得·德鲁克曾指出，在过去，福特公司巨型轧钢厂的经理并不清楚公司为其烧掉的煤花了多少钱。）第二，即使你的业务单元都是有效率的，专业化的公司仍极有可能更有效地完成该项业务。所以，新的模式应该是"虚拟一体化"——集中精力做一两件你最擅长的事，让其他人来完成其余的事情。

作为路由器和交换器行业中的主导企业，思科公司极大地展现出这一新模式的优势。思科公司做了两方面的工作：开发新产品并将这些产品销售给客户。其他所有事情——生产、供给、存货管理——都外包出去。大多数情况下，思科公司甚至都看不到其顾客购买的产品。耐克公司是另一个好例子。它是一家设计和品牌公司，它的任务主要是协调合作企业所履行的增值职能。

由于可以使用互联网这类通信技术，那些独立的公司已经再也不需要将自己定义为产品生产商了。相反，虚拟企业的成员公司提供中间过程服务，任何一家公司都无权独占最终产品。在虚拟运作中，无缝隙合作是一种理念，并不涉及所有权。随着这一新模式被更加广泛地应用，将你公司的职能同其他公司的职能相整合的能力，将成为一项至关重要的竞争力。

### 外包非核心职能

如果你没有完全做好虚拟一体化的准备，你通过将非核心职能外包给具有适当规模经济性的外部企业，同样可以提升效率并降低成本。（我们在第4章中也建议使用外包手段，来改掉那些自满公司的臃肿和懒散习惯。）

许多公司已经认识到，将部分职能外包给专业公司实在是明智之举，比如，可以将薪水发放工作外包给英国的电子数据处理公司，或者将 IT 服务外包给 IBM 公司、电子数据处理公司或埃森哲公司。客户支持是一种常见的外包业务，任何借助家用电脑或互联网服务提供商寻求技术援助的人，均熟知这一业务。毫无疑问，网线另一端的声音可能来自印度、菲律宾或爱尔兰。

此外，今天越来越多的公司，开始将过去曾经被定性为"战略"职能的业务外包出去。例如，药品公司意识到它们的部分研发活动甚至都可以外包出去。当它们致力于研发新一代药品时，它们应把专利即将到期的早期药品的重新配方和改进工作外包出去。现在，这类外包工作许多是在印度完成的。

再看一个例子，因为尿不湿是宝洁公司的基本产品线之一，所以公司一直认为有必要拥有并经营自己的造纸厂。最后，宝洁公司得到的结论是，市场会"稳定而充足地供应"纸浆，公司实在没有必要自己造纸。宝洁公司的核心优势是营销、品牌和产品分销——而非经营造纸厂——因此，这就是一个可以外包的现成的非核心职能。这一决策缓解了工厂资金的紧张状况，同样也节约了管理时间，从而极大地降低了成本。在这一案例中，确切地说，外购比自己生产更加合算。

事实上，如今大量的生产和研发职能均在进行外包，并以首字母缩略词来表示这一行为：CMO（委托生产）和 CRO（委托研发）。我并没有暗示外包总是轻易就可实现的事情。正如诺贝尔经济学奖得主罗纳德·科斯（Ronald Coase）和他的学生福利奥·威廉森（Oliver Williamson）所指出的，外包（购买而非自己生产）总要涉及"交易成本"。当我们选择通过市场来购买产品，而非自己制造产品时，调研和信息成本、讨价还价成本和执行成本——举几个例子来说——都是不可避免的。我们决定放弃某一产品的生产而去购买该产品之前，必须清楚地核算出这类交易成本。

### 削减（或调整）公司管理层级

许多公司都会随着自己的不断成长和业务发展，开始增加管理层级——全然不顾及彼得·德鲁克提出的永恒原理：最佳的公司组织结构"应包含最少的管理层级，并尽可能形成最短的命令链"。德鲁克曾经欣然地指出，管理层级的适度经济已经被西方世界最古老、最大也是最成功的组织——天主教会所证实。"在教皇和最底层的牧区神父之间仅存在一个层级的权威和责任：主教。"然而，公司人力资源部成立后，为了区分薪酬等级将人员划分成无数的级别和层次。这种管理层级的扩大，在德鲁克看来，是"不良组织"的典型症状。

南方贝尔公司情况告诉我们，减少其中一些管理层级是可能的，也是可行的。南方贝尔公司将公司的7个管理层级压缩为5个，削减了2个层级，从而使等级金字塔趋于扁平化。这种情况下，人数较少的高层管理人员被赋予了更多的职能——管理更多的预算、管理更多的雇员、管理更广的业务区域，或其他诸如此类的职能。事实上，这种高层结构的"扁平化"减少了管理成本，降低了官僚机构的复杂性，也缩短了命令链。该扁平化结构目前已经成为一种趋势，使得美国企业更接近于集体化程度较高的欧洲模式。

我们来看看专业服务公司，它们基本具有了这种扁平化的模式。在法律或会计事务所，或者是在信息技术咨询公司，每一位员工都是收益的创造者。管理这样的事务所或公司的合伙人，被称做常务董事或任事股东。但是对于其管理下的各级经理而言，他并不是一个全职的官僚上司。他的一半时间用来行使管理者或协调者的职能，另一半时间则是为公司赚钱，从事同公司的其他员工一样的工作。

## 流程再造

根据迈克尔·哈默（Michael Hammer）的企业再造这一概念，我们在第4章曾建议，可以将再造作为改掉自满毛病的一种方式。下面我们将对再造进一步详尽阐述。

下面要考查的一个关键流程是大家所熟知的"生产驱动"——也就是说，整个流程都要以工厂为中心，必须保持满负荷运转。简单说来，该系统呈现出这样的特点：原材料进入工厂，并在被加工成成品时获得附加值。这些制成品进入销售渠道，随后配送到商店，最终出售给消费者。在这一过程中，主要问题是各个环节总的"滞留时间"。因为工厂不能久等，所以工厂大门口就必须有充足的原材料供应。因为生产线会不停地运转，会持续不断地生产出具有附加值的产品，这些产品在进入分销渠道之前需要存入仓库。在有货架空出之前，产品只能暂存在分销渠道中；在有货架空出之后产品也只能堆积在货架上，直到消费者前来购买。例如，对包装公司来说，当产品处于分销渠道或者存在货架上时，公司的成本会因此每年上升高达40％。这就削减了公司的利润。

你也许会问，工厂为什么会采取"生产驱动消费"的做法？而不选择"顾客驱动生产"的策略呢？这种"顾客驱动生产"的流程再造避免了由于无效的存货管理而产生的所有成本。正如你所看到的，"顾客驱动"或"需求驱动"的运营模式，是戴尔公司如此成功的重要因素。但是，我们也应该注意到，在服务导向逐渐增强的市场环境中，服务一般都是需求导向的，而非供给导向的。在理发师为你理发之前，你必须先坐在椅子上；在你进行身体检查之前，你必须前往你的医生的办公室。现在的实际情况是，人们认为需求驱动的模式也同样适用于制造型企业。

（我必须说明一下，下一章所提出的改掉"领地守护"习惯的"自动化和一体化"手段，也是基于成本有效性的考虑而进行的再造。）

### 开展"大规模定制"

需求驱动的生产自然而然地引出再造的另一术语："大规模定制"。这一看似矛盾的表述——也称为"敏捷生产"——的主要含义是：以装配线的成本经济性来生产定制的产品。约瑟夫·派因（Joseph Pine）在其《大规模定制》（*Mass Customization*）一书中指出，是丰田公司最早提出了这一概念，对此说法没有什么好奇怪的。当时丰田公司正试图以小批量、多款式的生产模式来占领日本市场。这意味着再造用于压轧钢制的汽车零部件的冲压流程，并因此大大缩短冲压的装配时间。这一新流程作为丰田公司所谓的"精益生产"（还包括零库存的物流方式和积极的质量控制）的一部分，在没有降低生产速度和生产精确性的前提下，使公司产出更多样式的产品（按照客户要求）。

这里的关键还不是"小批量"，而是"需求量"，或者说是实现零库存的供需一致。20世纪80年代初，由于受到来自日本公司的竞争压力，摩托罗拉公司把大规模定制的生产方式引入到美国寻呼机行业。将6个生产指标（形状、尺寸、颜色、功用、特征和原料）的搭配同直接来自顾客的电子订单相结合，摩托罗拉公司创造了一个"量身定做"的工作流程，将装配时间由4小时缩减到4分钟。并且，这个"量身定做"系统能使顾客直接从工厂买得他们所需要的寻呼机。

过去 10 年中，伴随着消费者需求的更加多样化和市场的不断细分化，大规模定制已经用于多个行业，如汽车制造业、消费电子业、服装业、零售业和快餐业。

## 采用目标成本法

在美国企业中，产品定价的标准方式（形成于工业时代初期），一直基于公司生产产品所付出的成本。只有当产品最终生产出来以后，我们才能真正知道该产品的成本是多少。此时，我们会逐项累计我们支付的所有账单（设计、采购和生产），加上产品推向市场的其他一些支出（分销、促销、销售），确定我们期望的利润值，于是便制定出了产品的价格。

还是日本人意识到了这一模型的不足，并将这一运算过程颠倒了过来。他们认为，制造商无法控制产品的价格。具有竞争性的市场决定着产品的价格。但是制造商可以控制的是成本。换句话说，价格并非位于计算公式的末端，它在计算公式的始端。计算公式实际上应该是：市场价格－目标收益＝目标成本。日本人又进一步观察到，市场价格通常是趋于下降的。在非通货膨胀的经济时期，随着竞争的不断加剧，合理的市场价格变化比率是每年下降 5％，或是 3 年下降 15％。因此，不要再期望通过提升价格来弥补数量沉迷所带来的支出。我们的任务是，从一开始就要核查清楚成本——从最初的设计开始至整个过程——维持这一成本，或降低这一成本，从而确保收益。目标成本的计算公式是"价格减去"，而不是"成本加上"。

20 世纪 80 年代中期，卡特彼勒公司受到小松公司的竞争打击（3 年内损失 10 亿美元），并在这次失败中吸取了教训。卡特彼勒公司的会计人员研究了小松公司的财务状况，并推算出小松公司的成本结构。同时，工程师拆开小松公司的产品，来研究其制造过程。这一工作得出意料之中但却不受欢迎的结果：卡特彼勒公司的成本比小松公司高出 30%。值得称赞的是，卡特彼勒公司采取了有效的整改措施，并走上了健康发展轨道。公司投资 18 亿美元对工厂进行现代化改造，消除了无附加值的工作流程，采用了零库存的物流方式，还减少了用于产品的零部件的数量。到 20 世纪 90 年代初期，卡特彼勒公司重新开始盈利。

### 成为世界级客户

在由 JD Power[①] 调查公司和马尔科姆·鲍德里奇[②]（Malcolm Baldnge）倡导的顾客满意度标准的驱使下，作为生产商和销售商的公司也开始追求卓越绩效。但对于价值链另一端的供应商来说，这些公司却通常是令人不快的顾客。

请记住，对于绝大多数公司来说，采购是公司最大的成本——通常占整个成本的 65%～70%。在 IBM 公司同英特尔公司、微软公司的商业往来中，你已经看到了采购对 IBM 公司来说意味着什么。在钢铁行业中，铁是最大的成本。在零售业中，产品的销售成本达到 65%。因此，寻求最优的采购方式是降低成本的关键机制。

那么，应该如何做呢？你不能指望凭借强力措施迫使你的供应商降低他们的价格，而应该逐渐培养自己的供应商，使他们在情感上忠实于你。正如你有自己的最佳客户一样，你乐意同他们中的大多数人做生意，所以也有必

---

① 美国一家权威的市场调查机构，业务范围包括市场调查、预测、咨询、培训和客户满意度调查，其所发布的产品质量和客户满意度评估报告，以独立性和客观性著称于世，在全球工商界获得了较高认同。——译者注

② 马尔科姆·鲍德里奇，曾任美国商务部部长。1987 年 8 月 20 日，美国总统里根签署了国会通过的以他名字命名的美国 100—107 号公共法案《马尔科姆·鲍德里奇国家质量改进法》。依据该法案，鲍德里奇质量奖创立，并成为世界三大质量奖之一。鲍德里奇奖引导企业通过连续的质量改进和设定业绩的卓越标准而获得顾客满意。——译者注

要成为你的供应商的最佳客户。如果你能像尊重你的客户一样尊重你的供应商，那么你的供应商就会愿意同你进行业务往来。因此，有必要努力创建一个相互赏识的社会氛围。那样的话，当你订货（无论如何你都会输的游戏）时，你就不必再讨价还价。你的供应商会向你提供一个双赢的价格，并且这将保证你们之间长期关系的健康发展。

如第 5 章所述，英国的服装商玛莎百货公司为了培养自己的供应商，设立了标准——甚至详细到为供应商的员工提供好的工作环境。日本汽车生产商已经借鉴了这一做法，美国的麦当劳公司和星巴克公司同样如此。

很有可能，以往你把工作重点都放在了销售环节，而不是采购上。但是，精明的企业也需要成为智慧的购买者——不是靠压榨供应商，而是同供应商建立长期的伙伴关系。

* * * * *

"走精益生产的路线"在我们这个世界上是一个异常艰难的诉求。它违反了往常成功的典型模式：支出、消耗和变得"心宽体胖"。这一典型模式已经在我们的社会和企业中根深蒂固。当 1978 年吉米·卡特要求我们节衣缩食度日时，他除了因此加速了其政治生涯的结束外，并无任何作为。

但是，如今琳琅满目的畅销减肥食谱，与美国老牌公司（如汽车生产商、航空公司、纺织公司和消费电子公司）的"肥胖症"相映成趣。整个行业的状况反映出同样的一个问题：在竞争（常常是全球性的）不断加剧的情况下，价格一直下跌，而成本结构却仍然居高不下，犹如堵塞的动脉，满是脂肪，利润也不可避免地因此急剧减少。

当前的重组浪潮表明，数量沉迷这一长期形成的习惯，已经迫使许多美国公司开始寻找破解之道。许多公司，在关键时刻，都采取了前面刚刚介绍的那些应对措施。其他的、更有可能存活的公司，也应该把这些措施作为预防手段，而不是绝望中的补救办法。

**数量沉迷**

**导致数量沉迷的因素：**

● 高利润的先驱者。

● 快速增长的优秀企业。

● 规模的悖论。

● 意外责任的拖累。

**数量沉迷的征兆：**

● 不讲原则，随意支出：你公司在思考其他更有趣、更具挑战性的事情时，没有考虑如何控制公司的成本。

● 出现职能层面的成本中心：你公司总是计算出公司层面上的损益情况，尽管它也许不再有效，甚至不再合理。

● 形成了交叉补贴的企业文化：你公司容忍用一个业务单元的成功来掩盖另一个业务单元的失败。

● 相信数据就是真理：你公司的审计人员、你的股价以及行业分析人员都一致地告诉你，统计出来的数据对你不利。

**如何改掉数量沉迷的习惯：**

● 识别成本所在领域：形成合理的收支比率。

● 将成本中心变成收益或利润中心：实际上，任何职能都可以通过重组，转变成收益中心或利润中心。

- 从纵向一体化到"虚拟一体化"：集中精力做一两件你最擅长的事，让其他人来完成其余的事情。

- 外包非核心职能：通过向具有适当规模经济性的外部企业外包你的非核心职能，有助于提升你的效率和削减成本。

- 再造以实现流程自动化：自动化和整合以提高成本有效率。

- 采用目标成本法：从一开始就要核查清楚成本，维持这一成本，或降低这一成本，从而确保获得收益。

- 成为世界级的客户：精明的企业也需要成为智慧的购买者——不是靠压榨供应商，而是同供应商建立长期的伙伴关系。

# 第 8 章

## 领地守护

### 文化冲突和地盘之争

一般来说，公司的各个部门之间并不总是协调一致的。它们可能会为自己争取自主权，摒弃公司的更高层次的愿景，甚至固执地与公司的目标背道而驰。一个职能部门也可能会藐视其他的职能部门。例如，在高新技术公司，研发部门的人员可能看不起营销部门的"怪人"。文化冲突随之而来，并导致绩效下滑。

随着公司的发展和成熟，它们在自身的组织管理过程中容易形成我所说的"职能筒仓"（functional silos）。业务进一步扩张后，又会出现"区域筒仓"（geographic silos）——区域办事处或国际化经营而出现的各国代表处。这种组织过程通常相当必要。在公司创建期，创始人无拘无束的行事风格，有利于公司的发展，但是，公司要想发展和成长，就需要制定相应的规章制度、行为准则和业务流程。公司需要组织架构，因此还需要——按职能、部门、单元、区域或其他类似的细分标准——将公司从整体划分为不同的部分。一个最初整齐并运转良性的组织，如今产生了分化，形成了很多部分。其实，随着公司的成熟，这是一个合理的、合乎逻辑的过程。但是这一过程中也会出现一些意想不到的后果，这些后果可能滋生自我毁灭的坏习惯。

一般来说，公司的各个部门之间并不总是协调一致的。它们可能会为自己争取自主权，摒弃公司的更高层次的愿景，甚至固执地与公司的目标背道而驰。一个职能部门也可能会藐视其他的职能部门。例如，在高新技术公司，研发部门的人员可能看不起营销部门的"怪人"。文化冲突随之而来，并导致绩效下滑。

还有，公司组建过程几乎不可避免地会引起地盘之争，其原因是，各种职能或区域筒仓都设法维护或扩大自己的领地。最新研究表明，"守护领地的特性"可能导致员工"变得以自我为中心，从而失去了围绕组织目标并聚焦组织目标而工作的能力"。仅仅聚集于你自己的地盘，打个比方说，就意味着你只见树木，不见森林。这样的结果是组织机能障碍的一种表现。在强压和控制下，文化冲突和地盘之争本应该表现为副效应，但却成为主效应。较微的头疼变成了严重的偏头痛。公司发展的引擎开始出现小故障，甚至熄火。

本章将集中探讨伴随成功产生的这种"症状"。为了提升效率和发展，公司需要将公司组织细分为各个筒仓，而筒仓又极有可能转变成小利益集团、权力机构或领地。一个强势的领导者，能将其脑海中的公司愿景灌输给下属；但当公司缺乏这类领导者时，公司就可能要花费大量的时间和资源，来协调与解决内部集团之间的冲突。股东——包括员工本人——发现自己处于一种两难境地，并对此感到愤慨：公司有如此大的发展潜能，为什么我们却碌碌无为呢？著名人类学家罗伯特·阿德里（Robert Ardrey）在他的经典同名著作中将这种状况称为"领地命令"（the territorial imperative）。但是，我们称这种自我毁灭的习惯为"领地守护"（the territorial impulse）。

## 公司象牙塔

为了形象地说明这一症状，我想用 50 层的塔楼作比喻。随着公司的成功与发展，它们将自己组建成复杂的 50 层办公塔楼，各楼塔通过位于顶层和底层的公共区域相连接。塔楼底层是一个大厅，员工在这里乘坐到达各自楼层的电梯，所以可偶尔相遇。塔楼顶层当然是高层管理人员办公区。高级经理们虽然拥有各自的办公室，但是他们经常会在会议室、经理餐厅，甚至是经理洗手间内相遇。

在这一庞大的建筑物里，公司 CEO 和高管团队孤零零地待在他们的象牙塔中。听到有人指责大学教授们生活在象牙塔中，我总是感到惊讶。教授们的工作有些像步兵行军，与学生一起穿梭于大街上，还能就他们的研究内容进行一线调研。看看典型的 CEO，他才是货真价实的被隔离者。他一整天的工作都被精确地安排好，且秘书等人不离左右。早晨，他乘坐有专职司机驾驶的私人轿车出门；他坐在轿车的后排，阅读报纸或用黑莓手机来收发邮件。轿车会稳稳地停在他的专用入口处，他下车后直接步入电梯，升至高层的办公室。不仅如此，任何前来办公室拜访他的人，都要被详细询问——不仅要问姓甚名谁，还要问来访目的。这使得他的工作中不会出现任何令人不悦的意外事件。这才是名副其实的象牙塔——一个绝对不会受到现实生活中的风雨吹打的地方。

对这些如同古罗马皇帝一般的 CEO 们来说，他们并不知道其各下属部门发生的事情，所以我迫切地建议他们：走出象牙塔，回到工作现场。去拜访一下客户，去考察一下远方的生产基地。当然，在这个过程中，不要大张旗鼓，也不要虚张声势，或许最好是微服出巡。高层管理人员有必要每月至少拿出一天的时间来深入实际工作。杰克·韦尔奇曾得到过这种教训，因为当他还是一名直线管理人员时，发现自己无法逾越层层关卡去见雷吉纳德·琼斯。

在神秘的办公塔楼底层是公用大厅。这里可谓是大楼的中央车站，人员纷杂。位于顶层和底层之间，即为组织的管理部门。每一办公楼层，代表一项公司职能——工程、生产、销售、客户支持等。根据历经时间检验的劳动分工和专业化定律，这一职能分工似乎是必需的。这是公司有效运行的途径。此外，随着公司不断扩大，你不得不聘用一些优秀人才来为你服务。当然，你只有按照他们的专业领域提供工作岗位，他们才会来签约工作。按职能进行的组织建构，支持你在聘用和留住优秀人才方面所做的努力工作。这种做法是有意义的，是一种正确的模式。

当然，按工作职能进行的组织建构，要求有非凡的管理能力和协调能力。这种组织形式要求一个领导者要像手艺高超的大厨一样，要拥有多方面的技能。他掌握着可随意支配的全部资源，但他能够将这些资源合理地进行组合搭配运用吗？有些大厨的厨艺一般，他们所准备的菜肴并不能吸引食客。但也有些大厨是出类拔萃的。他们巧妙地调配各种原料，烹饪出与众不同的、给人留下深刻印象的美味菜肴。顾客对菜肴赞不绝口，大厨因而名声大振。有些大厨在食品频道亲自展示厨艺，最终成为了行内知名人士。这里的成功之道在于独特的配方和精巧的原料搭配——这些也正是卓越的领导者所应具备的才能。卓越的领导者以季度利润报表的方式向股东展现经营成果，并赢得他们的赞许。如早期的可口可乐公司或生产出第一款产品——象牙牌香皂——的宝洁公司，都根据工作职能进行组织建构，从而推动了公司的发展和成功。

此外，虽然职能性组织建构是一种恰当的管理方法，但 50 层筒仓的建立却会带来意想不到的后果。如前所述，除了顶层和底层公共区域以外，塔楼内部之间是没有其他任何联系的。而这正是导致管理机能不良的原因。关于这一主题，我将在后文进行更详细的分析。

还有，在公司的职能塔楼建成之后，公司继续发展壮大，而这需要建造更多的塔楼或筒仓。公司在全国范围内进行扩张，就需要组建区域办事处——如东南地区办事处、西部地区办事处、中部地区办事处和东北地区办事处。而且这样做是合乎情理的，因为美国是一个幅员辽阔的国家。但是，地盘之争却已迫在眉睫。分属不同区域的人员相互之间并不进行交流，特别是在发展不平衡的时候。业绩增长最快的区域办事处成为公司的宠儿，而其他区域办事处却成为业绩不佳的替罪羊。

当公司进行国际化扩张时，以上这些问题会变得更加严重。但公司又怎么可能放弃如此好的发展机遇呢？美国和欧洲公司目前都纷纷涌入中国和印度，因为这里的投资环境相当优越。中国经济在过去的 20 年中，保持着每年 9.5％的惊人增长速度；印度经济的增长速度也高达 6％。经济学家预测，在未来几十年中，两国仍将保持每年 7％～8％的增长速度。你可以抓住机遇进入这两个国家的市场寻找大的发展，也可以充当旁观者，坐视你的竞争对手们逐渐发展壮大。

当然，选择进入存在风险。因为我们不完全了解这些国家的情况。他们的会计系统与我们的不同，利润计算方式也同我们的不一样。因此，我们需要通过组建一个专门的国际事务部——也就是说，另一个筒仓——来减少这类风险。这种工作起步很容易。我们有过剩的产能，因而可向任何有市场的地方进行销售。我们仍是一个立足国内市场、辅以国际出口贸易的"以本国为中心"的公司。

组建一个独立的部门从事国际贸易业务，是一个合理的战略，因为即使国外投资不善，国内业务仍旧运转良好，不受影响。

但随着公司的进一步成长，"以本国为中心"的组织再也不能满足发展的需要。公司发展成为"多中心"的组织——在每个国家分设独立的子公司。同企业成长过程中其他行动一样，这一措施也是合情合理的。毕竟，无论是在文化还是在商业规则上，各国的情况均是不一样的。尽管公司在印度的业务状况不断改善，但仍受到一系列错综复杂的规章制度的束缚。例如，在印度，不允许美国公司涉足零售业，并且在特定行业，如电信业，仍然严格限定外国企业拥有的所有权份额。在国有企业众多的中国，外国公司也面临着完全不同于在印度所受到的各种挑战。公司对此类问题的应对措施是，在印度建立一个子公司，在中国则建立另一个子公司，等等。

因此，如今，你的公司在世界各地都建了50层的办公塔楼。像 IBM 公司在过去还是一家贸易公司时的做法一样，也像惠普公司和其他许多公司最近的行动一样，你已经创立了一个罗马帝国式的大企业。你在罗马城办公，而你的地方管理者却在世界的遥远角落里安身立命。你从未接见过他们，他们也从未拜访过你。眼不见，心不烦——只要这些管理者继续上缴规定的利润。事实上，这些区域管理者的管理自治权正在不断扩大，可能正在自行其是，独自管理着他们的企业。而你在罗马城中对此却一无所知，因为你的财务状况仍然良好。你已经建造了越来越多的筒仓。自我毁灭的坏习惯正逐渐形成，因而不能永远无视其副作用。

你的国际化经营之路的最后一步就是，选用当地人来负责管理你的外国子公司。我们会做出这样的逻辑假设：最好用中国人来负责中国的市场。他熟悉当地的政治状况、文化和语言，更不用说复杂的商业环境了。我们认为，这种人员任用方式是不用动脑就能想到的做法。事实上，这是我们所做的最糟糕的错误决定。其原因在于，从当地选聘的子公司领导首先会忠于他的国家，其次才是忠于公司。更为重要的是，他总以自己国家的视角来看待世界，对外界的认识有盲点。他是典型的区域管理者，是阿富汗军阀式的人物。我们自以为已经赢得了与他们之间的战争，并控制住了这些家伙，而实际上，他们仅用30％的时间来处理公司的实务，而其他70％的时间用来控制他们自己的集团和保护他们自己的领地。

我们所述的情形大致是公司成长的自然过程——经过这些看似明确的组织建构步骤，公司由一个阶段演变发展到另一个阶段。首先，我们按照工作职能建构组织结构；其次，我们进行国内扩张；接下来我们向国外扩张并组建国际化子公司。这一发展蓝图何错之有？并没有显而易见的错误。但是公司发展的过程，就像药物治疗过程一样，应该进行密切监控。否则，这一过程可能就会成为一种目的，而非达成目的的手段。公司发展过程中可能会养成一些习惯，其中进行扩张的自然欲望——掠取地盘——所起的副作用，将会转变成自我毁灭的习惯。

## 公司发展要求制定正式的政策和程序

作为公司创建的基础，自由、宽松的创业文化在公司规模较小的时候能发挥很好的作用，但是，如今公司的运作需要形式和结构。按工作职能进行的组织建构，要求对资源和责任有明确的界定。50 层塔楼里的员工也许认为，他们仍在以原有的方式维系着工作，但是渐渐地，也许是以一种无法察觉的方式，每个筒仓都在减少与其他筒仓之间的联系。一方未必总是清楚与其相邻的另一方正在干什么。规则和管控等官僚制度取代了人际沟通。人人都开始捍卫自己的地盘。

我们用一个几年前商业杂志所报道的案例来说明这个过程。位于华盛顿州斯波坎市（Spokane）商业区的一家银行支行，决定要对进入它的小型停车场的车辆进行管制，因此在入口地点安装了自动门。客户把车停在门口，按下开关打开自动门，并从机器中获取一张小票。如果客户在银行中办理业务，出纳员会在小票上盖章，从而免去 60 美分的停车费。否则，当他们离开停车场时，便要支付 60 美分的停车费。

一名男子开着小货车，驶入停车场，身着土黄色长裤和法兰绒衬衫——或许是一位农民或渔民。他从大厅领取了几张业务单，然后要求出纳员给其小票盖章。"你办理了什么业务吗？"出纳员程序化地询问道。"没有，"该男子告诉她，"但是我是这里的老主顾。"她对他表示道歉，他必须支付 60 美分的停车费。他对这一荒谬的收费政策表示抗议，并认为其作为老主顾，不应该缴纳银行的停车费。我们也许都知道，该出纳员身边有电脑终端设施，她可以查询他的身份并证实其是否为银行的主顾。但是银行的培训并没有告诉她这样做。她在照章办事，不想超越其他工作人员的工作范围。

这个客户理所当然地恼羞成怒。他认定他应该被这个小镇银行视为主顾，并享受主顾的待遇。他找到分行经理的办公室，希望经理能解决这一问题。毫无疑问，经理应该纠正出纳员的做法，但事情并非这么简单。该银行似乎刚刚实行了一个叫"360 度反馈"的全新绩效评价体系。也就是说，该经理的晋升取决于他的员工——包括他的直接领导——对他的评价，所以他需要从出纳员那里获得好的绩效评估结果。另外，经理不用每天同这位客户打交道，但他必须每天同出纳员一起工作。经理在这一问题上不得不支持出纳员。经理拥有解决这一问题的权力，但是他已经身陷官僚机构的陷阱——政策—程序陷阱之中。

该男子回家打电话给支行的西雅图办公室。此时，他已经不再是一个客户，而是一名为权利而斗争的战士。他说明了事情的来龙去脉。你应该能猜得出电话中的女工作人员的回答："那是支行要解决的问题。"

这位客户碰巧是一名退休的电话公司的高级管理人员，他于是把个人账户上的250万美元全部取了出来，并再次给银行总部打电话，说道："好吧，我已经完成了一次交易，现在我想取回我的60美分。"

银行因此失去了一个富有的客户，一个几年以来一直给银行创造利润的高净值客户。这样的事情是如何发生的呢？由于政策和程序等官僚制度，每个人都禁锢在自己的那块地盘内，这些经理们与出纳员和直接领导之间没有任何联系。操作指南已经开始发挥作用。企业的发展需要组织系统，但在50层的塔楼中，真正的沟通交流可能少之又少。

## 公司创立者构建的公司文化与大型公司文化的融合

有时，为了实现组织的增长目标，公司必须改变个人所有制形式，向社会公开募股。这一措施很可能会从根本上改变公司文化，因为公司的领导再也不能独断专行，而必须接受华尔街的无理要求。如果公司走向衰败，它可能会被迫寻求其他人的庇护。例如，亚特兰大的两个古老的家族百货商店——里奇百货公司（Rich's）和戴维森百货公司（Davison's），都已经成为全国性的梅西百货公司（Macy's）旗下的连锁店，而梅西百货公司日前转而又成为了零售联合大企业联邦百货公司（Federated Stores）的一部分。在这样的情况下，最初的创立者构建的公司文化就有可能消失——无论快慢。所有权文化——以非正式性和自发性为特点——已经被管理文化所取代，官僚化正在不断地渗透。当社区银行被大银行并购时，或者小城镇的某个药店被沃尔格林公司（Walgreens）或西佛斯公司（CVS）吞并时，也会发生同样的事情。不过，一些最有戏剧性的案例通常都发生在广告代理公司。

## WPP 集团

你也许不知道，目前名为 WPP 集团的这家全球最大的广告传媒集团，其最初的公司名称为电线和塑料产品公司（Wire and Plastic Products）。你也许还不知道，该公司的最初业务是生产购物篮。1985 年，萨奇广告公司（Saatchi & Saatchi）的前高级管理人员马丁·索雷尔（Martin Sorrell）接管该公司后，一切都改变了，马丁·索雷尔意欲把公司打造成集广告、营销和传媒咨询于一体的强大企业。

索雷尔的第一个大举措是：1987 年，收购了智威汤逊公司（J·Water Thompson）——该公司现在被称为 JWT 公司。JWT 公司成立于 1877 年，距今已有 100 多年的历史，当时，詹姆斯·沃尔特·汤普森（James Walter Thompson）收购了以纽约城为基地的卡尔顿与史密斯广告公司（Carlton & Smith）。1896 年，汤普森的公司为普天寿保险公司（Prodential Insurance）设计出"直布罗陀岩山"（Rock of Gibraltar）的广告语。1989 年，索雷尔再一次出手，收购了美国的另一家颇具影响力的广告公司——奥美广告公司。奥美广告公司成立于 1948 年，其创始人是广告业先驱和畅销书作者大卫·奥格威（David Ogilvy）。奥格威的创意才华曾受到美国运通公司和 IBM 公司这样的大客户的青睐。

20 世纪 90 年代末，WPP 集团迎来了又一个快速发展时期。在此期间，WPP 集团在世界各地收购了超过 24 家公司，这些公司覆盖广告、市场研究、传媒策划以及其他相关领域。WPP 集团的疯狂收购在 2000 年达到顶峰，这一年公司以 47 亿美元的价格收购了其在美国的最主要竞争对手——扬雅公司（Young & Rubicam）（这是迄今为止广告业内最大的收购案）。扬雅公司的历史可追溯到 1923 年，这一年，瑞蒙特·鲁比卡姆（Raymond Rubicam）和约翰·奥尔·扬（John Orr Young）在费城创立了他们的公司，其第一个客户是 Presto Quick Tip Shoelaces 公司。到 1926 年扬雅公司在纽约设立办事处时，这家年轻的公司已经因其宽松的组织气氛和创新能力而闻名。通过这一并购，WPP 集团正式成为全球最大的广告公司，但并购行动远没有结束。2005 年，WPP 集团以 17.5 亿美元的价格收购了庞大的精信广告公司（Grey Global Group），此举再次成为行业的头条新闻。精信广告公司创建于 1917 年，当时年仅 17 岁的拉里·瓦林斯坦（Larry Valenstein）向母亲借了 100 美元，成立了名为精信艺术工作室（Grey Art Studios）的直邮代理机构。1926 年，拉里和合伙人阿瑟·法特（Arthur Fatt）在一期《妇女家庭杂志》（*Ladies Home Journal*）上刊登了他们的第一个全国性广告，宣传门多萨毛皮染色厂（Mendoza Fur Dyeing Works）。30 年后，法特为灰狗巴士公司（Greyhound Bus）设计广告，推出这样的广告语："只有坐车之趣，没有驾车之累"。

一般而言，与广告/传媒相关的行业正呈现出以增长驱动进行联合的情形。我对前面提到的被并购公司历史中的一些细节进行分析后，得出了这样的结论：大多数（即使不是所有的）现在已归并到 WPP 集团麾下的公司——无论是大到堪称竞争对手的广告公司，还是提供相关传媒服务的小公司——都曾拥有过它们自己的独特创业文化。现在，我们来深入分析一下，当其中一家广告公司决定成为全球最大的"传媒超级市场"时，将会引发的混乱、冲突和地盘之争。

早在 1988 年，《华尔街日报》就刊文指出，广告公司发展过程中呈现的趋势是，它们不仅仅是彼此之间进行并购，而且会涉及大肆并购公共关系公司、市场研究公司、直邮广告公司以及各种相关的公司，其目的是成为"一站式服务点"。广告公司花费大量的时间和金钱，向它们的客户推销这种"一站式服务点"理念，比如，扬雅广告公司极力倡导"全蛋"（the Whole Egg）观念，奥美广告公司（即将被 WPP 集团收购）则推行"奥美交响乐团式整合营销传播"（Ogilvy Orchestration），等等。

但客户并不为此所动。根据《华尔街日报》的报道，伊斯曼柯达公司（Eastman Kodak）的做法比较具有代表性。该公司要求 WPP 集团旗下的智威汤逊公司为柯达胶卷制作广告，却不接受 WPP 集团提供的其他 30 余项附加的营销项目。柯达公司的一位发言人解释道，公司之所以这样做，是因为很难确定一家广告公司是否真的能在所有业务上都做到最好。该发言人为什么这么说呢？原因仍在于我们一直在说的 50 层塔楼效应，各种各样的辅助业务单元通常彼此互不了解、互不满意，或者说相互之间不交流。万事达公司的一位负责广告的副总裁接受《华尔街日报》采访时说："（这些业务单元）之间互不沟通。如果你要找人的话，倒不如直接去相应部门找。"

"一站式服务点"的概念，也因受到"内部政治和竞争"——或者说是地盘之争——的困扰而无法推广。《华尔街日报》指出，一般而言，人们会根据广告公司的市场部门所承接的业务量对其进行评价，当各部门为争取更多的客户预算份额而争斗时，这种评价常常又会反过来导致公司内部激烈的明争暗斗。例如，理查森-维克斯公司（Richardson-Vicks）聘请扬雅公司为其 Tempo 牌抗酸剂设计宣传广告，结果，顾客对这一宣传广告的反应不佳。理查森-维克斯公司于是又选择与扬雅公司负责直销的业务部门合作，要求其广告宣传对大量使用抗酸剂的用户进行准确定位。当时，罗纳德·阿伦斯（Ronald Ahrens）正担任理查森-维克斯公司的客户保健部经理，根据他的说法，这一出乎意料的结果说明了两个业务部门之间存在冲突。阿伦斯告诉《华尔街日报》，有时候一个业务单元会贬低另一个业务单元，并给人留下这样的印象，"如果你把钱更多地花在他们的业务单元，你将会取得比花在另一业务单元更好的结果。这太让人失望了"。

扬雅公司的一位发言人在回顾公司的这一事件时承认，"在两个具有独立历史背景的机构合并后"的最初一段时间内，常常会发生冲突。

12 年后，扬雅公司"并入"WPP 集团，这一收购使得 WPP 集团成为广告行业全球第一大企业。令人啼笑皆非的是，WPP 集团 CEO 马丁·索雷尔却公开谴责他 15 年来苦苦追求的这种"庞大"。这绝对不是庞大的问题，索雷尔在接受《纽约时报》的一次采访时说道："要说有什么不同的话，这是创新业务领域里呈现出的规模不经济。"

的确，索雷尔更希望 WPP 集团被看成是"一个由大约 100 个部群构成的集体。我们追求的是，要用小公司的心脏、思维、灵魂和精力来实现规模经济效应"。索雷尔继续说道，WPP 集团的健康发展"有赖于单个部群的健康发展和优势"。根据索雷尔的看法，你对拥有 55 000 人的 WPP 集团的组织调研进行得越深入，你感受到的公司不同层级之间的合作就越密切。

索雷尔的愿景是，WPP 集团的"100 个左右的部群"能够在维护各自的文化的同时独立共存、高效产出。真的能够像索雷尔的愿景所描绘的那样吗？随着 WPP 集团不断地吞并其竞争对手，官僚层级将不可避免地增加吗？扬雅公司的客户认为，在公司的这种转变过程中显然会丢掉某些东西。WPP

集团对扬雅公司并购结束后不久，肯德基公司、卡夫食品公司和联合航空公司均取消了同扬雅公司的广告合同，而且扬雅公司 CEO 托马斯·贝尔（Thomas Bell）也递交了辞呈（明显是因为他和索雷尔之间的紧张关系）。

第二批断绝同扬雅公司业务往来的公司，包括捷豹公司（Jaguar）、索尼公司和汉堡王公司。有趣的是，汉堡王公司这家位居行业第二的汉堡连锁企业，将一份价值高达 3.5 亿美元的合同转给了 Crispin Porter & Bogusky 公司——一家位于迈阿密的独立"热门创意"广告代理机构。这一举动可能并未给对扬雅公司带来多大的影响，因为汉堡王公司最近一直在频繁更换广告代理商，犹如女性更换时装一样。值得一提的是，Crispin Porter 公司给宜家公司和宝马汽车旗下的 Mini Cooper 品牌等所设计的创意广告给汉堡王公司留下了深刻印象。例如，在给 Mini Cooper 所设计的一个广告场景中，人们会看到一辆运动型多功能轿车在兜圈，而其车顶上载着一辆宝马 Mini Cooper。在你的公司成为其他某幢 50 层塔楼中的又一"单元"之前，这或许就是你所拥有的创造力。

虽然 WPP 集团并购扬雅公司带来了一些问题，但索雷尔却没有受到任何不利影响，至少未影响 WPP 公司在 2005 年收购全球第七大广告商——精信广告集团。精信广告集团的最大客户是宝洁公司，而宝洁公司的一些主要竞争对手，如联合利华公司（Unilever）和高露洁-棕榄公司（Colgate Palmolive），已经是 WPP 集团的客户。在进行收购的日子里，据说索雷尔竭尽所能地向公司的现有客户和宝洁公司保证，任何客户都不会因并购而遭受损失。也许并购就是多此一举。

## 公司的某一种职能或专业占据主导地位

虽然有可能言过其实，但我还是坚持认为公司的职能文化比国家或民族文化更强势。也就是说，德国人、法国人和英国人之间的文化差异，并没有工程师、销售人员、设计师或别的什么公司职员之间的差异来得明显。此外，公司也常常倾向于（也许由其创始人的背景或愿景所致）支持其中的一种文化。我们的价值观可能由我们所受到的教育和培训（即我们的专业）塑造。我们信奉我们自己公司的职能或专业文化，就这个方面而言，我们可能会瞧不起其他文化。

自从工业革命以来，德国人似乎更加偏爱科学和工程——特别是在商业和工业领域。根据人们的惯常看法，硬科学和数学吸引着最聪明的人。人文科学领域的研究人员——尽管他们各自都表现得才华横溢——往往会被默认为只能做好人文科学研究，也就是说，他们在生物学和微积分上只能取得中等的成绩。因此，在我们公司内部形成了类似于印度等级制度的体系，科学家和发明家——创造知识的人——位于顶层；然后是生产工人，他们创造出有形价值；或许接下来是设计师，他们将粗加工的半成品设计成消费者中意的产品；紧随其后的是营销人员，他们熟悉如何对产品进行包装、促销以及品牌建设；销售人员位于较底层，他们总是在忙着做出货和收款等事情；位于该体系最底层的是地位低下的客户服务人员——仅有高中学历并被称为蓝领的产品安装、服务和维修人员。

我们的观点是，随着公司按职能进行组织建构，公司很有可能发生文化战争。哪种职能是公司发展的真正动力并构成了公司的发展愿景？哪种职能能给公司带来最大收益？哪种职能应得到最大的支持？所有职能都是有价值的，甚至是企业必不可少的，虽然有的公司的各种职能部门会一致认为，它们都同样对公司有价值，但是这样的公司你找不到几家。由于我们在前文中所提到的偏见，如今许多获得社会好评的公司都是技术驱动的，这不足为奇。而且要想找拥有技术文化的公司并不难，这些公司中占主导地位的技术文化所起的统治作用已经到了一种不健康的程度。

我们再来回顾一下 50 层塔楼的比喻。在这一建筑中，每一种职能都占据着自己的楼层。文化的冲突加剧了这一结构内在的交流和协调上的不足。机能的不良状况在扩大。每一种职能都对其他职能颇有微词，并试图将这种抱怨传达给高层管理人员。在底层的公用大厅里，整个气氛也受到了政治和流言蜚语的不良影响。

当管理层感到自己被太多乘电梯上来解决问题的人包围时，其典型的应对措施是在各塔层之间搭建临时桥梁。这就是"特别任务小组"。理论上讲，这是一个非常好的主意，但是实际上，这种做法常常只是把隐形的冲突公开化。在这种情况下，工程师、销售人员、设计师和其他所有人都必须彼此正视对方。生产人员看着销售人员说："我无法信任他。瞧，他太圆滑了，他总是期望太多，我不得不去予以满足。"销售人员看着工程师说："真讨厌，还在穿着他那身工作服，我带他见客户时不得不帮他打扮一番。"

坦诚地说，你可以将伊斯兰教徒、基督教徒和无神论者召集到一个房间里，并进行建设性对话；相比之下，如果你将公司各职能部门的代表集合在一起，进行类似谈话的可能性会非常小。此外，"特别任务小组"的每位成员均承担着他所在部门领导指派的任务，负责捍卫自己部门的地盘，争取自己部门的利益。最不应该做的事情就是放弃自己部门的任何自治权。所以，你所面临的环境很少支持意见一致与合作。最终公司采取了妥协的方式而非做出具有远见的决策。在特别任务小组的战场上，对职能的忠诚程度可能比其他任何时候都要高。想一下这种情景：一位科学家宁愿同世界任何地方的科学家进行交流，也不愿同自己公司的营销人员有任何牵扯。

### 精明的摩托罗拉公司

要找一个公司的例子，来说明一种占主导地位的职能文化对其他职能文

255

化（以及整个公司的文化）造成的不利影响，我们再回过头来看看摩托罗拉公司的情况。在第 3 章，我曾指责摩托罗拉公司的傲慢，现在再补充一点，该公司因强势的技术文化而产生的"比你精明"的思维定式，是导致其傲慢的罪魁祸首。

从最初的对讲机，到集成电路，再到卫星，摩托罗拉公司的成功是有目共睹的。20 世纪 90 年代早期，摩托罗拉公司是一个"聪慧敏捷的巨人"，在移动电话、寻呼机、对讲机以及用于非电脑设备的芯片方面，引领着世界潮流。90 年代中期，摩托罗拉公司占有全球移动电话市场份额的 33％。但 5 年后，其市场份额仅剩 14％。而在这 5 年中，竞争对手诺基亚公司的市场份额却由 22％上升至 35％，这家以芬兰为基地的公司从那时起就开始一直占据着手机行业的领导地位。这是怎么回事？

诺基亚公司似乎已经认识到，这并非完全是工程技术带来的成效。像销售、设计和保证客户满意等，都应当是公司的重要职能。当摩托罗拉公司表现得像一个"飞扬跋扈、无所不能的供应商"，甚至告诉无线通信服务商如何在他们商店中展示其手机的时候，诺基亚公司却在忙着同威瑞森公司（Verizon）、新格拉移动电话公司（Cinular）等公司建立互惠联盟。新格拉移动电话公司的副总裁弗兰克·博耶（Frank Boyer）告诉《华尔街日报》，他人总是很难引起摩托罗拉公司高级管理人员的注意，"在摩托罗拉公司中，你很难确知你是否真的找到了实权人物或决策制定者"。而另一方面，博耶说道，他每个月都能向诺基亚公司的领导汇报美国的销售状况。

诺基亚公司已经把倾听顾客和响应顾客的呼声当成了一门艺术。当顾客开着车接打手机会带来安全问题时，西南贝尔公司（如今的新格拉移动电话公司）要求其供应商提供一款能在开机时就立刻显示"安全是对你最重要的事"的手机。诺基亚公司 24 小时内就可对市场做出反应，而摩托罗拉公司则需要两周时间。诺基亚公司设计出一系列具有不同颜色和不同大学运动队标识的手机款式出售给全能通信公司（Alltel），这些大学运动队均在全能通信公司的覆盖领域内——如杜克队（Duke）、亚拉巴马队（Alabama）、阿肯色队（Arakansas）。这些手机使得诺基亚公司的销售额激增了 20％以上。全能通信公司从未获得摩托罗拉公司提供的相似服务，因为，根据全能通信公司的发言人的说法，"我们知道摩托罗拉公司没有能力这样做"。

还有，当摩托罗拉公司和其他供应商寻求通过外包生产过程来降低成本时，诺基亚公司却坚持自主生产。诺基亚主席约玛·奥利拉（Jorma Ollila）接受《商业周刊》采访时说，自主生产手机是诺基亚公司保持领先于竞争对手的另一种手段，该做法能使公司对顾客的诉求做出快速反应。"降低生产费用，"《商业周刊》评论道，"并不能解决摩托罗拉公司的问题。"在这个快速变化的市场中，更为重要的是时尚的外形设计、有力的市场促销以及对顾客偏好的准确把握——而这些正是摩托罗拉公司所忽视的非工程职能。正如一名分析人士告诉《商业周刊》的："如果他们生产的手机外形丑陋，没人想买，再低的成本也于事无补。"

在即将进入新千年之际，摩托罗拉公司陷入了困境，从 2000 年中到 2001 年中的一年时间内，其股价下跌了 3/4。此时，摩托罗拉公司的 CEO 克里奇·高尔文（公司创始人保罗·高尔文的孙子）似乎意识到必须改变其公司的优秀工程文化。"一切都要以顾客为中心，"克里奇向商业媒体说道，"是顾客在支付账单。"但两年后，克里奇去世了，于是，在仍无法脱离困境的情况下，公司从外部聘请了爱德华·詹德，他是太阳微系统公司的原总裁。

詹德是一位总是面带微笑并拥有布鲁克林工人阶级背景的高级销售人员，他也许直觉上就已经知道克里奇从困境中所悟出的道理：摩托罗拉公司已经到了应该关注客户的时候。我们简直无法相信，2004 年前两个季度，摩托罗拉公司销售数据呈现出了快速增长和戏剧般的扭转（与上一年同期相比，手机销售额上涨了 67%，收入上升了 34%）。但毫无疑问，他已经严重地动摇了摩托罗拉公司 50 层塔楼的根基。"我们要推倒业务单元之间的一些墙壁。"詹德这样告诉媒体。他上任后的第一项工作就是去拜访世界各地的关键客户。

詹德能够成功地转变摩托罗拉公司的企业文化吗？行业内部人士认为，他还是有可能做到的。詹德是"最合适的人选"，根据瑞帝优上公司（RadioShack）的 CEO 伦纳德·罗伯茨（Leonard Roberts）的说法："一段时期以来，摩托罗拉公司需要一个既懂技术又了解客户的领导人。"

## 领地守护的征兆

要识别领地守护的预兆并不难。如果你的公司已经养成了这个自我毁灭的习惯，那么要想进行遮掩，将比掩盖衣服上的烟味更加困难。我们可以注意下面的一些症状。

### 意见不合

你的公司有很多刚愎自用的中尉，却没有一个强有力的上将，所以这些中尉们都想按照他们自己的方式行动。你的生产经理认为你的营销经理不知道如何定位产品；你的南美办事处满腹怨言，因为你的亚洲办事处得到的公司资源份额比它们的多；你的区域经理俨然已经成为一个不按公司总部的部署来行事的小沙皇；你的 CEO 未能清晰地勾勒出能够激励公司全部将士的单一愿景，因此他的权力被削弱了。或许这种分裂组织的典型是大学，这些大学的校长们已经将权力下放给各院系的主任，而各院系的教员都是出了名的思想独立，他们无论如何都不愿听命于任何人。

### 优柔寡断

由于高层和部门经理之间存在分歧，领导出现了一个真空地带，因此，进行决策不可能不是一个痛苦难忍的过程。如果公司的官僚主义作风盛行，"政治和程序"占据主导地位，那么公司的决策形势又会进一步恶化。你的领导会成立一个特别任务小组，提出一个"新的动议"，或组成一个蓝带委员会（blue-ribbon committee）来研究相关问题，而不是说："马上处理！"我们经常会在政府部门看到这一场景，政府部门相互冲突的议程阻碍了实际行动。在非营利部门，其官僚机构就像岩石层一样一成不变，也会出现这一状况。

这种情况在大的、偶像级的公司，如通用汽车公司、IBM 公司和可口可乐公司，也时有发生。这些公司安于现状，它们似乎不可能对不断变化的环境做出快速反应。

### 各自为政

正在交战的指挥官之间几乎不存在领导关系，而且每个指挥官都有很大的自主权，在这种情况下，左手边的指挥官可能并不清楚右手边的指挥官正在做什么。一些评论员在伊拉克问题上看到过这种情形：当时的美国国防部长拉姆斯菲尔德提供了一份有关伊拉克战争的评估报告，前线上将们交来另一份评估报告，而时任总统布什那里还有一份评估报告。另外一件事也是一个典型例子，当时，由美国参议员理查德·卢格（Richard Lugar）和贝拉克·奥巴马率领的访问团在俄罗斯的一个机场滞留了三个小时。彼尔姆

(Perm)的西伯利亚城边检人员坚持搜查美国的飞机，尽管美俄两国已签订协议禁止此类搜查。参议员卢格认为俄罗斯政府"机能失调"，这一针见血地指出了问题的本质。

前文提及的扬雅公司案例，更符合我们正在谈论的这个主题。当时因为理查森-维克斯公司的业务，扬雅公司的创作团队同其直销部门发生了冲突。当职能筒仓如此明目张胆地各为各的目的盘算时，就应该有人大声责问：谁是这里的负责人？

## 萎靡不振

对于前述的所有预兆，没有人会感到开心，特别是普通员工。他们为什么会这样呢？公司本可以取得更好的业绩，但却没有做到。公司是有潜力的——拥有自己的产品、市场、基础设施——但却没有好的市场业绩。加薪的承诺很难兑现，退休计划中的股票正在跌价，工作也几乎不保。

员工们仰望着50层塔楼的顶层，他们看到公司的高层管理人员就瑟缩在他们的办公室里，无力扭转公司的颓势。他们再看一下他们自己的经理，却发现他们正在为地盘相互斗争——或者，更糟糕的是，他们在盯着钟表，等着下班时刻的到来。一个曾经大踏步前进的公司，如今却因内部矛盾而停滞不前，而且公司氛围也在变差。这里已不是工作的好地方。

## 如何改掉领地守护的习惯

改掉领地守护的习惯并不容易。这些解决办法既涉及自上而下的心态调整，也包括业务流程的完全重组。但是，如果你希望在竞争中幸存下来并取得成功，你别无选择。

### 进行有效的内部营销

简单地说，领导者必须以共同的事业为中心，凝聚员工——包括各个职能部门的所有员工。他必须以饱满的热情来宣传自己的愿景，让大家都愿意接受。相比职能忠诚度，他应该使人们更加忠于这个愿景。我们再回到前面提到的那个技术高超的大厨的比喻。大厨般的领导者必须有能力将工程与生产，同营销、定位、服务和销售结合起来，从而实现公司生产的产品与顾客想要体验的产品的完美且令人满意的结合。这样的话，50层的塔楼就成了一个标志性的建筑，它不仅是员工引以为豪的对象，而且也给顾客、投资者、供应商和所有股东等这些更大的团体带来骄傲。

作为一个引人注目的内部营销案例，让我们来分析一下世界最大的咖啡连锁店——星巴克。其内部营销的部分内容是，让人们有合适的理由真正相信，星巴克公司在这方面跟其他公司一样做得很好。在星巴克公司中工作的人不是雇员，他们是公司的"合伙人"，其工作是让顾客"体验星巴克"。这意味着不仅要培养出"热情洋溢且心满意足的顾客"，而且根据星巴克公司的使命表述的"指导原则"，"也要创造良好的工作环境，彼此之间相互尊重"。

除了感觉良好的理念之外，还有物质奖励。在经过3个月的试用之后，新聘用的员工获得第一次加薪，随后都会定期加薪，同时还会有一系列诱人的津贴。除了优先股的选择，雇员每储蓄75美分，注册退休储蓄计划（Registered Retirement Savings Plan，RRSP）会补加25美分。此外，所有员工和他们的配偶——包括同居者和同性伴侣——拥有全部的医疗和牙科保健项目。

用创始人和CEO霍华德·舒尔茨（Howard Schultz）的话来说："我们

向员工提供了远高于最低工资的报酬，并且在 1989 年，我们成为美国第一家给临时员工和全职员工提供全面医疗保健和公司股票的公司。直到今天（1997 年），我们仍旧是唯一一家做到这一点的公司。"在舒尔茨看来，这样的政策不仅是正确的，而且还会使企业更有吸引力并减少员工流失，因为培训一个新招来的员工要比提供保健补贴的费用更高。由于星巴克公司给所有的员工购买了保险，所以公司零售和餐饮业员工的平均离职率已降到 1/5。另外，公司通过向所有员工分配股票，使得员工能够分享公司的效益增长和成功。舒尔茨毫不避讳地说道，他的父亲每年的收入从未超过 2 万美元，也从未有过家庭医疗补贴保险，"我一直致力于使星巴克公司成为我所希望的那种我过世的父亲也曾为其工作过的公司"。

接下来是星巴克公司的社会服务。公司是美国援外汇款合作组织（CARE）和各种艾滋病治疗和预防项目的主要资助者。当咖啡采摘者的工作条件受到社会舆论的批评时，公司施行一种"行为守则"来改进采摘咖啡豆的员工的工作条件。

星巴克公司做得比较好的方面是，除了关心一线员工外还关注很多事情，这提升了员工和顾客的忠诚度。例如，1995 年，这家连锁店开始在其店铺里出售 CD，但这些 CD 不是音乐商店所售卖的 CD，如 *Just Passin' Thru No.3*，而是对华盛顿地区调频摇滚音乐歌曲库的歌曲汇编，它所提供的 CD 都有像 *Blending the Blues and Hot Java Jazz* 这类与咖啡有关的名称。这当然是一个很好的营销策划，但星巴克公司声称不只如此。星巴克公司提供的唱片，"如同我们的咖啡和饮料一样，均由手工制作，是一种热情奉献"，星巴克公司的发言人如是说。也许这种说法有夸张的成分，但是独有星巴克公司组建了自己的音乐部门，该部门共有 12 人——包括音乐狂热爱好者和前唱片零售商——他们的全职工作就是为即将售卖的 CD 收集音乐，并在店铺的背景下播放这些音乐。

员工愿意在那里工作，顾客愿意光顾这种地方，投资者愿意持有该公司的股票，每个人都愿意参与进来——这就是成功的内部营销所带来的令人羡慕的成果。

### 让管理人员走出象牙塔

制止地盘之争和平息文化冲突的一个有效方式是，让员工在不同职能或区域筒仓之间进行工作轮换。这就是古老的"穿我的鞋走一英里"理论。了解他人问题的最好方法是，你自己去解决这些问题。一些公司——比如特种化工产品、制药或办公设备公司——非常幸运，它们的客户支持人员都接受过工程或技术培训。但是那些有此必要的公司实际上常常做不到这一点。特别是公司内部那些研发和工程人员，他们都可能拥有高人一等的优越感，但对他们来说，拥有制造过程、销售和营销或客户支持等经历是更重要的。

正如我们上面所提到的，在"公司层级系统"中，客户支持人员位列最低层级，但是我们有必要知道正是这些人，也只有这些人才有可能真正了解客户的实际情况。他们每天行走于客户之间，倾听客户的意见，直接了解到公司的产品或服务是已经满足还是没有满足顾客的需求。当贝尔公司的接线员举行罢工，公司的管理人员不得不接管公司的电话服务中心时，他们才从中吸取了这一深刻教训。跨职能部门的管理人员应该可以从其中吸取同样深刻的教训。

也许是因为销售人员是公司和客户之间天然纽带，他们（如摩托罗拉公司的爱德华·詹德）仿佛是接受了从一个职能部门到另一个职能部门的特殊培训，而最终成长为卓有成效的总经理。彼得斯和沃特曼认为，"销售人员是问题解决者"。他们回想起了在3M公司销售人员如何拓展个人角色——

以及提升个人价值——甚至抛开采购人员,直接到工作现场同操作人员交流的场景。

公司需要避免的是,高层管理人员都聚集在象牙塔内的顶部。彼得斯和沃特曼建议,公司应该"尽量减少行政管理人员,尽可能多地增加操作人员"。他们所提出的"100原则"堪称一个实操指南。他们建议,即使是最大型的公司,公司总部也很少需要超过100名的工作人员。例如,英特尔公司实际上没有永久性编制的员工,所有员工的任务均有直线管理人员根据临时的工作需要进行分派。萨姆·沃尔顿也持同样的理念,并指出,"关键在于走进商场去了解情况"。

也许最好的例子是IBM公司。据了解,IBM公司严格执行着"员工三年轮岗"的管理制度。员工的工作不是由"职业生涯管理人员"分管,而是由直线经理决定,这些直线经理知道,他们在公司行政岗位上历练过后,还会重新回到一线工作岗位。在遏制文化冲突和地盘之争方面,这是多么有效的措施啊!"如果你知道你将在36个月之内置身其中,那么当你在栅栏另一侧短暂逗留时,你就不可能再去构建一个专制的官僚结构了。"

## 组建稳定的跨职能团队

这里,我们不讨论临时的特别任务小组,而是探讨由来自各职能部门或筒仓的代表组成的稳定的管理团队。组建该管理团队的要点是,打破组织高层的文化冲突和地盘之争,并促进公司的合作精神和共享的愿景向公司外部和基层传播。亚洲的制造商已经将这一理念付诸实践多年。丰田公司著名的丰田生产方式(Toyota Production System,TPS)可能在这方面表现得最为出色,该生产方式为所谓的"精益生产"设定了标准。

为了了解丰田生产方式的精髓,我们先来分析一下自动化工程师加里·康维斯（Gary Convis）在丰田公司 20 年的工作经历。康维斯获得机械学学士学位后，便进入通用汽车公司从事管理培训工作，后来又跳槽到福特公司，其岗位从质量管理、工程管理、维护管理一直做到生产管理。在通用汽车公司和福特公司的几年工作经历，使他确信美国的汽车业已经陷入困境。"我们仍以同样的老方式生产汽车，"他这样写道，"而依靠这种方式已经无法有效完成工作。"更糟糕的是，尽管工厂的员工有大量的好主意，但却无用武之地，因为公司缺乏灵活性这一根深蒂固的弊端阻碍了这些好主意发挥作用。

丰田公司聘请康维斯帮助经营新联合汽车生产公司（New United Motor Manufacturing，Inc.，NUMMI）（丰田公司和通用汽车公司联合组建的合资公司）之后，康维斯才得以从美国汽车业的困境中脱身。丰田公司想重新运营位于加利福尼亚州费利蒙（Fremont）的一个已经关闭两年的通用汽车工厂，希望借此开始在美国生产汽车。对于通用来说，这意味着公司要在曾经的工厂重新开始生产汽车，并重新雇用那些因工厂倒闭而失业的数千名工人。难处在于，美国工人将受到那些推行丰田方式的日本管理人员监管。该方式能行得通吗？康维斯说，丰田公司行动谨慎，不确定美国人能否适应丰田的生产方式。但康维斯相信，美国人应该能够同世界其他地方的工人一样富有效率，丰田方式将会给美国工人一个展示自己工作潜能的机会。在弗利蒙的新联合汽车制造公司工作了 15 年后（被任命为丰田公司新联合汽车制造公司肯塔基工厂总裁之前），康维斯坚信，丰田公司的管理和生产方式是该工厂彻底扭转局面的原因。

那么，丰田生产方式的全部内容是什么呢？跨职能团队是这一生产方式的核心，康维斯所说的"顾客第一"理念就明确体现了这一点。当大多数公司将顾客界定为终端的最终产品购买者时，丰田生产方式却持完全不同的观点。该方式将前面的每个程序、工作站或者是部门视为"供应商"，而按顺序接下来的工序则为"顾客"。在丰田的工厂里，所有的团队成员和部门均担当供应商和顾客的双重角色。

这里的关键是：为了保证该生产方式发挥最佳功效，不能人为设障，将一个区域或部门同另一个区域或部门分割开来。而应该是由整个组织参与问题的解决，全体员工一起工作，共同寻找问题的解决办法。每位管理人员都必须参与其中，都必须支持该生产方式，都必须主动寻找问题的解决方案，即使这些问题并不在他的直接管辖范围之内。在康维斯看来，这种"同舟共济的态度"，是丰田生产方式运行环境的必要组成部分。

我们已经指出，优秀的领导者能把公司各种职能融合在一起，犹如手艺精湛的大厨用各种配料烹制出美味佳肴一样。康维斯则做出了另一个恰当比喻，他将富有成效的丰田生产方式运行环境比作温室，"在温室里，将土壤、阳光、温度、湿度、水和肥料按适当比例进行配合，以此来保证植物的生长和枝繁叶茂。如果缺少其中的任何一个成分，植物的生命力就会变弱乃至最终死亡"。

事实上，在丰田汽车公司，你不仅能看到跨职能团队工作的价值，而且还可以领略到全能型经理的风采，他能够在公司的任何一个筒仓里得心应手地工作。在《财富》杂志的人物篇中，奥田硕（Hiroshi Okuda），这位从 20 世纪 90 年代末期到出任日本商业联合会主席之前一直统领丰田公司的会长，将自己描述成"善于做多方面工作的专业人士"。尽管奥田硕曾经经过培训成为一名会计人员，但是在他晋升为社长之前的工作过程中，几乎管理过丰田公司的每一个主要职能部门：国内和国际销售部、财务部、采购部、公共关系部、新业务部以及会计部。由于高层领导有如此广泛的工作背景，丰田公司因而很难出现地盘之争和文化冲突。

## 围绕顾客或产品（而非职能或区域）进行重组

重新部署损益中心这一重组方式能减少职能和区域筒仓之间的内部冲突。尝试确定产品损益中心（打印机的生产与销售情况如何）或顾客损益中心（我们同沃尔玛公司的关系如何），而不是区域损益中心（东南区域的绩效状况如何）或职能损益中心（生产部门的绩效状况如何）。当公司的职能或区域业务单元表现出太强的地盘意识时，这样的公司大都开始将工作重心由损益中心转向产品类别中心。包装类产品公司已经非常成功地实践了这一战略，尽管不可避免地出现了一些问题。对于品牌经理来说，他们有可能形成与职能或区域业务单元完全一样的地盘意识。如果情况果真如此的话，进一步转变成以顾客为基础的损益中心可能是有效的应对措施。让我们来看两个例子。

早在 20 世纪 80 年代，BP 公司——石油勘探和生产的巨大企业，采用的是典型的区域/职能组织结构。对于各区域运营公司（每个公司负责一个区域）的领导，分别由全球管理委员会中的一个职能总监（财务总监、人力资源总监等）小组负责。而许多独立油田的经理们却被排除在小组之外，这些经理们在如何对油田进行运营管理上几乎没有发言权。约翰·布朗（John Brown）曾成功地改组 BP 公司，并借此在 1995 年被提升为公司的 CEO。他对公司进行了重新建构，将工作中心返回到产品上——各油田开采的石油。首先，卖掉了较小的油田，只保留具有规模优势的较大油田。其次，跨越官僚的"区域"层级，开始评估各独立油田自身的绩效。

当局部实验取得明显成功时，这一新的结构便开始在整个 BP 公司推行开来。各区域运营公司被解散，取而代之的是大约 40 个相互独立的业务单元，每一个业务单元代表一个较大的油田或是几个较小的油田。缺乏灵活性的"全球管理委员会"也被舍弃掉。各独立业务单元的经理们直接向由布朗和另外两名高管组成的精简委员会报告。这是由以区域为基础的组织结构向以产品为基础的组织结构转变的一个简单案例——该转变取得了积极的成效。

朗讯科技公司的例子就没有这么简单了。1996 年，朗讯科技公司从AT&T 公司中剥离出来，在网络泡沫膨胀期间成为华尔街的宠儿。在那个让人发昏的时代里，引用《华盛顿邮报》的说法，电信设备制造商成了"现代版淘金潮中镐和铁锹的销售员"。朗讯科技公司成长迅速，但却走上了歧途。为了满足和预先应对看似无穷无尽的需求，朗讯科技公司开发了太多的产品线，增加了太多的产能，雇用了太多的营销人员，储存的设备也大大超出其销售能力。

毫不奇怪，朗讯科技公司的许多客户都是刚起步的网络公司，朗讯科技公司通过信贷展期的方式来向他们出售产品，并把这些销售计入收益。当网络泡沫破灭的时候，很多网络小客户破产，无法向朗讯科技公司支付欠款，使得朗讯科技公司不得不尴尬地一再重申其盈利状况。朗讯科技公司的投资者开始纷纷撤资。

2000 年，亨利·沙赫特（Henry Schacht）重回朗讯科技公司，他阻止了公司亏损并扭转了公司的状况。沙赫特认为，朗讯科技公司错误地把公司分割成 11 个"热门小业务单元"——当每个独立的业务单元争取其自身发展和收益的时候，这一组织结构会带来费用的成倍上涨。到他来朗讯科技公司为止，公司的处境岌岌可危。公司报告显示，2000 年的最后一个季度共亏损 10 亿美元，公司曾经价格飞涨的股票市值也下跌了 3/4。

沙赫特上任后立即宣布了一项包括"集中运行"、每年削减 20 亿美元的费用支出，以及裁员 10 000 人在内的重组计划。

　　这次重组的核心不外乎是废除无盈利的生产线和甩掉不可靠的客户，并没有提出应对根基不牢的小公司的措施。精简后的朗讯科技公司将与它眼前业务量最大的前 30 位客户（占公司销售额的 75％）一起开发产品或服务。2002 年初，帕特里夏·拉索（Patricia Russo）接替沙赫特担任公司 CEO。拉索延续了沙赫特的工作思路——但力度更大。曾经膨胀到 106 000 人的员工队伍削减至 39 000 人。公司的业务也由 11 项变成了 3 项：无线网络、有线网络和网络服务。朗讯科技公司继续只将其销售和营销的重点集中于公司的最大客户群——贝尔公司和国家航空公司。

　　电信行业的竞争仍旧激烈，未来充满了变数。但值得注意的是，朗讯科技公司凭借其以客户为中心的组织结构，在 2004 年扭亏为盈——这是自2000 年以来账面上第一次盈利。

　　对以顾客为中心的公司来说，宝洁公司做得最为出色，当然，它所关注的客户是沃尔玛。正如前文所述，包装类产品公司率先践行了围绕产品类别进行组织建构的理念，而拥有 300 多个品牌的宝洁公司在运用此类组织建构方面一直走在前面。所以宝洁满足了沃尔玛的要求。或者，更准确地说，沃尔玛的规模已经足够庞大，它已经有资格提出一些要求了。

　　情况并非总是如此。1987 年夏天，宝洁公司的销售总监卢·普里切特（Lou Pritchett）曾经同山姆·沃尔顿一起乘独木舟在阿肯色州的温泉河上漂流了两天，普里切特回忆起，在此之前，两公司之间并没有多少联系。"我们用船给沃尔玛公司运送产品，他们给我们一张支票，"普里切特说，"就这样，我们卖，他们买，然后彼此互道再见。"当沃尔玛将宝洁确定为年度供应商时，宝洁并未曾想要炫耀其获得了这种荣誉。

　　宝洁公司就是这样同其所有的客户进行业务往来的。与典型的大型供应商一样，宝洁也依靠传统的销售队伍频繁去各店铺进行走访，这使得公司能够及时地了解诸如定价和脱销产品补货等零售状况，协商公司产品在货架上的适当摆放位置，以及亲自介绍新产品。沃尔顿曾指出，由于宝洁公司围绕其品牌进行组织建构，它起初并没有意识到这种状况：沃尔玛公司已经成为其最大的客户。就这点而论，沃尔玛公司应该享受特殊的服务。鉴于沃尔玛公司胡萝卜加大棒的利诱威逼，宝洁公司才开始进行重组。如今，宝洁依靠总部的多职能客户团队来负责为关键客户提供服务。

或者，在沃尔玛的例子中，宝洁依赖的是其在阿肯色州本顿维尔市的"卫星"总部的跨职能团队。当时在阿肯色州的宝洁公司办公室中，大约300人的员工队伍每天监管着宝洁品牌在沃尔玛的销售状况，并设计进行交叉营销和其他搭配营销的方案。为什么需要这么一个团队？因为宝洁公司17%的销售额，也就是87亿美元的销售收入来自沃尔玛公司在全球的5 100个店铺。事实上，宝洁和沃尔玛的关系已变得如此亲密，以至于宝洁都不想让其管理人员为沃尔玛这一客户连续服务的时间超过几年。正如沃尔玛的一位老管理人员所指出的那样，如果他们不及时摆脱这一状况的话，那么宝洁的员工就会开始将沃尔玛的需求同宝洁的需求等同起来。"这非常像婚姻生活，"普里切特说，"有时双方相互大打出手，有时又陶醉在爱情之中。"

事实上，尽管两家公司从彼此那里获得了巨大的收益，但是也一定有很多时候两家公司的关系濒临瓦解——或者，更具体地讲，就是在宝洁公司感觉自己像一位受到虐待的怨妇的时候。例如，当沃尔玛决定销售自有品牌的尿不湿或洗洁精时，宝洁应该对此做出何种反应呢？从20世纪90年代初开始，自有品牌开始复苏，这给全国性的供应商一记重击。天联环球广告公司（BBDO Worldwide）的一位高层管理人员接受《财富》杂志采访时指出，每一类产品中，只有市场业绩最好的两大品牌和自有品牌才有机会获得成功，"除此之外的任何品牌都会被淘汰出局"。宝洁公司当时的 CEO 埃德温·阿尔兹特（Edwin Artzt）恰如其分地概括了这一局面给生产商们带来的压力：
"我们并未指望形势会随着时间的流逝变得更好，我们只希望我们自己能做
得更好。"

面对沃尔玛这样一个看似永不满足的合作伙伴，宝洁必须要做得更好。
沃尔玛这一零售巨头通过销售商品来获取利润，它会迅速地摒弃摆在其货架
上卖不掉的品牌产品——无论这一品牌有多么知名。换句话说，为了维持竞
争地位，像宝洁这样的生产商也必须提供低价格、高质量的创新型产品。即
使如此，生产商们就可以保住市场份额了吗？"答案仅仅掌握在全国性品牌
生产商手中，"沃尔玛前任 CEO 戴维·格拉斯（David Glass）以一种自命不
凡的口吻回答道，"如果生产商们能够维持低成本，并以富有竞争性的价格
提供知名品牌的话，那么消费者会购买这些产品。"

原来如此！沃尔玛公司以其高傲的态度对待宝洁公司这样最忠诚的合作
伙伴，这是导致宝洁收购吉列的原因吗？宝洁正在找寻更大的力量来与沃尔
玛抗衡吗？宝洁公司的 CEO 雷富礼对此予以否认。当被问及权力的天平是
否开始向供应商倾斜时，他喜欢这样回答："权力的天平已经向消费者
倾斜。"

但是，消费者会去整洁、有着宽敞过道的沃尔玛超市购买商品，宝洁公
司知道这一点。这就是宝洁公司这个包装类产品巨人在其最大的客户——沃
尔玛公司的呼唤下改变其运营方式的原因。

还可以举出其他许多例子，来证明公司已经转变了其原有的职能或区域
组织结构。惠普公司按照产品线来进行组织重组。汇丰银行正在进行组织变
革，将由原来的区域组织结构转为基于 5 个主要客户群体的组织结构。考虑
可以填满或倒空的四个"桶"——职能、区域、产品和顾客——或许是有用
的。如果其中任何一个桶已经装得太满或太重，就会使公司失去平衡。重新

找回这四个方面的平衡，可能是让因内部冲突而不能发挥正常功能的公司文化恢复活力的关键。

## 自动化和一体化

我们现在就能看到这种发展变化（见图8—1）：职能筒仓正在进行整合，区域筒仓也在走向联合。这是全球化大公司改变其官僚作风的唯一途径。

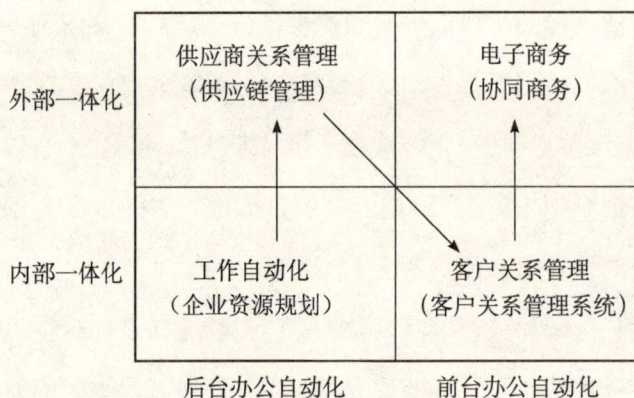

图 8—1　自动化和一体化

自动化从后台办公运作开始，延伸到前台办公或客户交互界面（从矩阵的左边移向右边）。一体化从内部开始，扩展到外部或供应商关系管理（从矩阵的下方移向上方）。后台办公的内部一体化叫做企业资源规划（ERP），SAP公司和甲骨文公司之类的公司会帮助客户完成该系统。这类公司通过协调不同的数据库来整合信息。有时候，这一系统也被称为工作自动化——一个比工厂自动化或办公自动化更具有概括性的概念。

接下来看矩阵上半部分的外部一体化或供应链管理（SCM）。"零库存"的存货管理就是一个很好的实例，这意味着供应商在最合适的时间点上装运原材料或产品。当然，这对零售商（如沃尔玛公司）来说是极其重要的。

无论是企业资源规划，还是供应链管理，都属于矩阵中"后台办公"的范畴。现在平移到"前台办公"，在矩阵的右下角，你可以看到客户关系管理（CRM）平台和技术。航空公司的电脑订票系统就是这方面的好例子。在你成功订票之后，你在世界各地都可以取到机票。举一个具体点的例子，我们再说说宝洁公司，它的预订系统是值得借鉴的。宝洁公司拥有 300 个品牌和遍布全球的客户，它聘请 Siebel 公司为其构建全球统一、能够适用于特定市场的客户关系管理平台。该项目于 2000 年开始，花了 5 年的时间才全面投入使用。

在矩阵的右上角，是完全的在线自动化和一体化，或者称之为电子商务。外部一体化和前台自动化通过互联网连接在一起。企业过去通常依靠由电话线或卫星连接的大型计算机。后来出现了客户机/服务器架构，在这一架构中，来自单个服务器和每个客户机的智能/信息都代表一个客户。旅行社借助它们的 Sabre 机票预订系统实现了这一功能。现如今，所有的信息管理均通过互联网来实施，互联网俨然成了一种共同标准——与这一标准相反的是 IBM 公司、惠普公司或其他公司的专用标准。像 SAP 这类公司专门负责对不同的标准进行整合，它们收取高昂的费用以升级这些整合后的一体化系统。像可口可乐这样的公司，一直经受着传统的职能和区域组织结构的困扰，它将斥资近 10 亿美元来创建一个完整的 SAP 升级系统。

酒店电话系统是自动化和整合升级系统的最常见的客户。以前，即使是内部电话呼叫（如需要客房服务），也必须通过酒店大楼外面的公用电话公司的中枢转换系统来完成。结果，在酒店内部，相邻两个房间甚至无法快捷地实现沟通。当安装 PBX（电话专用交换分机）系统后，转换器就可以置放于企业内部了。现在如果你在房间内用固定电话拨打电话，自动系统上会显示你的信息，人人都知道你是谁，以及你具体在哪个房间。思科公司和北方电讯公司等高技术公司负责为这一系统提供硬件设施。

在一体化和自动化改革方面，戴尔公司的做法最具有代表性。这家全球个人电脑销售量最高的公司，没有一家零售店铺，但却能知晓业务流程的最新进展。让我们首先从一个显而易见的问题开始吧：迈克尔·戴尔是如何取得成功的？

迈克尔·戴尔不愧为是一个企业家。1984 年，他就开始在得克萨斯州立大学的宿舍外，出售 IBM 个人电脑所配套的随机存储器和磁盘驱动器。他从 IBM 的经销商那里购买库存过多的商品，然后通过报纸和电脑杂志宣传，以低于零售价 10％～15％的价格出售。当销售额达到每月约 8 万美元时，他认为自己已经获得了他所需要的全部大学教育。随后他开始销售 IBM 的复制品——仍旧直接面向消费者。并且通过削减零售价，他一直使价格维持在 IBM 的同类产品零售价的一半左右。

不久，戴尔公司就成立了。1987 年，戴尔公司开始增设国际销售办事处。1993 年，它在日本和澳大利亚分别设立子公司。戴尔公司将其产品线扩展到服务器、工作站、存储设备、以太网交换器和笔记本电脑等领域。1998 年，戴尔公司在中国开设生产及客户服务中心，并在 2004 年增开了第二个。现任主席凯文·罗林斯（Kevin Rollins）预测，公司的收入将从 2004—2005 年的大约 500 亿美元，升至 2008 年的 800 亿美元。

戴尔公司成功的关键是，以创新的供应链管理为基础的全新业务模式。戴尔公司先销售产品，然后预订原材料来生产产品，从而取代传统模式——购买原材料、生产产品、销售产品。换句话说，就是零库存。或者，用迈克·格雷（Mike Grey）的话来说，戴尔公司供应链的核心是"库存速率"（inventory velocity）。实际上，供应商负责全部的仓储工作，戴尔公司的设施都是制造中心，而不是储存制成品的地方。在格雷看来，正是这种完全自动化的供应链管理，使得戴尔公司在短短 20 年的时间内成为一个销售额达到 500 亿美元的公司。

戴尔公司在其他方面的自动化和一体化改革也走在时代的前列。为了统一管理位于全球的 35 000 名服务器客户，戴尔公司采用了微软公司开发的系统管理服务器 2003 版（SMS2003）软件。SMS2003 软件的升级版将戴尔公司五个地方的单独 SMS 系统合成一个系统，从而大幅降低了成本。SMS2003 软件中新的补丁管理功能，提供了热修复，并可以持续升级，从而为公司每年节省数百工时。同时，该软件的支持功能将戴尔公司数千个远程系统并入其全球 SMS 系统。

在客户关系管理方面，另一个突破点是戴尔公司联合英图易公司（Intuit），为中小型企业（SMEs）整合业务流程。这一客户关系管理系统，包括一台戴尔公司商务台式机（OptiPlex）、英图易公司的点上销售系统（QuickBooks Point of Sale）软件，以及全套的零售硬件（包括收据打印机、条码扫描仪、信用卡读卡器和提款机）。正如戴尔中小企业部的经理所指出的："我们的独立零售客户告诉我们，他们希望购买价格可接受的技术系统来帮助他们实现日常运行的自动化，以使他们抽出更多的时间提升销售额。"得克萨斯州州府奥斯汀的一个礼品店店主，对该客户关系管理系统非常满意，他认为这是一个"操作简便易行、可以轻松完成交易的系统"。

由于戴尔公司的直销历史——大都以互联网为基础——所以戴尔能轻松自如地就走到电子商务（自动化和整合实现统一）的前列，就不足为奇了。我们无法断定戴尔没有出现任何我们在本章所提及的与企业成长有关的问题，我们也不是想说戴尔的职能或区域筒仓之间不存在冲突。但是，戴尔公司毕竟诞生在电脑时代，在互联网的世界里快速成长。也许我们应该称赞戴尔通过高技术手段保证了那四个"桶"——职能、区域、产品和顾客——处于一种适当的平衡状态，也许同文化冲突和地盘之争有关的自我毁灭的坏习惯在戴尔公司根本没有机会养成。

\* \* \* \* \*

成长，对一个企业来说，同人的生长发育一样，遍布荆棘。这也是企业咨询人员像儿童心理学家那样工作繁忙的原因。无论是对企业还是对个人来讲，都很难发展成熟到一下子豁然开朗的程度或水平。自私、保护"我们的"东西、想要更多的东西，这都是天性使然。当创业的兴奋感（犹如儿童时代的乐趣）被条例和组织所规定的义务取代的时候，公司的行为并不总是表现得中规中矩。CEO们与做父母的一样，也难免会犯错误：有时他们不能及时察觉自我毁灭的坏习惯正在公司这个大家庭里滋生；有时他们想要改掉这些坏习惯却又力不从心。

但是，睿智的CEO明白，公司本身不是发展的最终目的。CEO具有足够的远见，能够找到公司发展的更大目标，而其领导的本质就是分享这种远见。当能够做到这一点时——当公司这个大家庭的所有成员能够见领导之所见、信领导之所信的时候——公司快速成长时期的冲突就会自动消失。不再有文化冲突、不再有地盘之争、不再有手足反目，公司的成长过程就会避免分歧或党派倾轧，公司就会在进步的社会环境中占据一席之地。

**领地守护**

**导致领地守护的因素：**

● 公司象牙塔。

● 公司的发展要求制定正式的政策和程序。

● 公司创立者的文化被纳入更大公司的文化。

● 公司某一种职能文化占据主导地位。

**领地守护的征兆：**

● 意见不合：公司拥有许多刚愎自用的中尉，却没有一个强势的将军。

● 优柔寡断：决策是一个痛苦或甚至是一个不可能的过程。

● 各自为政：公司相邻部门彼此不了解对方正在做的事情。

● 萎靡不振：没人觉得开心，特别是普通员工。

**如何改掉领地守护的习惯**

● 进行有效的内部营销：领导者必须把公司员工凝聚在一起——所有的员工、部分部门——为了共同的事业。

● 让管理人员走出象牙塔：让公司的管理人员在不同职能或区域筒仓之间进行工作轮换。

● 组建稳定的跨职能团队：将来自各个职能部门或筒仓的代表组成稳定的管理团队。

● 围绕顾客或产品而不是围绕职能或区域进行重组：通过重新确定损益中心，来解决职能或区域筒仓之间的内部冲突。

# 第 9 章

## 无为而治

    在公司中，与改掉自我毁灭的坏习惯相比，预防这些坏习惯是一个更富远见、更可持续的过程。公司不能坐视自我毁灭的坏习惯伺机侵扰公司，也不能等到顾客抱怨或员工不满甚至遇到极其严重的财务危机时才制定干预方案。有成效地进行干预需要设计相应的系统或程序，需要时常监控公司当前的状况并预测未来的发展趋势，从而保证尽可能早地察觉坏习惯的征兆。

我们在分析困扰公司发展的问题的时候，用了"自我毁灭的坏习惯"这样的醒目标题，当然，这是一种拟人化的表述。毕竟，将公司的行为比做人类行为，是具有启发意义的，也是可行的。

● 那种导致数字设备公司倒闭以及施乐公司业绩下滑的自欺欺人与我们的个人经验不足没有联系的。谁不认识某个人——朋友，或者，也许是配偶——拒绝承认其"有问题"？也许我们自己需要时不时地接受一下"现实检验"。

● 为什么我们会为谷歌公司这样的新贵欢呼呢？因为每个人总会成为微软公司所显露出的那种傲慢的牺牲品。大家都希望看到这个仗势欺人者受到惩罚。

● 每当我们被迫做着乏味的文书工作、知道自己终身都被会拥有闲差的官僚冷眼相待的时候，我们总是能看到他的自满。当航空公司突然必须面对实际的竞争而又无力应对的时候，人们很难对它们表示同情。

● 当我们批判胜家缝纫机公司和美国不列颠百科全书出版公司出现竞争力依赖时，我们不要忘了全世界所有的人大都是只擅长做一件事情。（现在我在想，大学教授——像我一样——也许是世上对竞争力依赖最多的人。）

● 当可口可乐公司应对百事公司的威胁时，表现出了竞争近视，这是体育网页每天必用之词，这些网页称之为"向前看"。所向披靡的橄榄队开始期待着在赛季末与头号对手一决胜负，结果自己却被不入流的、本该被痛宰的弱队击败。

● 如果你没法将数量沉迷同你的个人经历联系起来，那么你也许需要去购物了。

● 至于领地守护，我们介绍 WPP 公司的情况时所提到那种地盘之争，会出现在每一个拥有一个以上孩子的家庭里——或者说，这一情况会出现在饲养着多个宠物的家庭里。

以上类比可以一直持续下去，至少我们可以说：公司和人都一样，要想改掉这些自我毁灭的坏习惯，首先必须认清现状。所谓认清现状，正如我们在每章中所介绍的那样，就是识别这些坏习惯的"征兆"，并且承认："噢，那就是我。"

因此，如果公司能够认清现状并以此为基础来改掉自我毁灭的坏习惯，那为什么不预先采用这种方式来预防自我毁灭的坏习惯发生呢？正如我们在第1章中所指出的那样，你在"预防管理"方面做得越多——相对于"现状管理"——你用来进行"危机管理"的时间就会越少。我们再进一步类比，"一盎司的预防价值等于一磅的治疗"，这句话既适用于人，也同样适用于公司。

在医疗业中得到一致赞同的是：与早期采取措施预防疾病、损伤和上瘾相比，医治这些病患需要花费更多的钱，需要克服更大的困难，还需要接受更多的不确定结果。即使在人们认定医疗干预能够成功地解除病痛的时候，这一干预过程本身也常常会带来轻重不同的副作用。例如，手术过程中会冒无法预料的风险——如细菌感染、对麻醉药物过敏和手术失败——这些状况与正在治疗的病患是没有关联的。虽然在做完手术之后，病人的病情在某种程度上可能有了好转，但还是有可能出现其他问题，尤其是当做手术带来的后遗症被包括人的大脑在内的复杂且相互关联的身体系统接受的时候。而且，即便手术是成功的，也无法保证病人不重蹈最初患病的覆辙。

处方药物也是一个恰当的例子。毫无疑问，大量的药物都为社会的整体健康作出了重要贡献。但是，这些药品常常都价格昂贵，需要终身服用，并且还会引起一些副作用。为了让高胆固醇的病人不再终身服用立普妥（Lipitor）和美降之，难道还有比通过健康的饮食和运动锻炼来预防高胆固醇更佳的方式吗？

改掉一些不健康的习惯——比起动切除手术或服用药物——是一个更为困难的过程。美国疾病控制和预防中心的数据显示，2004年，美国共有4 450万成年吸烟者。据估计，这些吸烟者中大约有70％的人希望戒烟。其实戒烟是有可能的，而且数以百万计的人已经戒烟成功了。但是，对于很多人来说，第一支香烟是一个终身习惯的开始，会带来有害且代价昂贵的后果。拒绝第一支香烟就是最好的解决措施。

同人类的健康一样，如果不给自我毁灭的坏习惯的滋生提供机会，公司就能一直保持良好的健康状况。也与人类一样，如果已经养成了这种自我毁灭的习惯，公司可能就会沉溺于其中而不能自拔。一方面，公司可能会听任其发展，直到带来无法挽回的损失时才去阻止。另一方面，公司也可能会采取强硬的整治措施，并招致其他一些消极后果，甚至是从此一蹶不振。而且实施这些整治措施的代价会很大，且需要长期维持。从人类的医疗保健活动中我们得到这样的启示，最好的做法是提倡全新的健康生活方式，而不是等到发病后再去治疗。

在公司中，与改掉自我毁灭的坏习惯相比，预防这些坏习惯是一个更富远见、更可持续的过程。公司不能坐视自我毁灭的坏习惯伺机侵扰公司，也不能等到顾客抱怨或员工不满甚至遇到极其严重的财务危机时才制定干预方案。有成效地进行干预需要设计相应的系统或程序，需要时常监控公司当前的状况并预测未来的发展趋势，从而保证尽可能早地察觉坏习惯的征兆。进行干预还应采用最新的手段，自动纠正公司的发展方向，以避免这些自我毁灭的坏习惯的产生。

那么，公司应该采取哪些措施从一开始就避免养成自我毁灭的坏习惯呢？

## 预防自欺欺人

防止自欺欺人成为坏习惯的最好方法是，设计相应的系统并运用这些系统不断对公司的各种管理假设和正统说法发起挑战。要做到这点，一个比较容易的方法是，启动一个定期或是持续进行"情境规划"（scenario planning）的程序。情境规划是一种进行灵活、长期的战略规划的方法。其基本过程是：一组分析人员通过将现有关于未来的知识和可能的趋势结合起来，为决策者勾画出几个具体情境。把我和拉金德拉·西索迪亚（Rajendra S. Sisodia）博士合写的一篇文章中所确定的 6 大变化驱动因素——技术、监管、全球化、竞争、顾客和资本市场——用做设计这些情境的框架会很有帮助。通过将观察趋势，特别是观察那些驱动公司和市场的外部趋势的过程制度化，就能提醒公司管理层时刻警惕那些潜在的竞争威胁。这会防止决策者落入温柔而舒适的陷阱，并因此忽略或逃避竞争对手、竞争性技术、或可能危害到公司的事件的存在。在这种情况下，哪怕多一点点怀疑，对企业也是会有好处的。

在石油行业，那些戏剧性的偶然事件，如卡特里娜飓风对石油精炼厂造成破坏乃至导致国家油气供应中断，或是更复杂的，如中东的历史性政治冲突和军事冲突，都迫切需要人们去了解并预测其未来。荷兰皇家壳牌公司是使用情境规划预测未来的先行者。它的全球商务环境事业部的工作任务就是，鉴别"不可避免的事情（和）不可知的事情"。

19 世纪 70 年代，当时的壳牌公司采用了一位行为古怪、同时拥有比利时和法国国籍的石油经理皮埃尔·瓦克（Pierre Wack）的策划方案。他确信，如果将"深刻的洞察力和严密的理性思维"恰当地结合起来，你就能够相当准确地对未来进行预测。瓦克将这一思想发展成为一种本质上是讲故事的方法，这种方法将对未来已知〔瓦克称之为重大趋势（tendances lourdes）〕和未知的知识与今天必须做出的决策联系起来。

瓦克和他的团队考虑的第一个情境是中东。情境展示的是一组石油资源丰富的国家。这些国家都非常弱小，因而它们都无法开采其国内自由流动着的石油财富。在它们看来，没有任何银行资产或房地产将会像地下的石油那样快速增值，尤其是在石油还在地下未被开采的情况下。头脑中有了这个情境，瓦克和他的团队意识到，某个组织（欧佩克）将会努力争取控制石油的开采，并且石油涨价将是"未来10年推动全球发展"的重大趋势。

你过去和目前所取得的成就可以用做在董事会上炫耀的资本，或者用做给高尔夫球友留下深刻印象的由头，但是如果这些成就仅成了你在街头巷尾的谈资，你自己的表现就会出于意料地令人不快。不管其具体方法或内在程序如何设定，关键是公司要形成对自己的现有设想进行质疑的精神，继续对公司的未来发展进行预测，并提前进行相应评估。正如创新型领导咨询师及作家迈克尔·J·盖博（Michael J. Gelb）所言："预测未来的最好办法是创造它！"

为此，我必须告诫你的是：你必须花部分（不是全部）精力来关注你的竞争对手和竞争技术。如果你过于关注"其他家伙"，你就会成为执迷不悟或病入膏肓的偏执狂，这是一种真正的危险。微软公司就曾经这样做过，当时它密切关注网景公司对其IE浏览器造成的威胁，以及对其在个人电脑市场上几乎占垄断控制的Windows操作系统的更为严重的威胁。这使得微软公司采取了一些在道德上和法律上受到质疑的行动，并最终招致漫长而代价高昂的官司。拥有健康的怀疑精神不会使你丧失观察竞争形势的宽阔视野。

体验式的领导力短训班，除了具有防止傲慢习惯形成的作用以外，还可以教会管理者如何关注未来的途径。通用电气公司的"群策群力"、诺埃尔·迪奇的"行动学习法",以及摩托罗拉公司的参与式管理过程都有助于打破中层和高层管理者之间的壁垒。它们还是优秀的培训课程,在上课过程中允许参与者挑战做事的常用方式的流行假设,也鼓励他们为组织程序的改进提供建议。如果你要求所有的管理者都参加,这种短训班将会设计出一种通用语言,以期与每一位学员的决策过程紧密结合。

## 预防傲慢

傲慢比较难以预防,因为它经常是无意识和外部力量的结果。就像在第3章中指出的,许多成功都是偶然取得的,而且有的人倾向于取得这种成功。媒体在这方面往往是推波助澜。为了获取销售杂志、报纸、书籍或是提升电视评级等自身利益,媒体会大肆宣传 CEO 们和企业的其他高层管理人员,给他们塑造比真实生活中更高大的形象(例如,安然公司的肯·莱)。作为人,我们都具有一种潜意识,想取得成功或主管点事,因此我们就不难理解 CEO 会产生一种自我意识,觉得所有的事情都是他做的、他拥有至高无上的权力——这种自我意识后来有可能导致该 CEO 成为态度傲慢的反面典型。然而,傲慢并非总是由外部或不可控因素引起的。身居高位、大权在握的人有很多诱人的机会做出选择,他们可以选择利用这些机会夸耀自己的成功,也可以选择不滥用这些机会胡作非为。在这种情况下,预防傲慢在更大程度上成了如何抵制诱惑的问题。

预防傲慢的一个好方法是寻找一位顾问或是执行教练,他能经常提醒你傲慢的隐患,并在你开始有傲慢的苗头时提醒你。尽管这种值得信赖的顾问可以由配偶或者同事担当,但我极力建议你,从你公司外面找人,而且这个人与你要不属于同一个职业，他可以成为你可信赖的意见征询人、公正的观察者，以及给你提出客观建议的人。他是积极地监视或观察你的人，也是哈佛商学院教授托马斯·德朗（Thomas Delong）所称的"说实话的人"。Eos航空公司的CEO大卫·波图克（David Pottruck）就是积极支持这一职业监管过程的人，他认为，是IBM公司的前CEO特里·皮尔斯（Terry Pearce）"将他从一个固执己见的专制掌权者改变成为敏感的共识达成者"。《终生客户》（*Clients for Life*）是我和安德鲁·索贝尔（Andrew Sobel）合著的一本书，该书提到了历史上许许多多的榜样人物，从亚里士多德到彼得·德鲁克，他们都是非同寻常的顾问。

尽管执行教练的做法曾经被当做流行的心理呓语，但近年来，这种做法已经成为一种受人尊重且广泛应用于塑造领导力的方法。国际教练联合会（International Coach Federation）是一个会员制的组织，该组织开发了一个资格鉴定程序，并提供继续教育机会，在全世界80多个国家中拥有10 000多名会员。IBM公司积极支持这种做法，并且它们也需要这方面的职业指导，IBM公司已经拥有60多个已取得资格认证的执行教练。

预防傲慢的第二个方法是限制个人宣传。因为宣传抬高了你的个人身份，所以最好不要在聚光灯下花费太多时间。要以一种更为含蓄或低调的方式而不是炫耀的方式展示你自己。对公司的股东、员工、顾客、供应商，以及社区而言，提升公司的地位，使其成为值得投资的对象和优秀的企业公民，这是关乎公司"面子"的事情。当个人宣传过了头，涉及个人品牌的塑造活动，或者经理的个人生活成为八卦专栏的素材的时候，这些宣传就成了另一回事。安然公司、世通公司和泰科公司的丑闻已经给股东们留下了这样的印象：自我吹捧、自我中心的领导者是公司灾难即将来临的警示信号。因此，在这些公司备受瞩目的丑闻出现以后，限制个人宣传就显得更加重要。

最后，一定要让公司的监管和平衡机制发挥作用，确保不会让任何个人拥有绝对的权力。这样，公司的相应规章制度就不容许你或是其他任何人变得傲慢。回顾美国的管理历史，这种理念其实已经取得了显著效果。

## 预防自满

预防自满的第一种措施是开发效力强大的评价标准——数量化的标准更好——这种评价标准能为你经常性地评估公司的自满水平提供一种量化方法。如果我们回到有关健康的比喻，这种评价标准可与心脏监听器相类比。如果有任何异常发生，你就会知道是时候应该对公司的健康进行更全面、更严格的检查了。

另一种预防自满的措施是建立基于绩效的薪酬体系。当员工认为他们的工作有保障、不管公司的业绩如何他们每年都会得到自动加薪的时候，他们往往会产生自满。高层管理人员和董事会成员也会这样。将一定数额的薪酬与公司业绩联系起来，能够激励每一个人进行创新并取得优异绩效。你应该开发一套与公司的战略目标相一致的绩效评价标准（如业务量的增加、利润的增长、雇员的留职率、顾客忠诚度、股票价格等）。

可口可乐公司已经将这种方法应用到公司最高层的管理上。2006 年 4 月，该公司宣布了一个新的董事会薪酬计划，完全根据股权发放报酬，只有在公司实现了确定的绩效目标时才会支付。"持股人知道，只有在公司实现了预期的绩效目标时他们才能得到报酬，"董事和公司管理委员会主席詹姆士·罗宾逊三世如是说，"可口可乐公司董事会本身也将执行这一标准。"这清楚地传递了一条信息：因循守旧的态度不仅会影响到可口可乐公司员工的工资收入，而且也会影响到左右公司成长的那些人的经济报酬。

第三种预防傲慢的措施是让领导者们在不同的职能部门之间进行工作轮换。如果你轮换他们的工作岗位，他们就没有时间在任何一个工作岗位上产生自满。相反，他们会不断激励自已，学习新东西，并从不同的视角看待公司。

## 预防竞争力依赖

这是一个非常难以预防的习惯。原因是我们是"专业化"的坚定信徒。高中教育之后的大部分教育体系往往都集中在实现专业化上。从你所从事的职业来看，你是专业化的；就你在公司尤其是在大公司中所担任的职责而言，你也是专业化的。这对你个人和对公司都有好处，因为随着专业化程度的提高，你的工作效率会更高，你的工作价值也会更大。但是，这种专业化会让你感觉工作非常轻松（与垄断相似），你就会逐渐丧失探索新方法的能力，也就不能够从新的角度审视产品、技术、顾客、市场、机会、竞争威胁，等等。

那么，我们如何预防这种习惯呢？第一种方法是不断地积极主动地把目前的技术向下一代技术转移。这个方法没有给技术转移或结果改善设定上限，所以你不会过于依赖任何一种竞争力。耐克公司在这方面做得非常成功。它不断地改进运动鞋。即使在其最新和最好的产品摆到商店的货架上的时候，它仍然拥有多种发展水平不一的新一代鞋类技术。

积极主动地转移已经成为英特尔公司成功的基石。它近乎宗教信仰般地坚持戈登·摩尔在1965年做出的预言，而戈登·摩尔也恰好是英特尔公司的合伙创建人。该预言现在以摩尔定律著称，它最初对芯片中的晶体管数量翻倍要经历的时间的预计现在有了更为流行的解释，即电脑程序更新的速度每 18 个月翻倍一次。为了证实这个预言，英特尔公司围绕着在 18 到 24 个月内完成从最初的产品设计到产品进入销售渠道的过程来开展其业务。鉴于这个过程在其他许多行业中要用 2 到 5 年的完成，英特尔公司的这个速度可谓是令人惊叹的壮举。为了达到摩尔定律的标准，英特尔公司时时刻刻都面临着压力，但它一直在努力应对。只要这个公司能够继续成功地实现其生产目标，暂时持平，就是这个行业中的其他企业所能争取的最好结果。

另一种预防竞争力依赖的方法是将你的核心技术扩展应用到其他的产品和市场中。换句话说，将你的竞争力扩展到多样化的领域，这样它就能够起到更多的作用。因此，不要让你的竞争力局限在小范围内，变成一种竞争力依赖，而应该建立一种持续机制，来寻找各种将竞争力运用于其他技术、产品、服务、市场，或是细分市场的方法。你仍旧拥有这种竞争力，但是你已经对其进行了有效管理，因而你不大可能出现竞争力依赖。例如，要生产石油产品，你必须在专业化学和化学工程方面拥有很高的竞争力。这种在专业化学和化学工程方面的专门知识和经验也能用于开发农业及药业产品。就像第 5 章中所指出的，切迟-杜威公司通过不间断地探索和推广碳酸苏打技术的其他用途，已经非常有效地让力槌牌小苏打在美国家庭用品市场中持续销售超过 155 年。该产品的网站通过提供"居室、家人和身体的解难之道"、"每日一法"，以及各种奖励那些为力槌牌小苏打提供了个人创新用法的顾客的竞赛活动，也为其新用途的开发助了一臂之力。

你还可以将你的竞争力多样化地应用于不同的市场或者是细分市场。假设你起初是一家国防公司。这并不表示你不能用你的竞争力来为工业品顾客提供产品或服务。或者你最初是一家工业企业，你的竞争力也可以用来开发消费品市场。或者你是一家消费品公司，集中为发达国家的高端消费者提供产品或服务，但是现在你就可以用你的竞争力来为处在市场金字塔底端的消费者提供产品或服务。

雅芳公司现在已经将年轻和年老顾客的产品线区分开来，甚至有一个产品线直接针对高端的城市男性，或者是都市精英。更为重要的是，该公司已经积极地将其销售扩展到美国以外的市场，并在东欧和中欧、拉丁美洲和亚洲取得了最大的成功，虽然这些地区的文化仍然强调家庭导向，妇女赚钱的机会仍不太多。结果，现在该公司 60％以上的销售收入来自美国以外的地区，而且典型的雅芳销售代表也更有可能是匈牙利人、巴西人或者是印度尼西亚人。

预防竞争力依赖的最后一种措施是制定并实施通过并购和整合使公司成长的战略。并购和整合的优势是，即使被并购的公司处于与公司相同的产品领域内，你也能引入外部的各种观点和人才。你拥有一批熟悉你的竞争力的专家，并购一个竞争性的公司可以开发换一个角度看待这种竞争力的新方法，以及扩张公司的成长能力和机会的新途径。

思科公司是一家经常通过收购和整合其他公司来扩展其技术竞争力的公司。2005 年 11 月对科学亚特兰大公司（Scientific-Atlanta）的收购，是思科公司相对短暂的历史中的第 105 次收购，也是该公司当年的第 18 次收购。这次收购对思科公司来说是一个重要策略，因为它促进了该公司在日益重要的视频技术领域中的发展。

## 预防竞争近视

为了预防竞争近视，一个相对简单的措施是组建独立的竞争情报团队。该团队应该成为公司层面的员工组织，其工作是专门负责追踪竞争对手，经常分析并发布竞争领域变化情况的有关信息。这项工作不同于经理们的常规工作，因为经理们本人极有可能已经患上了竞争近视。

这个情报部门最理想的评估方式之一是迈克尔·波特的"五力模型"。该模型以一个宽广的、从外向内的视角看待竞争来源，并为公司的市场定位提供了方法，从而能使公司获得最大的市场机遇和面临最小的市场威胁。为了实现这一目的，波特提出了五种竞争作用力——顾客的讨价还价能力、供应商的讨价还价能力、新进入者的威胁、替代产品的威胁和现有竞争对手之间的竞争，这五种竞争作用力决定了每一个行业和市场的划分，也是机会和威胁的来源。

另一个有用的办法是跟踪、分析和评估颠覆性技术，了解这些技术可能造成的影响。在快速变化的行业中，如电脑和通信行业，运用这一方法尤为重要。在正经历着痛苦的全球化和大力创新的领域里，很少有行业不会在某个领域突然出现颠覆性技术。克莱顿·克里斯坦森的著作［《创新者的困境》、《创新者的出路》（*The Innovator's Solution*）和《看看下一步该咋办》（*Seeing What's Next*）］为这种预测提供了完美方案。

在独立于核心业务之外的、可供选择的竞争性技术上单独进行投资，是预防竞争近视的另一种方法。通过这种方法，你可以更加深入地了解新兴技术的发展。这些目前虽颠覆性技术，但是可能会逐渐演变成下一代的替代技术。例如，电话公司之所以对移动电话进行投资，是因为移动电话是有线通信的替代技术。柯达公司涉足数码摄影业务是另一个例子。当该公司的传统胶卷业务仍然具有优势的时候，它便开始向数码影像业务转型。由于市场对胶卷照相机、胶卷和胶卷冲印的需求开始转向数码照相机和数码冲印，柯达公司就把其从现有技术业务中获取的利润大量向替代技术投资。这种转变是一项艰巨的任务，而且将收入从胶卷快速转向数码技术是一个棘手的财务平衡的过程。然而，如果柯达公司没有提前采取行动防止竞争近视，那么它必定会迅速落得个痛苦破产的命运。

通过定期搜寻并收购那些可能会引起范式改变的外围或利基企业（拥有颠覆性技术的新兴小企业），也可以避免竞争近视。这是一个让你有机会恢复对核心技术进行投资的有效途径。或者你的目的也许是控制引进颠覆性技术的时机，从而保证你的现有技术在获得较好的投资回报率后退出市场。在硅谷，特别是在应用软件行业中，这种情况司空见惯。

你也可以把一个未来可能会带来竞争的新兴市场作为目标。在经济发达国家中，如果你是一家业务集中在汽车、汽车零配件、汽车附属品和电子消费行业的公司，你就应该留意中国和印度的同类产品生产商，因为它们最有可能成为你未来的竞争对手。你现在就应该进入这些市场，在它们的一亩三分地上学习如何同潜在的对手进行竞争，而不是担心在你的领域内同它们打遭遇战。如果你能在它们的地盘上同它们展开竞争并获胜，那么当它们进入你的地盘时，你就会具有竞争优势。这也是一个让你的崭露头角的竞争对手忙于保护它们的基础业务，并使它们延缓进入你的业务领域的方式。

## 预防数量沉迷

因为数量沉迷所带来的主要问题是利润侵蚀，所以为了预防数量沉迷，你首先应该做的事情是为你的销售队伍建立基于客户获利率的薪酬体系。这一做法对于最大客户或是关键客户尤为重要，因为公司常常会为了防止收入下降而放弃可以从这些客户那里获得的利润。其实，你应授权给每一位销售人员，让他们担任"微型CEO"（mini-CEO），为公司的收入增长和利润负责，而不仅仅是关心收入增长：下限和上限。数量沉迷提升了收入增长的上限，但却以提高下限为代价。为了预防这种情况发生，你应该根据收益的质和量两方面奖励你的员工。

将公司的采购视为战略职能，而非行政职能，这一点也很重要。最常发生的情况是，你已经成为一个数量驱动型的公司，而且你的规模经济从企业内部转到了企业外部。你的产品或服务的增加值通常占 30％左右，而另外70％的增值要依赖公司外部的采购。最终结果是，你的供应商从你的产品中赚了许多钱。数量大、利润低的产品，比如个人电脑，在这方面表现得更加突出。根据波士顿咨询公司的调查结果，经销商（如联想公司、惠普公司和康柏公司）的增加值仅占 11％左右，而供应商（如微软公司和英特尔公司）则获取了 89％的增值。

对于一个产品多元化的公司来说，数量沉迷预防计划的一个重要方面是，持续、积极地研发新的、利润更高的产品，扩大你的产品系列。这不应该是一个一时冲动和随性而为的行动，一定要在思想上形成一致的战略，进行精心的计划。按照这种方式，你就可以在你的核心产品或业务的利润锐减的时候，避免陷入数量依赖的困境，并维持公司的顺利运营。从本质上来说，你是在围绕利润建立新的产品组合。宝洁公司在这一方面做得非常好。当它的食品类产品（如 Crisco 烹饪油和 Jif 花生黄油）的利润开始骤减时，宝洁公司剥离了这些利润较低的业务。但是在这之前，公司已经开始投资利润较高的产品线，如美容产品［包括阿玛尼（Giorgio Amani）、玉兰油（Oil of Olay）、伊卡璐（Clairol）和威娜（Wella）］。

## 预防领地守护

如果继任计划是明晰的、具有预见性的，那么公司就能在很大程度上预防领地守护这一坏习惯。通常，公司最好不要将继任局限于任何一个职能筒仓。你并不想让员工有这样一种期待：企业高层管理人员总是从产品筒仓、生产筒仓或工程筒仓中产生。你应该创建一个独立的体系，来保证任何提升至公司领导层的人员，必须拥有跨职能的工作经历。当然，你也可以通过让管理人员在各职能筒仓之间进行工作轮换，或者建立包括所有职能筒仓在内的独立职业通道来实现这一目标。

包装类产品行业是通过品牌管理来实现这一目的的。品牌管理系统中的管理人员负责管理的直接下属并不多，这一点同典型的职能领导不同。典型的职能领导的权力的大小，由其所领导的直接下属的数量（下属总数）和所能支配的预算额决定。在品牌管理系统中，你的影响力主要限于预算权力。你使用你的购买力来调动职能人员为你工作，这有点像内部购买系统。在品牌管理系统中，权力更加分散，不会受到特定筒仓的限制。

预防领地守护的另一种方式是创建一种文化，在这种文化氛围中，没有任何一个职能部门被视为"高"其他职能部门一等。美国西南航空公司是运送美国游客最多的航空公司，同时也是在亏损严重的行业中罕见的盈利企业。美国西南航空公司推行一个叫"了解他人的工作"的项目，根据该项目要求，任何一位员工都可以花一天的时间从事另一位员工的工作。当然行李运送人员不能驾驶飞机，但驾驶员可以——并且能够——担任行李运送人员。在美国西南航空公司20 000名员工中，75％的员工已经参与过这一互换工作的项目。"这是一场管理噩梦，但据我所知，这是增进相互理解和加强合作的最佳方式之一。"西南航空公司的CEO赫布·凯莱赫（Herb Kelleher）如是说。

让公司聚焦于外部利益相关者，借此为员工树立一个共同目标，使他们精诚合作，通过这些做法你也可以降低形成领地守护的可能性。例如，你可以围绕关键客户对公司进行重组，从而使公司形成以顾客为中心的组织结构。如果公司的工作重点是以顾客为中心，那么职能部门孰优孰劣的内部地位争斗（生产部门与营销部门争，营销部门与工程部门争等）就会明显减少。相反，公司每位员工就会集中精力服务于外部对象——顾客。

戴尔公司通过围绕客户满意度来构建其整个组织，成为了世界第一大电脑直销商。在这种对客户负责的理念驱动下，公司组建了客户体验委员会，该委员会由来自公司各职能部门（财务、销售、产品开发、生产、公司沟通和信息技术）的代表组成。该委员会会追踪有关客户所关心的问题方面的数据，如产品可靠性、解决客户支持问题的时间和客户满意度调查。员工的奖金和分红取决于其在这些方面的工作表现是否达到了年度目标。如果其工作表现未达到公司年度目标要求——换句话说，客户本应该得到更优质的服务——那么公司每位员工都要受到相应的惩罚。

如果公司的文化已经不可避免地占据了主导地位，就像科学家在制药公司占据主导地位一样，那么你可以通过让来自该文化的员工在不同的职能筒仓之间进行工作轮换来避免领地守护的发生。就制药公司的成功来说，科学家是必不可少的因素，但是除了开发新药品之外，他们仍有许多价值。他们有能力胜任药品开发部的其他岗位的工作（管理实验室、工作人员、预算、资产等），或者是其他职能部门的一些工作，如销售或客户支持。通过让他们在其他职能部门轮换不同的工作，可以使他们在新的工作岗位上更好地发挥才能，从而给你带来收益。这样的话，他们就很难同其他部门（如药品开发部）产生地盘之争，因为在经过工作轮换以后他们拥有了一些共通之处。

## 最后的思考

我们发现一个很有意思的现象，人的平均寿命在不断地延长，而公司的平均寿命却在缩短（正如序言中所述）。在客户或个体层面上，健康方面的新闻通常会令人鼓舞：药品滥用处于下降的趋势，少女怀孕现象在减少，药品在不断地更新和改进。当一种新的健康风险成为人们关注焦点的时候——如肥胖——国家的资源就会被调动起来，转眼之间，许许多多的健康饮食读物便开始相互竞争，希望能成为畅销书。

但接下来我们再看看公司专栏，我们会发现，曾经红极一时的公司纷纷遭遇困境，或者昔日的巨人公司现在却濒临破产。回过头来看看我们在本书开始部分谈到的几个大型公司：数字设备公司、施乐公司、柯达公司、达美航空公司、默克公司、凯尔特公司和通用汽车公司，自从 1982 年彼得斯和沃特曼根据他们的标准将这些公司评定为"卓越"以来，它们的命运都已经发生了戏剧性的逆转。我们是否可以得出结论说，公司比人类更难改掉或预防自我毁灭的坏习惯呢？

得出这样的结论可能不会产生争议。毕竟，公司是一个机构——区分了不同的层级，有官僚风气，会进行自我保护，抵抗变化。公司不会听从公共服务方面的游说或卫生局局长的警告。我们都听说过长期吸烟者彻底戒烟的例子。那么，公司能否在一夜之间改变它们的身份、文化和经营理念呢？

这是不可能的，但是还是可以进行改革的。而且在紧要关头，它们通常会进行改革。我们已经见证了一些公司改掉坏习惯的过程——如 IBM 公司、通用电气公司和戴比尔斯公司——并为未来的健康发展打下了坚实基础。我们也看到了其他一些公司，它们已经认识到致使自我毁灭的坏习惯（如摩托罗拉公司和柯达公司），并且在极力寻找解决途径。

认识到问题是关键所在。但并不仅仅是认识到我们过去的惯常做法不再可行，这可能是容易认识到的部分。市场份额的下降、净损失和股价的大幅下跌会让我们明白这一点。更为困难、更为关键的是，要认识到今天可行的做法也许明天就会行不通。这就意味着，认识到问题的本质不再仅仅是一个治疗手段，而是一个积极主动的预防措施。

这样的远见卓识，必然产生自公司的高层领导，产生出像郭士纳和韦尔奇这样的杰出领导——这些领导通过运用"预防管理"为未来做好了准备。习惯是诱人的，而且不易改变。根据定义，习惯是重复做同样的事情。那些信奉变革的领导者，其管理哲学反映了对明天世界的预测和准备，所以他不仅能够使公司改掉昨天的自我毁灭的坏习惯，而且还可以摆脱明天的坏习惯的束缚。

**预防自我毁灭的坏习惯的方法**

**预防自欺欺人：**

- 设计相应的系统并运用这些系统不断对公司的各种管理假设和正统说法发起挑战。
- 体验式的领导力短训班，教会管理者如何关注未来。

**预防傲慢：**

- 寻找一个专业的执行教练，他能经常提醒你傲慢的隐患。
- 限制个人宣传。
- 确保公司监管和平衡的机制在起作用，不让任何个人拥有绝对权力。

**预防自满：**

- 开发效力强大的评价标准——数量化的标准更好——这种评价标准能为你经常性地评估公司的自满水平提供一种量化方法。
- 建立基于绩效的薪酬体系。
- 让领导者们在不同的职能部门之间进行工作轮换。

**预防竞争力依赖：**

● 不断积极主动地把目前的技术向下一代技术转移。

● 将你的核心技术扩展应用到其他产品和市场中。

● 将你的竞争力多样化地应用于不同的市场或者是细分市场。

● 拥有通过并购和整合使公司成长的战略。

**预防竞争近视：**

● 组建独立的竞争情报团队。

● 对于可供选择的竞争性技术单独进行投资。

● 定期搜寻并收购那些可能会引起范式改变的外围或利基企业。

● 把一个未来可能会带来竞争的新兴市场作为目标。

**预防数量沉迷：**

● 为你的销售队伍建立基于客户获利率的薪酬体系。

● 将公司的采购视为战略职能，而非行政职能。

● 对于一个产品多元化的公司来说，持续地、积极地研发新的、利
润更高的产品，扩大你的产品系列。

**预防领地守护：**

● 用一种明晰、具有预见性的方式实施继任计划。

● 创建一种文化，在这种文化氛围中，没有任何一个职能部门被视
为"高"其他职能部门一等。

● 让公司聚焦于外部利益相关者，借此为员工树立一个共同目标，
使他们精诚合作。

● 如果公司的文化已经不可避免地占据了主导地位，那么让来自该
文化的员工在不同的职能筒仓之间进行工作轮换。

# 2009－2013 年获奖书目

**《经济运行的逻辑》**

荣登 2013 年新浪好书榜、《第一财经日报》金融阅读榜、《新京报》书香榜。

资本市场最具影响力的宏观经济学家之一高善文研究思路大起底，中国经济的另类分析框架。

精装本 2014 年重磅推出。

**《正义的理念》**

荣登 2012 年度《光明日报》好书榜、新浪网年度好书榜、凤凰好书榜、公民阅读榜等各大好书榜。

诺贝尔经济学奖获得者阿马蒂亚·森关于正义最重要的论述。

**《大国兴衰》**

荣登 2012 年度《第一财经日报》金融投资阅读榜、人民网好书榜。

《天天新报》2012 年度图书排行榜经管类唯一入选。

比小说更生动，比历史书更真实，华尔街金融家揭示大国兴衰密码，启示中国转型路径。

**《资本是个好东西》**

"2012 年和讯华文财经图书大奖"之年度 15 大财经图书之一。

中国老银行家对中国市场经济之路的回顾和展望。

**《中国，你要警惕》**

2011 年度人民网理论频道推荐读物、人民网推荐好书。

直指增税减税等社会热点，直踩分配不公等社会痛处，国家博弈关键时刻的震撼力作。

**《毁灭优秀公司的七宗罪》**

荣获《经理人》杂志"2011 影响中国管理实践十大图书奖"。

诊断治愈企业的疑难杂症，预防摧毁企业的致命恶习。

新版 2014 年 9 月重磅推出。

**《私有化：成功与失败》**

荣登《中国图书商报》2011 年度十大好书榜。

回顾私有化在各地的发展历程，点评私有化的是非功过。

**《4G 革命》**

"2011 年和讯华文财经图书大奖"。

就无线技术革命提供最有价值的商业建议。

新版 2014 年重磅推出。

**《公司的灵魂》**

荣获"2010 年和讯华文财经图书大奖"。

企业身份特征管理大师的经典之作，解决企业管理中最基本的"我是谁"这一问题。

## 财智精品阅读

**《读懂经济指标 洞悉投资机会》**

作者：埃维莉娜·M·泰纳

价值极高的投资和商业决策参考书，理解经济运行必备。

**《经济运行的逻辑》**（精装）

作者：高善文

资本市场最具影响力的宏观经济学家研究思路大起底，中国经济的另类分析框架。

**《中国影子银行监管研究》**（精装）

作者：阎庆民 李建华

银监会副主席阎庆民最新力作，对影子银行问题最权威的研究之一，了解中国影子银行问题不得不读。

**《互联网金融手册》**（精装）

作者：谢平 邹传伟 刘海二

中国互联网金融理论奠基人最新力作，互联网金融理论和实践集大成之作，互联网金融浪潮下不得不读之书。

**《最有效的投资》**

作者：阿兰·赫尔

畅销多年的投资经典，简单有效的低风险投资技巧，每周一小时，战胜专业投资者。

**《如果巴西下雨，就买星巴克股票》**

作者：彼得·纳瓦罗

读懂财经新闻、把握股市逻辑的最佳读物，投资大师吉姆·罗杰斯倾力推荐。

**《经济指标解读》**（珍藏版）

作者：伯纳德·鲍莫尔

投资者和职业经理人读懂经济数据必备，洞悉未来经济趋势和投资机会，对每一个经济指标的解读精妙、透彻。

**图书在版编目（CIP）数据**

毁灭优秀公司的七宗罪/（美）谢斯（Sheth，J. N.）著；仲理峰译 . —2 版 . —北京：中国人民大学出版社，2014.8
ISBN 978-7-300-19806-4

Ⅰ.①毁… Ⅱ.①谢… ②仲… Ⅲ.①公司-企业管理 Ⅳ.①F276.6

中国版本图书馆 CIP 数据核字（2014）第 173955 号

**毁灭优秀公司的七宗罪**
[美] 杰格迪什·N·谢斯 著
仲理峰 译
Huimie Youxiu Gongsi de Qizongzui

| | | | |
|---|---|---|---|
| **出版发行** | 中国人民大学出版社 | | |
| **社　址** | 北京中关村大街 31 号 | **邮政编码** | 100080 |
| **电　话** | 010 - 62511242（总编室） | | 010 - 62511770（质管部） |
| | 010 - 82501766（邮购部） | | 010 - 62514148（门市部） |
| | 010 - 62515195（发行公司） | | 010 - 62515275（盗版举报） |
| **网　址** | http://www.crup.com.cn | | |
| | http://www.ttrnet.com（人大教研网） | | |
| **经　销** | 新华书店 | | |
| **印　刷** | 北京中印联印务有限公司 | **版　次** | 2010 年 10 月第 1 版 |
| | | | 2014 年 9 月第 2 版 |
| **规　格** | 180 mm×250 mm　16 开本 | **印　次** | 2014 年 9 月第 1 次印刷 |
| **印　张** | 20 插页 2 | | |
| **字　数** | 243 000 | **定　价** | 49.00 元 |